Der Autor

Ully Günther, Jahrgang 1960, ist Fotograf, Bildhauer und Journalist. Schwerpunkte seiner Arbeit sind die Psychologie, die Philosophie, fernöstliche Religionen sowie die mystische Seite des Christentums. Seit knapp 20 Jahren beschäftigt er sich intensiv mit Yoga. Mehrere Reisen führten ihn nach Indien, unter anderem in den Ashram des englischen Benediktinermönches Bede Griffiths, der die Einheit der Religionen lehrte und das westliche und östliche Denken versöhnen wollte. Im vorliegenden Buch versucht Ully Günther an diese Tradition anzuknüpfen und dem besinnungslos dahinrasenden Fortschrittswahn des Westens, die tiefe und stille Innenschau der Yogis oder auch der christlichen Mystiker zur Seite zu stellen, aus der allein letztlich jene Weisheit geboren werden kann, die das Ganze unseres Seins umschließt und dessen letzten Sinn zu erkennen vermag.

Das Buch

Dieses Buch nimmt die Fährte unseres Mensch-Seins auf. Es versucht Antworten zu geben auf existentielle Fragen. Eine lautet: Wie können wir unser Leben so gestalten, dass wir – wenn eines Tages sein Ende naht – zufrieden sein werden damit?

Eine solche Gestaltung unseres Lebens erfordert vor allem ein Ich, das seine ureigenste Lebensaufgabe findet und seine ganz persönliche Spur in dieses Leben hineingraben will. Ein solches Ich muss ein starkes, mutiges und unabhängiges Ich sein, das uns nicht von allem Anfang an geschenkt ist, sondern wir haben die Aufgabe, es uns im Laufe unseres Lebens wirklich zu (er)schaffen. Dieses Buch weist Wege, wie wir ein solches Ich entwickeln können. Von unschätzbarer Wichtigkeit ist, dass wir irgendwann unsere ureigene Sicht auf dieses Leben finden und unserem ganz eigenen und subjektiven Urteil zutiefst vertrauen. Denn wir sollen nicht die Kopie irgendeines anderen werden, sondern ein Original, ein wirkliches Individuum, das nach seinen eigenen Maßstäben lebt und im Laufe seiner Tage immer weiter jenem Idealbild entgegen wächst, das es von sich selbst tief (und oft unbewusst) im Herzen trägt. Je näher wir diesem Bild kommen, desto befriedigender wird uns einmal unser Leben erscheinen, urteilt heute die moderne Psychologie und wiederholt damit doch nur, was die großen Weisheitslehrer der Menschheit schon immer wussten. „Heil werden heißt, ich selber werden."

Wer dieses Wagnis unangepasster Individualität auf sich nehmen will, gerät früher oder später in einige Konflikte mit dieser Gesellschaft, die danach trachtet, uns in ihrem Sinne zu formen, zum Beispiel indem sie uns weismacht, wir stünden in ewiger Konkurrenz mit allen anderen und könnten diesen Existenzkampf nur bestehen, wenn wir immer schneller, besser und den Forderungen der Zeit angepasster würden. Wie entkräften wir für uns selbst solche Argumente? Warum sind wir gerade dann am besten, wenn wir uns diesem Anpassungs- und Leistungsdruck vollkommen verweigern? Auch auf solche Fragen gibt dieses Buch Antworten. Sobald wir einige Kapitel darin gelesen haben, wird uns eins klar werden: Auf dieser Welt und in diesem Leben kann es nur einen einzigen Helden für uns geben – der sind wir selbst.

Erscheinungsjahr 2007

E-Mail: ully.guenther@t-online.de
Layout und Titelgestaltung: Thomas Buttgereit
Titelfoto: Ully Günther
Druck: Vision Print Coburg
ISBN 978-3-00-021391-5

Ully Günther

Aus dem Schatten treten ...

Ein Buch zur Stärkung des menschlichen Ich

Für den, der ging.
Und für den, der zur Welt kam,
als der andere ging.
Wir sind alle auf der Durchreise.

Inhalt

Vorwort

Wie machen wir aus unserem Leben eine Erfolgsstory, wenn für die meisten von uns Erfolg im klassischen Sinne schlicht nicht mehr zu erreichen sein wird? Angesichts der aktuellen Zukunftsperspektiven benötigen wir Antworten auf solche Fragen: Wie bleibt, wer sich nicht länger definieren kann über Beruf, Wohlstand und Ansehen, psychisch heil? Wie wahrt ein solcher Mensch sein Selbstvertrauen?

Dieses Buch soll zeigen, welche Chance darin liegt, sich nicht länger vom Götzentrio „Wohlstand-Karriere-Ansehen" abhängig zu machen. Wir können Lebenserfolg auch ganz anders definieren, indem wir beispielsweise unsere geistig-psychische Autonomie zu seiner Meßlatte erheben.

Wenn wir uns einmal fragen, was auf dieser Welt unserem Einfluss unterliegt, welches Ding wir eigentlich verändern können, wie es uns passt, dann finden wir nur eins: Das ist unser Ich. Darüber ist uns wirklich Macht gegeben. Im Gegensatz zu allem anderen auf der Welt können wir dieses Ich genau so formen, wie es unseren Vorstellungen entspricht. Es kann seine eigene Perspektive aufs Leben entwickeln und seine ureigene Definition von Erfolg ausprägen, die anders sein kann, als die aller anderen. Sokrates zum Beispiel ging über den Markt „und freute sich über alles, was er nicht brauchte". Er genoss diesen Erfolg, Dinge nicht haben zu müssen. Er erfreute sich an seiner Stärke.

Das Kennzeichen weiser Männer liegt in diesem Bestreben, unabhängig zu werden von den äußerst wankelmütigen äußeren Umständen. Der Weise strebt nach innerer Autonomie. Er erwartet alles Glück von sich selbst und nichts von anderen, sprach der Philosoph Epiktet. Er lebt auf der Skala seiner ganz persönlichen Wertordnung. Damit wird er unabhängig von den Erfolgsdefinitionen, die andere vorgeben und als verbindlich vorspiegeln, selbst wenn sie meist komplett unsinnig sind und uns in den psychischen Ruin führen, falls wir sie ernst nehmen – was wir in der Regel tun.

Wer sich die Freiheit des Weisen zum Leitbild nimmt, wird ganz für sich definieren, was ihm persönlich im Leben wichtig ist und was nicht. Er darf tun, was er liebt, und lieben, was er tut. Vor allem kann er sich aufrichtig der für unser

Lebensglück maßgeblichen Frage widmen „Welcher Mensch will ich eigentlich werden?“ – Wer so seine Tage gemäß seiner eigenen Hierarchie der Wichtigkeiten gestaltet, wird zum Herrscher über sein Lebens statt zu dessen getriebenem Opfer. Eines schönen Tages wird er merken, dass er auf diesem Weg größere menschliche Fähigkeiten und Fertigkeiten entwickelt hat, als er sie jemals vorher besaß. An Geld mag er keinen Zuwachs zu vermelden haben, aber der Wahrheit seines individuellen Seins wird er wesentlich näher gerückt sein durch die Arbeit, die er nach Innen geleistet hat. Als Lohn wird ihm ein tiefes Bewusstsein dafür zuteil, welcher Mensch er im Kern seines Wesens eigentlich ist und welche Position dieser Mensch zur Welt einnimmt. Damit steht er auf einem sicheren Fundament: Seine innere Unabhängigkeit ist gewachsen, er hat die alten Schranken der Verunsicherung und Beeinflussbarkeit hinter sich gelassen.

Wer sich auf diese Weise entwickelt, trifft exakt den Nerv des Lebens. Dessen Sinn besteht darin, uns Jahr um Jahr bis zum Tode in ein weiteres freieres unabhängigeres Bewusstsein zu führen. In diesem beständigen Reifungsprozess unseres Ich finden wir unsere tiefste Zufriedenheit. Auf unsere ganz eigene Weise können wir heil werden. Irgendwann stellen wir mit ungläubiger Verwunderung fest: „Ich habe nun meinen Helden gefunden. – Der bin ich selber.“

Wer seinen Tod bedenkt, der lebt besser

„Lebe, wie du, wenn du stirbst,
wünschen wirst, gelebt zu haben“
Christian Fürchtegott Gellert (1715 – 1769)

*I*rgendwann werden wir zum letzten Mal den Schattenriss der Bäume vor der untergehenden Sonne sehen. Zum letzten Mal wird die Mondsichel für uns aufsteigen. Und danach wird es einen neuen Morgen für uns nicht mehr geben. Auf diesem blauen Planeten namens Erde gibt es eins, was unabänderlich fest steht: Wir alle müssen – eines hoffentlich fernen Tages – sterben. Das ist keine leichte Aufgabe: Schließlich hängt man am Leben, jedenfalls geht es den meisten von uns so. Und wir würden gerne noch ein paar Jahre und ein paar Sonnenuntergänge hinzufügen. Aber, egal ob sie uns gewährt sind oder nicht, zwangsläufig kommt die Stunde des Abschieds. Und dann – gewiss würde dem jeder zustimmen – fiele es uns leichter, die Augen zu schließen, wenn wir Folgendes von uns behaupten könnten: „Ich habe meine Aufgabe hier auf der Erde erfüllt. Mein Leben habe ich nun gelebt, und es lag ein tiefer Sinn darin. Nichts an mir erinnert noch an den jungen Mann oder die junge Frau, die ich einmal war. In mir sind tiefe Veränderungen vorgegangen. Einen weiten, schönen und auch schwierigen Weg bin ich gegangen, auf dem ich immer wieder meine eigenen Grenzen überwunden habe. Nun habe ich meinen Teil geleistet und will, müde wie ich bin, in Frieden Abschied nehmen und auch noch diese letzte Grenze hinter mir lassen.“

Auf diese Art und Weise könnten wir dem Tod entgegen sehen in einer Haltung demütigen Erfülltseins. Vielleicht würde er dann so schwerelos über uns kommen, wie es der Schriftsteller Alexander Solchenizyn berichtet von russischen Bauern, die sich zeitig und in aller Stille auf den Tod vorbereiteten, noch bestimmten, wer die Stute und das Fohlen bekommt, und schließlich ganz einfach starben: „Sie gingen dann unbeschwert hinüber, als würden sie nur in eine andere Hütte übersiedeln.“

Welch ein Gegensatz zu unserer hilflosen Zeit, für die der französische Historiker Philippe Ariès, der 20 Jahre lang Sterberiten und Bestattungsbräuche untersucht hat, zu folgendem Schluss kommt: „Der Tod ist für den heutigen Menschen angsteinflößend und unfassbar, und er ist außerdem in der modernen, leistungsorientierten Gesellschaft nicht eingeplant." Wir verdrängen den Gedanken, dass irgendwann Schluss ist. Gemeinhin wünschen wir uns das ewige Leben – und zwar, wenn möglich, hier auf Erden. Während die Menschen in früheren Zeiten den Blick ganz aufs Jenseits gerichtet hatten, so leben wir heute – zumindest im Westen der Welt – eine ins Extreme gesteigerte Diesseitsorientierung. Der Tod und was danach kommt? – Wir tun, als ginge uns diese elementare Frage des Menschseins nichts an. Wir schieben sie beiseite – und können ihr dennoch nicht ausweichen. Vielleicht können wir sie ein paar Jahrzehnte verdrängen, aber früher oder später wird sie uns einholen. Auf dem Grunde unserer Seelen harrt sie einer Antwort. Und je weniger wir uns ihrer annehmen, desto unfassbarer wird für uns der Tod. Indem wir ihn ausklammern wollen aus der Betrachtung unseres Lebens, weisen wir ihm eine umso größere Macht zu. Und je furchterregender uns der eigene Tod wiederum erscheint, desto mehr werden wir von dem Verlangen ergriffen, ihn als elementare Tatsache unseres Lebens noch weiter zu verdrängen. Wir versuchen seine Existenz auszulöschen – in unserem Bewusstsein; und am Ende sogar in der Realität.

Wüstestes Beispiel für diesen Verdrängungsprozess ist ein Leichenlager in Arizona. Es gehört der amerikanischen Firma „Alcor Life Extension Foundation", in deren Betonklotz in Scottsdale Verstorbene sich in flüssigem Stickstoff bei minus 202 Grad schockfrosten lassen in der vagen Hoffnung, die Medizin sei irgendwann mächtig genug, sie wieder aufzutauen und zum Leben zu erwecken. Zwei Varianten stehen zur Wahl: Einfrieren des ganzen Körpers zum Stückpreis von 120 000 Dollar oder – wesentlich billiger, weil weniger platzaufwändig – nur der amputierte Kopf wird in der Tiefkühltruhe versenkt. Dieses Zukunftsinvestment kommt auf 50 000 Dollar. Der Schädel friert schneller ein als der ganze Körper. Dadurch reduzieren sich die Gewebeschäden. Das könnte dereinst ein Vorteil sein, falls der Betreffende in 300 Jahren aus der Gefrierbox gefischt und wieder aufgetaut wird – natürlich mit einem anderen Körper bestückt, den ihm die Chirurgen unter den Hals flicken müssen. Über 50 wagemutige Leichen sollen bereits im Depot der Firma aus dem Land der unbegrenzten Möglichkeiten herumschwimmen. Etwa 600 momentan noch Lebende sollen Verträge unterzeichnet haben betreffs ihrer künftigen Zwischenlagerung in der eiskalten Brühe (Der Spiegel, 36/2002).

Falls die Methode jemals funktionieren sollte: Was fangen die Damen und Herren in ein paar hundert Jahren an, wenn man sie auftaut und zum Leben erweckt in einer ihnen fremden Welt? Ihr Traum vom ewigen Leben auf Erden wird ihnen zum Albtraum werden. Sie finden sich wieder als medizinische Versuchskarnickel, möglicherweise als bestaunte und von Journalistenhorden umlagerte Exemplare einer längst untergegangenen Epoche. Desorientiert würden sie erwachen nach einem Jahrhunderte währenden Schlaf: Entweder wären sie Erwachsene mit totalem Gedächtnisverlust oder sie hätten ihr Gedächtnis behalten und fänden darin die Erinnerungen an die alten Freunde, die Ehepartner, an ihre Welt wie sie früher einmal war. Leider aber würden sie nichts und niemanden mehr vorfinden aus dieser alten Welt, es sei denn, die Gemahlin hätte sich seinerzeit ebenfalls einfrieren lassen und träte ihnen nun frisch aufgetaut gegenüber – möglicherweise mit einem anderen, einem jungen und knackigen Körper unter demselben alten Greisenhaupt.

Derart absurde Versuche der Menschheit, dem Tod zu entrinnen, zeigen nur eins: Wir haben keine Antworten auf den Tod. Wir verdrängen und verschweigen die unbegreiflichste und urtümlichste Erfahrung, die der Mensch machen kann. „Diese charakteristische abendländische Einstellung zur Wirklichkeit des Todes" fände in der bekannten Geschichte der Menschheit kaum eine Parallele, urteilt kopfschüttelnd der Psychologe und Völkerkundler Holger Kalweit (IN: KALWEIT, DIE WELT DER SCHAMANEN).

Offenbar standen Menschen anderer Kulturen und früherer Zeitalter, den Tatsachen des Lebens wesentlich näher als wir, die stets das arrogante Lächeln des angeblich so aufgeklärten Verstandesmenschen zücken, um solchen Kulturen Primitivität und vor allem Irrationalität zu unterstellen. Aber gibt es etwas Irrationaleres als jenen Glauben, wir könnten nach einem Jahrhunderte währenden Schlaf im Stickstoff-Bad unseren Fuß wieder frisch und fröhlich auf eine uns vollkommen fremd gewordene Erde setzen. Das ist lächerlich. Noch schlimmer: Es ist krank. Statt unsere geistigen Energien auf derartige Illusionen zu verschwenden, sollten wir uns mit den Tatsachen befassen. Bereits die Bibel hält unmissverständlich fest: „Unser Leben währt 70 Jahre, und wenn es hochkommt, sind es 80" (PSALM 90,10). Daran hat sich nichts geändert. Jedem von uns sind im Schnitt ein paar Jahrzehnte hier auf Erden gewährt: Dann wartet der Tod. Vor seinem Hintergrund ereignet sich das Drama des menschlichen Lebens. Und jeder Seele bleibt nichts anderes übrig, als dieses Faktum in ihre Erwägungen einzubeziehen – im Grunde wissen wir das alle sehr gut.

Wenn wir es wagen, uns unseren Tod während unserer Lebzeiten vor Augen zu halten, ergeben sich daraus zwei entscheidende Fragen: Die eine zielt auf den Tod und auf das, was danach kommen mag oder nicht. Sie lautet: Wohin gehen wir? Die andere Frage zielt direkt auf unser Leben: Wie sollten wir gelebt haben, damit wir friedvollen Herzens sterben können?

Geboren werden bedeutet gleichzeitig, eines Tages auch sterben zu müssen. Mit dem Eintritt ins Leben wird auch unser Tod fest geschrieben. Woher kommen wir also? Und wohin gehen wir? Jeder Mensch trägt das Bedürfnis in sich, auf diese Fragen Antwort zu erhalten. Diese Sehnsucht der Seele kristallisiert sich in den Religionen der Welt. „Religio" bedeutet im Wortsinne: „Rückverbindung zum Ursprung". Wir wünschen, die Verbindung zu unserem Ursprung herzustellen. Diese Sehnsucht ist uns eingeboren. Gelänge es uns, sie im Leben zu erfüllen, dann könnten wir den Tod als eine Rückkehr in unsere Heimat, aus der wir hervorgegangen sind, empfinden. Wir müssten ihn nicht länger fürchten. Wie die russischen Bauern könnten wir ihn betrachten als einen bloßen Übergang in jene andere Hütte, aus der wir eigentlich stammen. Wir würden heimkehren. Aus diesem Gedanken würde uns Trost zufließen. Selbst im Augenblick des Todes könnten wir vertrauensvoll oder erwartungsfroh nach vorn blicken. Das wäre der Lohn für unsere verängstigte Seele, wenn es ihr nur gelänge, die Frage nach dem letztgültigen Wohin zu beantworten.

Nun werden unsere letzten Tage nicht ausschließlich dominiert von dem Gedanken daran, was uns jenseits der Todesschwelle erwarten mag, sondern ebenso sehr von dem Leben, das wir hinter uns haben. Vom Sterbebett aus betrachtet wird unsere Biographie ausgesprochen wichtig. Sterbende ziehen Bilanz: Wie hast du dein Leben gelebt? Bist du zufrieden damit? Hast du deine Möglichkeiten ausgeschöpft oder dein Leben vergeudet? Mit solchen Fragen sehen wir uns konfrontiert. Möglicherweise lasten sie auf der Psyche des Menschen schwerer als sein naher Tod: Größer als unsere Angst vor dem Tod sei unsere Angst ein bedeutungsloses Leben geführt zu haben, behaupten jedenfalls die Psychologen Richard J. Leider und David A. Shapiro (IN: LASS ENDLICH LOS UND LEBE, RICHARD J. LEIDER UND DAVID A. SHAPIRO).

Es gibt also zwei Faktoren, die wesentlich sind in der Stunde unseres Abschieds: Einerseits brauchen wir, um beruhigt zu sterben, einen Glauben, der über den Tod hinausweist. Andererseits brauchen wir gleichermaßen das Gefühl, ein erfülltes Leben gelebt zu haben. Sind diese Bedingungen erfüllt, können wir dem Tod vermutlich gelassen entgegen treten.

Nun lässt sich heute für viele von uns eine tiefe Religiosität und damit eine wirkliche Rückverbindung zu unserem Ursprung nicht herstellen. Zwar heißt es in der Bibel, suche zuerst das Reich Gottes und alles andere wird dir dazu gegeben, aber da wüssten die meisten von uns – selbst wenn wir den Willen aufbrächten diesem Rat zu folgen – nicht recht, wo sie überhaupt anfangen sollten zu suchen. Viele halten die Religion ohnehin für bloßen Firlefanz. Aus diesen Gründen wollen wir die Frage nach dem, was hinter der Todesschwelle liegen mag, vorerst zurückstellen bis gegen Ende dieses Buches, in der Hoffnung, wir kommen ihrer Lösung näher, wenn wir zunächst das ebenso elementare, aber für uns greifbarere Problem lösen: Wie sollten wir am besten leben?

Eine kurze und bündige Antwort hat der Dichter Christian Fürchtegott Gellert gegeben: „Lebe, wie du, wenn du stirbst, wünschen wirst, gelebt zu haben." Nur neun Worte – und doch eine vollkommene Antwort. Gellert mahnt uns, prüft euer Leben und euer Handeln im Hinblick auf euren zukünftigen Tod. Dem Dichter war vollkommen klar, dass der Gedanke an den Tod positiv auf unser Leben zurück wirkt, indem er uns bei jeder Handlung fragen lässt: Ist das gut, was ich hier tue? Wird es einmal wichtig gewesen sein in meinem Leben?

In hohem Maße schärft der Gedanke an den Tod unser Bewusstsein – nicht nur für die Einmaligkeit unseres Lebens, sondern für all unsere Taten. Vor allem – und das müssen wir ihm in unserer Zeit der permanenten Aufgeregtheit sehr zugute halten – schont der Gedanke an den Tod enorm unser Nervensystem. Er verhindert, dass wir uns verzetteln. Er verhindert, dass wir unser Leben an Nichtigkeiten verschwenden. Und er verhindert, dass wir uns über Nichtigkeiten Sorgen machen oder uns über Banalitäten maßlos aufregen. Der Gedanke an den Tod rückt alles an die ihm gemäße Stelle. Vor seinem Hintergrund lässt sich wunderbar das für uns Wichtige vom Unwichtigen, das Hauptsächliche vom Nebensächlichen trennen. So erleichtert uns der Gedanke an den Tod das Leben, indem er uns in die Lage versetzt, klar zu definieren, was wir eigentlich wollen. Wir leben viel zielgerichteter und bewusster. Obendrein leben wir intensiver. „Der Tod begleitet uns auf Schritt und Tritt und lässt uns in den Augenblicken, wo das Leben uns lacht, die Süße des Lebens nur umso tiefer empfinden. Ja, je gewisser das Ende, desto reizvoller die Minute und desto dringender die Mahnung: nutze den Tag", schreibt der Dichter Theodor Fontane. Demzufolge wäre die sinnvollste und intensivste Art zu leben, wenn wir den jeweils heutigen Tag so verbringen würden, dass wir morgen sterben könnten in dem Gefühl, aus diesem vermeintlich letzten Tag noch das Beste gemacht zu haben. Vielleicht hätten wir noch einmal ganz intensiv mit unseren Kindern gespielt, hätten sie in die Arme genommen, hätten ihre Lebendigkeit und Verletzlichkeit gespürt, ihre Schönheit gesehen. Vielleicht wären wir durch den Wald gelaufen, um noch einmal das Laub zu riechen, die feuchte Erde, um den Wind in den Bäumen zu hören, vielleicht, vielleicht, vielleicht...

Eins wird klar, der Gedanke an den Tod ist wie ein heilsamer Schock, der uns von einer Sekunde zur anderen aufweckt. Mit einem Schlag sind wir quicklebendig. Nicht nur unsere Sinne, sondern unser ganzes Bewusstsein wird gewaltig geschärft. Nunmehr sind wir richtig wach und nicht mehr im Gewohnten versunken oder in unseren Tagträumen verloren. Plötzlich treffen wir Entscheidungen und greifen aus der scheinbar unendlichen Wahl der Möglichkeiten diejenigen heraus, die uns wichtig und lebenswert erscheinen. Der Gedanke an den Tod zwingt uns zur Achtsamkeit. Er schenkt uns die Konzentration aufs Wesentliche. Letztlich bestärkt er uns, kompromissloser und anspruchsvoller zu sein in unserer Wahl, die wir im Leben treffen: Er sorgt dafür, dass wir die Dinge ernsthaft beurteilen, abwägen und gewichten. Er stärkt uns den Rücken gegen alle unsinnigen Beschäftigungen, die wir selbst ins Auge fassen oder die andere uns aufzwingen wollen. Der Tod gleicht bei näherer Betrachtung einem Lehrmeister, der eins im Sinn hat: Er will uns dazu anleiten, auf eine gute Weise unseren eigenen Weg zu gehen. Damit hätten wir allen Grund ihm dankbar zu sein: Seine Anwesenheit verhindert, dass wir uns zu Marionetten machen lassen, die ihr Leben auf dem Jahrmarkt sinnloser Beliebigkeiten vergeuden. Stattdessen formt er uns zu wirklich eigenständigen und unabhängigen Persönlichkeiten. So betrachtet, ist es gut, dass der Tod existiert.

Bernhard Sill, Professor für Moraltheologie und Sozialethik, schreibt: „Es macht offensichtlich einen erheblichen Unterschied, ob jemand sein Leben so führt, als gäbe es den Tod nicht, oder ob jemand die Rechnung seines Lebens ganz bewusst nicht ohne die Tatsache des eigenen Todes aufmacht. Denn es zeigt sich überraschenderweise, dass stets auch dem Leben etwas angetan wird, wenn so getan wird, als habe der Tod mit dem Leben gar nichts zu tun. Sooft jemand sein Leben ganz bewusst im Angesicht des Todes lebt, sooft ist das ein Gewinn für das Leben selbst. Der Gedanke des Menschen an seinen Tod ist – so besehen – nicht nur nicht überflüssig; er ist vielmehr von unschätzbarem Wert für das Gelingen des Lebens, denn die Kraft, die davon ausgeht, ist eine dem Leben Gestalt gebende Kraft." Einzig die Entscheidungen, mit denen man einmal auch gut sterben könne, seien letztlich Entscheidungen, „mit denen man auch gut leben kann" (IN: PSYCHOLOGIE HEUTE COMPACT, HEFT 8, DEN TOD BEDENKEN UM DES LEBENS WILLEN).

Die Denk- und Lebensweise, die den eigenen Tod mit ins Kalkül zieht, kann somit zur Basis für unseren Lebenserfolg werden. In welchem Ausmaß sie unsere Entscheidungskraft und unseren Willen schult, kann man am Beispiel des mehrfachen Tour-de-France-Siegers Lance Armstrong nachvollziehen. Armstrong war an Hodenkrebs erkrankt und musste sich in der Folge zwei Tumore aus dem Gehirn entfernen lassen. Die Tumore in seiner Lunge wurden durch eine scheußliche Chemotherapie eliminiert, die den besten Radrennfahrer der Welt soweit dahin siechen ließ, dass er auf ebener Strecke einer 60-jährigen Frau nicht mehr mit dem Fahrrad folgen konnte. Durch seine Krebserkrankung war Armstrong schon als 25-Jähriger mit dem Tod konfrontiert. In seiner Autobiographie schreibt er: „Der Krebs hat mich gezwungen, unbarmherzig über mein Leben nachzudenken. Es gibt da ein paar Sachen, auf die ich nicht besonders stolz bin: Manchmal war ich gemein, habe mich um meine Pflichten rumgedrückt, manchmal war ich auch schwach und habe irgendwas nicht getan, was mir heute leid tut. Ich habe mich gefragt: ‚Was für ein Mensch willst du eigentlich sein – wenn du überhaupt am Leben bleibst?' So langsam wurde mir klar, dass mir zum erwachsenen Mann noch einiges fehlte. In Wahrheit war der Krebs das Beste, was mir passieren konnte. Ich weiß nicht, warum ich diese Krankheit bekommen habe. Aber sie hat bei mir Wunder gewirkt, und ich will gar nicht, dass es nicht so gekommen wäre. Es gibt zwei Lance Armstrongs: den vor dem Krebs und den danach. Die Lieblingsfrage der Leute ist: ‚Inwieweit hat der Krebs Sie verändert?' Die wirkliche Frage aber ist, inwiefern er mich nicht verändert hat. Am 2. Oktober 1996 ging ich aus meinem Haus, und als ich wiederkam war ich ein anderer" (LANCE ARMSTRONG, TOUR DES LEBENS).

Armstrong beschreibt, wie angesichts seines drohenden Todes zwangsläufig die Frage in ihm hochkommt: Was für ein Mensch willst du eigentlich sein, falls du weiterleben wirst? Anders formuliert lautet diese Frage: Wie willst du eigentlich gelebt haben, wenn du wieder einmal dem Tode gegenübertrittst? Oder: Was willst du aus dir gemacht haben und aus deinem Leben?

Von solchen Fragen handelt dieses Buch: Was wollen wir gemacht haben aus unserem Leben am Ende? Gibt es eigentlich ein Ziel, das uns allen gemeinsam ist? Und – falls dieses Ziel existiert – mit welchen Methoden können wir es verwirklichen? Darum geht es in den nächsten Kapiteln.

Heil werden heißt, ich selber werden

„Wer seine Person gestaltet,
dessen Leben wird wahr."
Laotse
(Laotse, Tao te king)

Rund sechs Milliarden Menschen leben auf der Erde: Jeder von ihnen ist ein einmaliges Exemplar – ausgewiesen durch seine Gesichtszüge, seinen Körperbau, seinen Fingerabdruck und seinen genetischen Code. Keiner gleicht dem anderen. Was das äußere Erscheinungsbild ankündigt, das spiegelt sich in unserer Psyche wider: Wir hegen den Wunsch, ein Individuum zu sein, nicht nur mit einem individuellen Aussehen, sondern mit einem ebenso individuellen und unverwechselbaren persönlichen Profil. Ein Original wollen wir unserem Wesen nach sein und nicht die Kopie irgendeines anderen. Deshalb hassen wir es, wenn uns jemand mit dem falschen Namen anspricht. Es empört uns aus diesem Grund, irgendwo wie eine Nummer behandelt zu werden oder – noch schlimmer – Kennnummern eintätowiert zu bekommen wie einst in den Konzentrationslagern. Das werten wir zu Recht als ausgesprochen scheußlichen Verstoß gegen die Menschenwürde.

In der Regel begreifen wir ein dem Menschen gemäßes Dasein immer als ein individuelles Dasein: Uns dürstet nach der Freiheit, unserem Leben einen eigenständigen Sinn zu geben. Uns hungert nach der Möglichkeit, es selbst zu gestalten. Sobald jemand diktiert, wie wir zu leben und zu denken haben, beginnen wir zu leiden. „Sich fügen zu müssen, kann eine verheerende Erfahrung sein", sagt der New Yorker Stressforscher Bruce McEwen (zitiert nach: Die Glücksformel, Stefan Klein). In jeder Menschenseele wurzelt der Wunsch nach Selbstbestimmung – wir wollen und wir sollen keine austauschbaren Massenmenschen werden, sondern wir sehnen uns nach Einmaligkeit. Dieser Drang, eine unverwechselbare Persönlichkeit zu werden und sein Leben selbst zu formen, verbindet alle Menschen. Bei aller Unterschiedlichkeit der einzelnen Individuen kann man ihn als ihr gemeinsames Ziel erkennen (vgl. Fritz Riemann, Grundformen der Angst).

Allerdings müssen wir in einem schwierigen und langwierigen Prozess der Auseinandersetzung mit dem Leben jene ganz und gar individuelle Persönlichkeit erst heranbilden. Durch ausdauernde Arbeit an uns selbst meißeln wir sie aus uns heraus. Das innere Wachstum, das dafür erforderlich ist, benötigt wesentlich mehr Zeit als das äußere Wachstum unseres Körpers zu einem Mann oder einer Frau. Mit 18 Jahren sind wir lediglich körperlich ausgewachsen. Um unser Menschsein zur Gänze zu entfalten, benötigen wir eine seelische Reifezeit, die sich über Jahrzehnte erstreckt, in denen wir unser Innenleben entwickeln – weit über das hinaus, was uns einst möglich erschien – weit über die engen Grenzen der jungen Erwachsenenjahre hinaus. Bis zum 63. Lebensjahr, so urteilen die Anthroposophen George und Gisela O'Neil, müsse der Mensch sich weiterentwickeln zu immer höheren Bewusstseinsstufen. Erst dann habe er seine höchstmögliche geistig-seelische Reife erreicht (VGL: GEORGE UND GISELA O'NEIL, DER LEBENSLAUF).

Dieses Prinzip der Entwicklung zu ungeahnten Höhen wohnt allem Leben inne: Ein winziges Getreidekorn zum Beispiel wächst heran zum kleinen grünen Pflänzchen, bevor es zu jenem hohen gelben Halm wird, der an seiner Spitze die Ähre trägt. Es wächst nicht nur in Gestalt des für seine Verhältnisse riesigen Halmes um ein Vielfaches über sich selbst hinaus – sondern vermehrt sich am Ende selbst um das 50- oder 60-fache, je nachdem wie viel Körner die Ähre trägt. Veranschaulicht man sich einmal ganz bewusst den Weg dieses unscheinbaren Körnchens bis zu seiner vollen Entfaltung, so liegt darin eine Entwicklungspotenz, die man nicht für möglich halten würde, wenn man es nicht mit eigenen Augen auf den Feldern sehen könnte.

Das Getreidekorn steht im Mittelpunkt vieler Gleichnisse, weil sein Prinzip, zu ungeahnten Höhen heranzureifen, um sich schließlich mannigfach auszusäen, dem Auftrag der menschlichen Seele entspricht. Das Grundprinzip des Lebens ist ein organisches Wachstum bis zur vollen Entfaltung seiner Möglichkeiten, sonst droht es zu scheitern. Leben muss gleichmäßig und beständig reifen. Aus diesem Grund fordert uns der berühmte Psychologe Abraham Maslow auf, „das Beste, das Allerbeste zu sein, das man werden kann." Falls wir diesen Rat nicht beherzigten, so warnt Maslow, würden wir für den Rest unseres Lebens unglücklich (IN: KEN WILBER, WEGE ZUM SELBST).

Nun weist der Mensch einen wesentlichen Unterschied zum Getreidekorn auf: Er hat neben seinem äußeren Wachstum, das bei entsprechender Ernährung die Natur für ihn erledigt, die Aufgabe innerlich zu reifen. Damit wird der Reifegrad, den er einmal erreicht in seinem Leben, zu wesentlichen Teilen zu einem Ergebnis seiner eigenen Bemühungen: Er selbst ist dafür zuständig, das Beste aus sich zu machen, was er werden kann. Die Gefahr des Scheiterns trägt er dabei in sich, denn einen eingebauten Automatismus ständigen Wachstums wie beim Getreidekorn gibt es für den Menschen ab einer gewissen Lebensphase nicht mehr.

Spätestens um unser 30. Lebensjahr stagnieren wir in unserer geistigen und seelischen Entwicklung, wenn wir uns nicht selbst mühen, sie voran zu bringen. Wir werden dann nur noch älter. Aber wir reifen nicht mehr zu einer größeren Bewusstseinsqualität. Solche Reife, die man am Ende Weisheit nennt, wird nur geboren, wenn wir sie uns erarbeiten in einem Prozess tiefer Auseinandersetzung mit dem Leben und mit uns selbst.

Zunächst läuft die menschliche Entwicklung von selbst ab, indem wir als Kinder von anderen lernen, beispielsweise von unseren Eltern. Alles Erlebte prägt unsere Innenwelt. Wir übernehmen unbewusste Verhaltensmuster und bewusste Werte von Eltern und Gesellschaft. Mit der Zeit relativieren wir sie ein Stück weit nach unseren Maßstäben. Gelegentlich rebellieren wir dagegen wie beispielsweise in der Pubertät, um erstmals unsere eigene Persönlichkeit richtig zu spüren und ihre Grenzen auszuloten. Das entspricht einer kurzfristigen Revolution des Gefühls, in der jener innere Anspruch zum Ausdruck kommt, etwas ganz und gar Eigenes und Einmaliges darzustellen. Aber egal, ob wir die uns vorgelebten Muster und die uns gepredigten Werte übernehmen oder uns zur Rebellion dagegen genötigt fühlen, wir sind in beiden Fällen von ihnen dominiert: Sie besetzen unser Inneres, unsere Gedanken und Gefühlswelt.

„Der größte Teil unserer Gedanken, Überzeugungen und Rollen stammt aus unserer Kindheit. In einem Alter, in dem wir ungefiltert alles glauben, was uns vom Vater, der Mutter, den Großeltern, Onkeln und Tanten, Lehrern und Freunden gesagt wurde, haben die uns nahe stehenden Menschen uns ihr Weltbild vermittelt. Sätze wie ‚Traue keinem Fremden', ‚Die Welt ist ungerecht' oder ‚Es trifft immer die Falschen' übernahmen wir völlig unkritisch – und wenn wir sie nicht zu irgendeinem Zeitpunkt hinterfragt haben, dann wirken sie bis heute. Waren die Menschen, die Ihnen das Leben erklärt haben, unglücklich, ängstlich, voller Schuldgefühle oder Aggressionen, haben Sie eine Menge negativer Dinge über sich und die Welt gelernt" (IN: VERWIRKLICHE DEINEN TRAUM, GERTI SAMEL). Viele solcher Prägungen wirken so tief in uns, dass sie unser Verhalten bestimmen bis weit ins Erwachsenenalter hinein. Es sind Psychogifte, die in uns schlummern und die wir erst mühselig an die Oberfläche befördern müssen, bevor wir sie unschädlich machen können.

In noch jungen Jahren gelingt uns das in der Regel nicht, denn noch fehlt uns die Kraft zur tiefen Innenschau. Viel zu sehr sind wir der äußeren Welt zugewandt, in die wir unser Leben erst hineinbauen müssen: Wir gehen zur Schule, studieren, heiraten, bekommen Kinder, bauen ein Haus, machen Karriere – und eines Tages finden wir uns plötzlich wieder als der Doktor Soundso, der mit seinen zwei goldigen Kindern in jenem hübschen Häuschen wohnt, bei jener Firma arbeitet und immer morgens joggen geht. Oder wir sitzen an unserem 35. Geburtstag zweimal geschieden auf unserem Ikea-Sofa in der Mietwohnung und schwören uns bei einer Flasche Rotwein, dass beim nächsten Mal alles besser wird.

Mehr oder weniger intuitiv erreichen wir solche Stufen unserer Entwicklung; der Weg bis dorthin ist in uns angelegt: Wir werden von inneren Impulsen und unseren Prägungen geführt und betrachten unsere Entscheidungen im Leben und unsere bisherigen Handlungsweisen als logisch, egal ob sie uns nun ins Glück oder ins relative Unglück geführt haben. Selbst wenn wir unterwegs in Konflikt geraten sind mit unserem Partner, unserer Arbeit, unserem Umfeld, so hegen wir dennoch keine grundsätzlichen Zweifel daran, wie wir unser Sein, unsere Position hier auf Erden aufzufassen haben. In diesem Sinne sind wir eingebettet ins Leben. Wir wühlen uns hinein mit unseren Wünschen und unserem Wollen. Wir bilden scheinbar ganz eindeutig unsere Persönlichkeit aus mit ihren Neigungen und Abneigungen, ihren Sympathien und Antipathien, ihren Stärken und ihren Schwächen. Wir meinen ein vollständiges Ich zu sein und sicher zu wissen, wie das Leben beschaffen sei. Unsere Entwicklung scheint damit an einem Ende angekommen zu sein: Wir haben eine Bewusstseinsstufe erreicht, von der wir annehmen, darüber hinaus gäbe es nichts mehr zu wissen. Im Grunde sind wir überzeugt, uns selbst und das Leben mit all seinen Schönheiten und Fallstricken nunmehr bestens zu kennen.

Aber dann, plötzlich, eines schönen Tages um unser 40. Lebensjahr herum wird alles anders. Unser so sicher geglaubtes Wissen beginnt zu zerbröseln. Das Fundament, auf dem wir bislang standen, zerfällt zu Staub. Genau dieses Bewusstsein, das wir ausgeprägt haben über all die Jahre, wird uns nun verdächtig. Unser eigenes Ich wird uns suspekt. In der Lebensmitte, im Alter von etwa 40 bis 45 Jahren, wenn wir erstmals Rückschau halten können auf unser bislang gelebtes Leben, erkennen wir auf einmal, die Subjektivität unserer eigenen Persönlichkeit. Entsetzt bemerken wir ihre Beschränktheit. Beispielsweise stellen wir fest, dass diese Person, die wir die ganze Zeit waren, Opfer ihrer eigenen Illusionen geworden ist: Sie hat sich gründlich getäuscht in ihren Ansichten über das Leben. Es ähnelt in keiner Weise jener stetig von links unten nach rechts oben ansteigenden Gerade, als die wir es bislang aufgefasst haben. Das Leben entspricht keineswegs jener unaufhaltsamen Aufwärtsbewegung, für die wir es – auch dank der vielen Manipulatoren, die uns das heutzutage weismachen – hielten. Unser Körper weist uns längst anhand kleiner, fast noch unmerklicher Indizien darauf hin: Seine Kräfte lassen etwas nach, die Haut büßt erstmals Straffheit ein, die Haare lichten sich. Abbauprozesse werden erkennbar und ungläubig registrieren wir: Das Leben macht tatsächlich in der Mitte einen Knick. Wenn wir es einmal betrachten wie eine Grafik, dann ähnelt es einem hohen Berg mit einer abgeflachten Kuppe. Auf der einen Seite geht's rauf, und auf der anderen Seite geht's wieder runter.

Entsetzt stellen wir fest, dass wir gerade über den Scheitelpunkt hinwegschreiten und uns langsam auf den Abstieg zu bewegen. Die zweite Lebenshälfte hat begonnen für uns, jenes Stadium, das wir das einsetzende Alter nennen. Unsere eigene Endlichkeit tritt uns nun nicht mehr als ein nur theoretisches Wissen gegenüber, sondern wird mehr und mehr zur konkreten Entdeckung. „Jetzt schon?", fragen wir: „War das alles?" Wir stehen unter Schock. Wir wollen es nicht glauben, aber wir sind an einem Wendepunkt unseres Lebens angelangt, der die Wahrheit über unsere Existenz mit ungekannter Macht in unser Bewusstsein meißelt. Die Botschaft lautet: „Du bist endlich. Deine Zeit ist begrenzt. Von nun an wirst du schwächer. Dir bleiben noch zwei, drei oder mit Glück vier Jahrzehnte – aber auch die gehen schnell vorüber, wie du längst weißt."

Während unseres Aufstiegs auf jenen Berg namens Leben haben wir nach oben geblickt und den Gipfel anvisiert, mehr oder weniger intuitiv haben wir unsere Route gesucht – und nun, plötzlich, sind wir vor diesem Schild mit der Aufschrift „Zur objektiven Aussicht" gelandet. „Herzlichen Glückwunsch", lesen wir auf dem Hinweisschild, „Sie sind nun in der Realität angekommen. Von dieser Stelle aus haben Sie erstmals einen unverstellten Blickwinkel." – Dort, wo das Schild steht, breitet sich vor unseren Augen das Panorama unseres gesamten Lebens aus: Wir können nun sowohl den Weg auf den Berg hinauf, als auch den Weg hinunter ins Tal einsehen. Unser gesamter Weg zeichnet sich ab.

Erschüttert verharren wir an jenem Aussichtspunkt und studieren die Landschaft unserer eigenen Seele. Wir drehen uns noch einmal um, um zurückzublicken auf die erste Hälfte unseres Lebens: Wer waren wir eigentlich? Welchen Weg haben wir bis hierher genommen? Und während wir zurückschauen, fällt uns auf, dass wir viele Dinge längst anders machen würden. Etliches, was wir einmal getan haben, wirkt nun geradezu idiotisch auf uns. Und haben wir nicht viel zu oft die Ansprüche anderer erfüllt? In dieser Rückschau stellen wir fest, dass wir bislang in unserem Erwachsenenleben oder dem, was wir dafür hielten, keineswegs die freien, unabhängigen und eigenständigen Individuen waren, für die wir uns hielten, sondern so etwas wie Marionetten, die an den Fäden fremder Wahrheiten herumgeführt wurden und meinten, das sei ihre eigene Bewegung. Wir entdecken unsere tiefsten und unterschwelligsten Prägungen, auf denen unser Leben basiert, und es scheint uns, als wären wir gar nicht richtig wir selbst gewesen. Das ist erschreckend. Unser bisheriges Ich, das wir meinten zu sein, zerbröselt vor unseren Augen zu Staub. Unser Leben, das wir bis hierher gelebt haben, wirkt aus unserer neuen Perspektive wie ferngesteuert. Wir erkennen darin eine innere Leere, eine grundlegende Substanzlosigkeit. Mit einem Mal werden wir dessen gewahr, dass ein wirkliches authentisches Ich in uns noch gar nicht existiert. Dieser bestürzenden Erkenntnis folgt die Sinnkrise auf dem Fuß. Sie trifft uns umso härter, je mehr wir bislang der Ansicht waren, das Leben erfolgreich gemeistert zu haben: „Je mehr man bisher erreicht hat, desto tiefer der Absturz in die Bedeutungslosigkeit und innere Erschöpfung“, schreiben George und Gisela O'Neil in ihrem Werk „Der Lebenslauf“ (VGL: DER LEBENSLAUF, GEORGE UND GISELA O'NEIL).

In der Lebensmitte wird das alte Ich plötzlich entlarvt als eine leere Maske, hinter der noch gar nichts Eigenes geboren ist. Wir realisieren nicht nur die Dominanz unserer Prägungen, sondern die ganze Art und Weise wie wir uns bislang betrachtet haben, wird uns fremd: „Bis jetzt nämlich haben wir uns stellvertretend durch andere erlebt, wie in einem Spiegel. Was mir Wert verlieh, war die Achtung anderer, ihre Anerkennung, was ich tat und wie ich es tat. Meine Rolle, mein Titel, meine Position spiegelten wider, wer ich bin.“ Aber jetzt plötzlich „dämmert uns eine innere Wahrnehmung unseres ‚Ich‘, ein Identitätsgefühl. ‚Ich bin ein Ich‘, unabhängig von allen äußeren Auszeichnungen und Bedingtheiten – ich existiere!“ (IN: DER LEBENSLAUF, GEORGE UND GISELA O'NEIL)

Diesen Wandel in unserem Bewusstsein bemerken wir in der Regel um das 40. Lebensjahr. Auf das, was wir bislang für wichtig und richtig hielten, „fällt nun das fahle Licht des Zweifels. Das mittlere Lebensalter wird zur twilight-zone, zu einem Zwischenbereich, in dem zwei Welten aufeinander treffen und ein seelisches Beben verursachen. Die Persönlichkeit, zu der man in der ersten Hälfte seines Lebens geworden ist, kollidiert mit einem neuen Selbst, von dem man noch gar nicht weiß, wie es aussehen wird“, schreibt Ursula Nuber (IN: PSYCHOLOGIE HEUTE COMPACT, HEFT 8, „SOLL DAS ALLES GEWESEN SEIN?“).

Aus diesem unsichtbaren Zusammenbruch unserer alten Persönlichkeit und dem Mangel einer zukünftigen Alternative resultiert eine innere Krise, ein Zustand zurückgezogenen stummen und resignativen Leidens. „Die Zukunft scheint hoffnungslos, als neige sich das Leben dem Ende zu. Die Seele leidet an einer Art Erstickungsgefühl und fürchtet von den Anforderungen des äußeren Lebens überwältigt zu werden.“ George und Gisela O'Neil werten diese in stiller Verzweiflung erlebte Phase der Lebensmitte als eine „innere Todeserfahrung“, die jüngeren Menschen gar nicht zugänglich ist. Nur wer sie „durchlitten hat und innerlich auferstanden ist, weiß, was gemeint ist. Andere, die noch vom natürlichen Schwung des Lebens getragen sind, können es unmöglich verstehen.“ (IN: GEORGE UND GISELA O'NEIL, DER LEBENSLAUF)

„Wer bist du eigentlich“, lautet die marternde Frage, die wir uns auf jener wüsten und kargen Hochebene stellen, die sich Lebensmitte nennt. Und dann drehen wir uns wieder um in Richtung unseres Schildes „Zur objektiven Aussicht“. Wir fassen den Weg ins Tal ins Auge und fragen: „Und wer willst du sein, wenn du dort hinunter gehst.“

Erinnern wir uns an den jungen Lance Armstrong. Daran wie er in seinem Krankenbett lag und durch den Krebs gezwungen war, unbarmherzig über seinen möglichen Tod und sein etwaiges künftiges Leben nachzudenken? Genau diese beiden Fragen tauchten auf: Welcher Mensch war ich? Und welcher Mensch will ich in Zukunft sein? Von diesen Fragen werden wir in der Mitte unserer Jahre heimgesucht und gezwungen, unbarmherzig über unser bisheriges Dasein zu reflektieren. Dieser Denkprozess ist von neuer und unbekannter Qualität – präziser, wacher, radikaler und umfassender als bisher: Nicht mehr unsere Illusionen über das Leben und über uns selbst liegen ihm zugrunde, sondern der unverstellte Blick auf die Realität. Erstmals sind wir im Stande die „Psychogifte“ zu entdecken, die unser Handeln und Leben bislang dominierten, ohne dass wir uns ihrer bewusst gewesen wären – erstmals können wir die uns in der Kindheit eingestempelten Muster durchschauen und gleichzeitig sind wir in diesem Moment unseres eigentlichen inneren Erwachens schon mit dem Alter und unserem Tod konfrontiert, die wir realistisch vorausdenken können. Das ist ein Schock – zunächst. Aber indem wir nun erstmals in der Lage sind, unsere gesamte Lebensspanne vor unserem geistigen Auge ablaufen zu lassen, sie zu betrachten und einzuschätzen, verwandelt sich unser Bewusstsein: Es erreicht eine neue, vorher ungeahnte Qualität.

Bislang haben wir immer aus uns selbst heraus auf das Leben geschaut: Das war der subjektive Blickwinkel: Von innen nach außen haben wir unseren Blick aufs Leben gerichtet und es durch die Nebelbrille unserer Meinungen, Illusionen, unserer genetischen Programmierung, unserer Kindheitsprägungen, unserer Sympathien und Antipathien beurteilt. Nun – indem wir in der Lebensmitte oder im Angesicht bedrohlicher Krankheit lernen, uns erstmals selbst auf unserem zurückgelegten Lebensweg zu betrachten – prägen wir plötzlich einen neuen, einen viel objektiveren Blickwinkel aus: Von außen oder von oben schauen wir jetzt auf unser Ich – und werden fähig, uns selbst zu beobachten. Wir bauen eine gewisse Distanz zu uns selbst auf und beurteilen unser eigenes Inneres von außen, die Richtung hat sich umgekehrt. Das ist jene neue Qualität, die zur Lebensmitte hin auftaucht. Wir treten quasi aus uns selbst heraus – und damit erschließt sich unserem Bewusstsein eine neue Weite und Neutralität, nicht nur gegenüber dem Leben und den anderen, sondern vor allem gegenüber uns selbst. Plötzlich stehen wir auf jener Plattform „Zur objektiven Aussicht" und fragen: Wer bist du wirklich?

Nehmen wir einmal ein konkretes Beispiel für diesen Prozess: Wir haben uns in einem bürgerlichen Beruf etabliert und gelten als Muster an Fleiß und Zuverlässigkeit. Wir sind aufgestiegen in eine sehr ordentliche Position und werden nach den äußeren Kriterien dieser Gesellschaft als erfolgreich eingestuft. Aber innerlich spüren wir zur Lebensmitte hin, dass wir dafür einen Preis zu zahlen haben: Wir merken, wie massiv wir uns selbst unter Druck gesetzt haben, um diese Stufe unserer beruflichen Entwicklung zu erklimmen und die damit einhergehende äußere Anerkennung zu erreichen. Wir stellen fest, dass wir ständig bemüht sind, die an uns herangetragenen Ansprüche zu 120 Prozent zu erfüllen – und dabei mehr Kräfte lassen, als für unsere körperliche und seelische Gesundheit gut sein kann. Je älter wir werden, desto mehr quält uns dieser Zwiespalt. Er weist uns darauf hin: „Irgend etwas stimmt nicht mit dir. Warum kannst Du nicht gelöst bleiben? Warum fühlst Du Dich genötigt, die von außen gesetzten Ansprüche zu erfüllen? Besitzt Du so wenig innere Unabhängigkeit? Warum tust Du nicht einfach in aller Ruhe, was Du gut und richtig findest, egal ob Du nun dafür mit Anerkennung belohnt wirst oder nicht?"

Solche Fragen tauchen auf. Wir beginnen zu grübeln. Warum? Warum bist du wie du bist? Wir leuchten unseren Lebensweg ab und suchen Ursachen für unsere Verhaltensmuster. Vielleicht stellen wir dann folgendes fest: In unserer Kindheit fiel unser Vater am Ende seines Studiums durch seine Prüfung. Daraus entwickelte sich eine tiefe Lebenskrise, in der er sich mit Depressionen quälte. Während dessen war die Mutter krampfhaft bemüht, die Familie zusammenzuhalten. Traumatisiert von dem Gedanken, ihre Familie könne auseinanderbrechen, rackerte sie sich ab: ging arbeiten, versuchte ihrem Mann wieder auf die Beine zu helfen, wusch Wäsche, stopfte die Socken, versorgte die Kinder – und hinter jeder ihrer Handlungen lauerte die Angst, am Ende könne ihre Familie doch der Not anheimfallen und in Stücke gehen. Das Leben geriet ihr zu einem Kampf. Sie konnte ihm nicht vertrauend und gelassen gegenüber treten.

Als Kleinkinder spüren wir jedes unterschwellige Gefühl von Panik, das hinter den Aktivitäten unserer Mutter lauert. Tief saugen wir beispielsweise ihre verborgenen Ängste in unsere Seele hinein. Zudem prägt uns die Haltung des Vaters, der nach seinem Misserfolg beim Studium, sich nicht mehr zutraut, mutig und vertrauend etwas Eigenständiges in diese Welt hineinzubauen. Jene durch sein Scheitern verursachte Wunde hemmt ihn und er hat nun Angst vor der offensiven Gestaltung seines Lebens. Seine künftige Motivation begründet sich aus der Angst vor dem Scheitern, statt aus dem Mut zur Tat. Der Vater lebt aus einer defensiven Einstellung heraus.

Unbewusst nehmen wir solche für uns Kinder undurchschaubaren Grundhaltungen der elterlichen Seelen in uns auf und betrachten später das Leben durch die Augen unserer Eltern. In solchem Maß sind wir von ihrer Weltsicht besetzt, dass sie uns – ohne dass wir es bemerken können – als die Selbstverständliche erscheint.

Derartige Prägungen drücken Eltern ihren Kindern wie einen Stempel in die Seele. Und durch die Erziehung werden diese Prägungen noch einmal verstärkt. Eine Mutter wie in unserem Beispiel wird versuchen, uns von Kindesbeinen an zu steuern. Sie will die Kontrolle über uns behalten, damit sich das Drama des Vaters in ihren Kindern nicht wiederholt. Weil sie es gut meint und ihre Kinder vor dem Scheitern schützen will, wird sie von ihnen ein Optimum an äußerlicher Lebenstauglichkeit verlangen und dafür sorgen, dass sie möglichst perfekt funktionieren, was die gesellschaftlichen Anforderungen, beispielsweise die Schule, betrifft. Das ist das Lebensprogramm, das die angstbesetzte Seele der Mutter in ihr Kind schreibt. „Du musst, du musst, du musst“, hämmert sie ihm ein. Niemals sagt so eine Mutter: „Sieh es locker und folge deinen eigenen Bedürfnissen.“ Oder: „Lass Dir mal ein bisschen Zeit mit dem Beruf, warte eine Weile, das Leben ist lang und du hast Zeit. Mach’ erst eine große Reise und überleg’ Dir unterdessen, was Dir wirklich am Herzen liegt.“

Eine solche Sichtweise wird uns fremd bleiben, wenn sie nicht die Sichtweise unserer Eltern ist. Damit fehlt uns dann das Vertrauen in uns selbst und ins Leben. Wir können es vor dem Hintergrund einer solchen Prägung beispielsweise nie als jenes wundervolle Experimentierfeld begreifen, auf dem uns genügend Zeit bleibt unsere Wünsche zu klären, unseren Willen zu entfalten und uns selbst zu verwirklichen. Im Hintergrund unseres Seins lauert stets jenes latente Gefühl der permanenten Existenzbedrohung, das unser Handeln dominiert, als sei das Leben eine immerwährende Prüfung, bei der man jederzeit durchfallen kann und anschließend nicht mehr auf die Beine kommt. Dieser innerlich empfundenen Bedrohung wollen wir entrinnen. Wir beginnen deshalb in unserem Leben denselben Kampf zu führen wie unsere Mutter. In Wahrheit setzen wir ihren Kampf fort. Ihr Schicksal schreibt sich in uns hinein. Reflexartig setzen wir uns unter Druck und rackern uns ab, in der vergeblichen Hoffnung irgendwann einmal an ein sicheres Ufer zu kommen. „Du musst, du musst, du musst", so leben wir das unseren Kinderseelen eingehauchte Lebensprogramm der Eltern, bis wir eines Tages in der Lebensmitte erschrocken aufwachen und fragen: „Muss ich wirklich?"

Das ist der Augenblick, in dem wir beginnen, uns als eine an den Fäden des Schicksals der Eltern geführte Marionette zu entlarven. Plötzlich spüren wir das in uns wirkende Gift. Wir nehmen jenen Schatten wahr, den die Eltern – oder auch eine Kultur, die permanent solchen Existenzdruck ausübt – auf unsere Seele geworfen haben. Und uns dämmert, dass wir mit unserem Bewusstseinslicht dieses Schattenreich, unter dessen Einfluss wir bislang gestanden haben, durchdringen müssen, um die von dort ausströmenden Gifte loszuwerden. Der renommierte Neuropsychologe Hans Markowitsch von der Universität Bielefeld hat mit Hilfe der Positronentomographie sogar nachgewiesen, dass negative psychische Kindheitserlebnisse Wunden und Narben im Gehirn hinterlassen können. Diese Wunden können wir nur heilen durch einen tiefen Bewusstwerdungsprozess (GEO, 12.DEZEMBER 2004, „UNHEIMLICHE KRAFT").

Etwa um das 35. oder 40. Lebensjahr herum erhebt sich in uns also jene Frage, die Jesus bei der Hochzeit zu Kana an seine Mutter richtete: „Was habe ich mit Dir zu schaffen, Frau?" (JOHANNES 2,4) Hinter dieser Frage Jesu verbirgt sich die entschiedene Zurückweisung allen elterlichen Einflusses: Unsere Seele darf nicht länger an den Ketten der elterlichen Prägungen hängen und muss, wenn sie frei werden will, deren unterschwellige Einflussnahme überwinden lernen. Dieser zentrale Entwicklungsschritt für den Menschen wird in so verschiedenen Religionen wie dem Christentum oder auch dem Hinduismus thematisiert. In dessen heiligster Schrift, der Bhagavadgita, wird der Krieger Arjuna von seinem göttlichen Freund und Wagenlenker Krishna in die Schlacht geführt und aufgefordert, seine Onkels, seine Erzieher zu töten. Natürlich hat Arjuna Gewissenbisse: Er schreckt vor dieser Tat zurück. Aber Krishna, der göttliche Wagenlenker, staucht ihn zusammen: Er solle sich gefälligst frei machen von solcher Schwachheit des Herzens.

Selbstverständlich ist Krishnas Aufforderung an Arjuna im übertragenen Sinne zu verstehen. Der göttliche Wagenlenker weist uns darauf hin, dass wir die alten Ketten unserer Kindheit zu sprengen haben, damit unser Selbst frei werden kann. Nur wenige wagen heute diesen ungeheuerlichen Schritt, der zur Lebensmitte zu bewältigen ist. Die meisten Erwachsenen „bleiben bis zu ihrem Tode psychisch Kinder, die sich nie wirklich von ihren Eltern getrennt haben und von der Macht, die ihre Eltern über sie haben" (IN: SCOTT M. PECK, DER WUNDERBARE WEG).

Zur Lebensmitte will unser Menschsein eine neue Stufe erklimmen. Und unser bisheriges Bewusstsein möchte uns deshalb verlassen. Mitten auf der Aussichtsplattform verabschiedet es sich und sagt: „Mach's gut, von nun an bist du allein. Du hast von hier oben einen objektiven Blick auf die Gegebenheiten deines Lebens gewonnen, also kannst du auch allein entscheiden, wie du weitergehst. Du allein hast jetzt die Frage zu klären, wer du bist und wo du hin willst. Ganz allein du trägst fortan die Verantwortung. Du wirst nicht mehr länger geführt."

„Konversion" nennen Religionspsychologen diesen für die Lebensmitte charakteristischen Punkt der Umkehr, an dem wir die Steuerung durch unsere biologisch-genetischen und unsere kulturellen Prägungen durchschauen, an dem wir plötzlich tiefgründige und zweiflerische Fragen stellen nach dem Sinn des Daseins, an dem wir einerseits einsam und verlassen sind, aber andererseits gleichzeitig in eine neue – zunächst sehr bedrohliche – Dimension der persönlichen Freiheit blicken (VGL: GEO, JANUAR 2006, „WARUM GLAUBT DER MENSCH?"). Nachdem wir auf unserer Aussichtsplattform eine Übersicht über unser Leben gewonnen haben und es nun einigermaßen objektiv beurteilen können, sollen wir konsequenterweise auch die uneingeschränkte Herrschaft darüber ausüben aus der klaren Kraft unseres Geistes heraus. Nun wo das eigene Ich als innerster Kern erkannt worden ist, wird es als „Lenker des Schicksals erlebt. Jetzt geschieht nichts mehr, wenn ich es nicht tue" (IN: DER LEBENSLAUF, GEORGE UND GISELA O'NEIL).

Mit diesem Schritt – und das ist es, was uns Angst macht – wird der Schöpfungsakt für unsere Persönlichkeit in unsere eigenen Hände gelegt. Wir sollen uns noch einmal selbst erschaffen, dem Wesen gemäß, das wir unserem innersten Kern nach sind. Die neue Qualität unseres Bewusstseins schenkt uns diese Chance: Sie eröffnet uns die Möglichkeit, über jene von den Eltern, der Gesellschaft oder den Zeitströmungen in uns hineingelegte Wirklichkeit hinauszuwachsen. Wir erkennen das Wirken unseres erzieherischen, unser kulturellen Erbe, sogar unseres genetischen Erbes in uns und können es durch diese Erkenntnis hinter uns lassen. Wir spüren zudem, dass wir „den Nachmittag des Lebens nicht nach demselben

Programm leben können wie den Morgen" (Carl Gustav Jung, in: Psychologie heute Compact, Heft 8). Damit stoßen wir vor in eine bislang ungekannte Dimension der Freiheit. Nun erst können – und nun sollen wir auch endlich – jener Mensch werden, der wir wirklich sein wollen. Aus der Kraft unseres Geistes sollen wir uns ganz nach unseren eigenen Wünschen und Ansprüchen selbst formen. In einer Art geistiger Bildhauerarbeit meißeln wir jene Person aus uns heraus, die als die Erstrebenswerteste und Wahrhaftigste vor unserem inneren Auge steht. An uns selbst müssen wir – das ist der Auftrag der zweiten Lebenshälfte – diesen göttlichen Schöpfungsakt vollbringen.

Die Gestaltung unseres eigenen Selbst ist jener entscheidende Schritt, der uns zu dem einmaligen und freien Individuum werden lässt, nach dem unser Innerstes Zeit seines Lebens strebt. Wir machen damit nicht nur das Allerbeste aus uns, was wir werden können, sondern wir werden „heil" auf diese Weise. Das kleine Wörtchen hat große Bedeutung. Im althochdeutschen stand „heil" für: „gesund, ganz, vollkommen, unversehrt, errettet, erlöst" (Etymologisches Wörterbuch des Deutschen). Außerdem weist es eine enge Verwandtschaft mit dem Wort „heilig" auf. „Heilig" bedeutet auch „heilbringend". Wir werden also „heil" und zugleich „heilbringend" für andere. Wie das Getreidekorn reifen wir zu ungeahnter (persönlicher) Größe heran und säen uns aus, indem wir den Mut und die Kraft finden, wirklich wir selbst zu werden. „Heilig werden heißt, ich selber werden", so schlicht sagt es der christliche Mystiker Thomas Merton.

Das Lebensziel – Grenzen sprengen

Und also sprach Zarathustra zum Volke:
Es ist an der Zeit,
dass der Mensch sich sein Ziel stecke.
Es ist an der Zeit,
dass der Mensch den Keim
seiner höchsten Hoffnung pflanze.
Friedrich Nietzsche
(Friedrich Nietzsche,
Also sprach Zarathustra)

Was passiert in jenem Moment, in dem wir die Prägungen durch unsere Eltern und das Umfeld unserer Kindheit hinter uns lassen? Wo die alten Überzeugungen und Gewissheiten lagerten, auf denen sich unser Leben erbaute, entsteht ein Vakuum. Das alte Selbst sind wir nicht mehr – das neue Selbst ist noch nicht geboren. Wenn wir dieses Vakuum nun nicht wieder zu füllen vermögen mit neuer Substanz, so wird es zur Bedrohung. Darauf hat uns der Psychoanalytiker Carl Gustav Jung hingewiesen. Dem Sinn nach sagte er Folgendes: Jeder Mensch, der das Alter von 40 Jahren erreicht hat und noch keinen Weg zum Verständnis seines Selbst entdeckt hat – wer er ist, an welchem Punkt er steht, und wohin er von da weitergehen wird, muss unbedingt in irgendeinem Grade neurotisch werden. Genauso gut hätte Jung sagen können: Ein solcher Mensch wird krank vor Furcht, weil es ihm nicht gelingt die Frage nach dem Sinn und Zweck seines Lebens zu beantworten.

Um also nicht der Furcht vor dem Tod und jener noch gewaltigeren Furcht, ein sinn- und bedeutungsloses Leben gelebt zu haben, anheim zu fallen, wird spätestens um die Lebensmitte ein eigenes Lebensziel zur Notwendigkeit. Wir brauchen eine Vision unserer selbst, die der Bildhauerarbeit an unserem Ich die Richtung weist. Präzise gilt es herauszufinden, wohin wir uns bewegen und wie wir uns formen sollen: Das ist der Auftrag, der in der Lebensmitte an uns Menschen ergeht. Wir sollen einen wahrhaft authentischen Lebensplan entwickeln. Diesen Auftrag können wir nicht verweigern. Gelingt es uns nämlich nicht, unsere ganz persönliche Lebensvision herauszuarbeiten, dann sinken wir in unsere alten untauglich gewordenen Strukturen zurück und werden zu Gefangenen einer Zwischenwelt: Wir fühlen uns im Alten nicht mehr zuhause und können etwas Neues gleichzeitig nicht entwickeln. Das bedeutet: Stagnation mit der Tendenz zur Verzweiflung. Mihaly Csikszentmihalyi, der führende Glücksforscher, stellt fest: „Jeder Mensch hat ein Bild vor Augen, gleich wie verschwommen, was er vor seinem Tod erreichen möchte. Wie nahe wir an dieses Ziel herankommen, wird zum Maßstab für unsere Lebensqualität. Wenn es außerhalb unserer Reichweite bleibt, werden wir vorwurfsvoll und resignieren" (IN: MIHALY CSIKSZENTMIHALYI, FLOW).

Ein Mensch, der kein inneres Bild von sich entwirft, auf das er sich zu bewegen möchte, wird unzufrieden. Er wird zum Gefangenen einer ermüdenden Wiederholung des Immergleichen, weil sein tägliches Tun nicht von einem innersten Sinn und Zweck getragen wird. An seinem Seelenhorizont brennt kein wirkliches Leuchtfeuer, das er ansteuern kann. Solche Menschen leben nur mechanisch. Sie funktionieren. Aber ihnen mangelt es an jener entscheidenden Qualität, die unser Leben erst lebenswert macht: Ihnen fehlt die innerste Beteiligung an dem, was sie tun. Die Flamme der Begeisterung für etwas brennt nicht in ihnen. Sie leben einfach, aber sie haben kein wirkliches Interesse herauszufinden, was es mit ihrem eigenen Leben auf sich hat und wohin sich dieses Leben denn entwickeln soll. Damit gerät ihnen der Alltag zu jener berühmten Tretmühle, die sie früher oder später zerreibt. Sie versinken in Mutlosigkeit. Sie fallen der Depression anheim.

Wahre Lebendigkeit haucht uns erst eine Vision – ein Traum von uns selbst – ein. Eine solche Vision hebt uns über uns selbst hinaus und sorgt dafür, dass wir unsere alten Grenzen sprengen. Der Läufer Bernd Heinrich beschreibt solche Lebensträume als Quellen „unsagbarer Inspiration". In wunderschönen Worten schildert der ehemalige Weltrekordhalter im 100-Kilometer-Lauf jene ehrfurchtgebietende innere Lebendigkeit, die uns aus einem Traum im Herzen und einem Ziel im Kopf zufließt: „Ich bin gerührt von den Träumen anderer, von den Opfern, die sie bringen, dem Mut, mit dem sie ihre Leistungsbereitschaft unter Beweis stellen. Es schnürt mir die Kehle zu, wenn ich ein Kind oder jemand anderen sehe, der einen hoffnungslosen Kampf kämpft – der hinausgeht und die einsamen Straßen entlang läuft mit einem Traum im Herzen, einem Glanz in den Augen und einem Ziel im Kopf. Meine Bewunderung gehört den Menschen, die den Mut haben, an den Start eines großen Rennens zu gehen und sich die Lunge aus dem Leib zu laufen für einen Traum" (IN: LAUFEN - GESCHICHTE EINER LEIDENSCHAFT, BERND HEINRICH).

Auch der Brasilianer Paulo Coelho, einer der zehn meist gelesenen Schriftsteller unserer Zeit, greift immer wieder dieses Motiv des Lebenstraumes als Motor unserer Persönlichkeitsentwicklung auf: In seinem Bestseller „Der Alchimist" übernachtet der andalusische Hirte Santiago in einer verfallenen Kirche. Zum Schlafen legt er sich unter einen Maulbeerbaum, der dort wächst. In der Nacht träumt er von einem Schatz, den er in der Nähe der ägyptischen Pyramiden findet. Um seinem Traum zu folgen, muss der Hirte alles Alte zurücklassen: Nicht nur seine Schafherde, sondern auch das Mädchen, in das er sich vor kurzem verliebt hat und das er wiedersehen möchte. Er muss seine bisherige Existenz aufgeben für seinen Traum. Santiago geht dieses Risiko ein und prompt wird er vor schwere Prüfungen gestellt, die ihn immer wieder der Verzweiflung anheim fallen lassen. In diesen Krisen allerdings trifft der kleine Hirte auch immer wieder die Menschen, die ihm beistehen. Trotz schlimmer Situationen, in denen alles verloren scheint, hält Santiago an seinem Traum fest. Während seiner langen und gefährlichen Wanderschaft wächst er fast unmerklich und doch in geradezu atemberaubendem Tempo immer weiter über seine alten Möglichkeiten hinaus. Eines Tages erblickt er wirklich die Pyramiden. Die Augen des andalusischen Hirtenjungen füllen sich mit Tränen: Wo er weinen würde, so wurde ihm geweissagt, werde er seinen Schatz entdecken. Santiago beginnt zu graben. Drei Reiter beobachten ihn dabei. Sie glauben, er habe Gold oder andere wertvolle Dinge versteckt: Um sein Geheimnis aus ihm herauszuprügeln, schlagen sie ihn zusammen. Der geschundene Santiago erzählt seinen Peinigern die Geschichte seines Traumes, um ihnen klar zu machen, dass er keinesfalls etwas versteckt oder vergraben habe hier in der Wüste. Der Wortführer der Reiter erwidert: Er habe einen ganz ähnlichen Traum gehabt. Eine verfallene Kirche in Spanien habe er vor sich gesehen, wo ein Maulbeerbaum stünde: Unter diesem Baum sei in seinem Traum der Schatz vergraben gewesen. Im Gegensatz zu Santiago, sei er aber keineswegs so dumm, solch einem trügerischen Traumgespinst hinterher zu jagen, erklärt der Anführer der Reiter – und schüttet sich aus vor Lachen über die Naivität des scheinbar so realitätsfernen Hirtenjungen. Dann stieben die drei Reiter davon. Santiago klopft sich den Staub aus den Kleidern und kehrt zurück nach Spanien, zu dem Maulbeerbaum an der verfallenen Kirche. Dort gräbt er den Schatz aus, der ihn reich macht. So endet Paulo Coelhos zauberhafte Parabel „Der Alchimist" (PAULO COELHO, DER ALCHIMIST).

Der kleine spanische Hirte Santiago findet das Glück seines Lebens. Allerdings muss er – bevor er den Schatz entdeckt – einen langen Weg voller Prüfungen hinter sich bringen, die aus ihm einen ganz anderen Menschen formen, als er zur Zeit seines Aufbruchs war. An jenem Tag, an dem er die Truhe mit dem Gold unter dem Maulbeerbaum endlich ausgraben kann, ist er ein Mann von hervorragender Bewusstseinsqualität und großartigen Fähigkeiten. Jenen naiven kleinen Hirten, jenen dummen Provinzjungen, der einst von dieser verfallenen Kirche aus aufbrach in die Welt, gibt es längst nicht mehr. Santiago wurde auf seiner langen Suche immer wieder an den Rand der Verzweiflung geführt. Er musste viele Nackenschläge einstecken – letztlich um daran zu wachsen. Nur durch die Krisen, die er zu durchschreiten hatte, konnte er das Potential seiner Möglichkeiten entfalten und am Ende weit über sein altes Selbst hinauswachsen (VGL. KAPITEL 7: UNSER LEBEN BRAUCHT KRISEN, DURCH SIE WÄCHST DAS BEWUSSTSEIN).

Ein Lebenstraum wird fast automatisch zum Motor unseres Wachstums. Das ist seine zentrale Funktion. Der Weg, auf den wir uns machen, um an unser Ziel zu gelangen, trägt Sorge für unsere Entwicklung: Wir gehen von einem Punkt A, an dem wir derzeit stehen, zu einem Punkt B, den wir als Ziel auserkoren haben. Aber – und das ist uns gewöhnlich sehr bewusst – mit unseren momentanen Kräften und geistigen Fähigkeiten können wir diesen Punkt B nicht erreichen. Santiago wusste ja noch nicht einmal wo Punkt B, nämlich die Pyramiden, lagen, als er aufbrach. Um zu Punkt B zu gelangen, müssen wir einen anderen Menschen aus uns formen mit besseren Fähigkeiten, einem weiteren Horizont und einem qualitativ höheren Bewusstsein. Unser wichtigstes Motiv, wenn wir uns Ziele stecken, ist folgendes: Wir wollen über unsere alten Grenzen hinaus wachsen.

Von der Etymologie her steckt exakt diese Bedeutung in dem Wort „Ziel": Einerseits ist ein Ziel ein „Endpunkt", aber gleichzeitig ist es eine „Absicht". Wenn wir uns ein Ziel in Form eines Endpunktes setzen, bekunden wir damit gleichzeitig die Absicht, unsere Fähigkeiten soweit zu vervollkommnen, dass wir diesen Endpunkt auch erreichen. Damit ist ein Lebensziel nichts anderes als der Ausdruck unseres Willens, das Allerbeste aus uns zu machen, was wir sein können. Das Ziel ist ein Mittel, mit dem wir Abraham Maslows Forderung nach Selbstentwicklung als dem Sinn des Lebens erfüllen: Indem wir unserem Lebenstraum, unserer Vision von uns selbst, folgen, bringen wir das eigene Wesen zur Entfaltung. Wir erfüllen, indem wir unseren eigenen Entwurf leben, auch die tiefe Sehnsucht unseres Herzens nach Individualität. Wir reifen zu einer authentischen, unverwechselbaren Persönlichkeit. Wir werden, wie schon gesagt, auf diesem nicht immer einfachen Weg mehr, als wir waren – und mehr, als wir uns jemals vorstellen konnten.

An einem Beispiel aus dem ganz normalen Alltagsleben lässt sich das leicht nachvollziehen: Betrachten wir einmal jene vielen, vielen Marathonläufer, die es inzwischen auf der Welt gibt. Millionen laufen jene legendäre Distanz über 42,195 Kilometer, die jeder Normalbürger vor 20 oder 25 Jahren noch als irrwitzige, von einem Durchschnittsmenschen unmöglich zu bewältigende Strecke eingestuft hätte. Und nun stehen am Start Familienväter, Mütter, Tanten, Onkels, Omas, zusammen mit vor kurzem noch übel verfetteten Spießern – sie alle schnüren plötzlich die Laufschuhe. Was ist passiert mit ihnen? Sie haben diesen Traum geträumt, einmal etwas zu tun, was weit jenseits ihrer alten Grenzen lag: nämlich einen Marathon zu laufen.

In jenem Moment, als der Traum auftauchte, schien er den meisten von ihnen sicherlich ungeheuer verwegen, nahezu unerreichbar fern. Sie wussten: Dort wo ich jetzt stehe, ist ein Marathon für mich nicht zu schaffen. Aber – einmal in ihr Herz gesät – entfaltete diese Vision, die sie von sich selbst hatten, ihre magische Sogwirkung, und sie begannen an sich zu arbeiten. Geführt von ihrem Traum im Herzen und ihrem Ziel im Kopf gingen sie daran Schritt für Schritt und Kilometer um Kilometer ihre Fähigkeiten auszubauen. Irgendwann traten sie an: in New York, in Berlin, in Frankfurt gingen sie auf die Strecke, durch ihre Arbeit an sich selbst ausdauernder, begeisterter, konzentrierter geworden als jemals zuvor. Am Ende, im Ziel, fährt jeder dieser Läufer eine innere Ernte ein. In jenem verzauberten Moment darf er das Gefühl auskosten, nunmehr körperlich und geistig seine alten Möglichkeiten weit hinter sich gelassen zu haben. Es gibt kaum etwas Kostbareres im Leben als jene stummen Augenblicke selbstgewissen Glücks, in denen wir gewahr werden, dass wir einen weiten Weg gegangen sind und dabei die Grenzen unseres Ich weiter gezogen haben, als wir in unseren besten Träumen zu hoffen wagten. Wenn wir nun eine solche Bilanz nicht nur am Ende eines Marathonlaufes ziehen könnten, sondern auch am Ende unseres Lebens, dann wäre es keineswegs abwegig zu glauben, dass sich ein ähnliches Gefühl stillen Erfülltseins in uns ausbreitet und dem Abschied einen guten Teil seiner Schwere nimmt.

Das Leben hat ja durchaus etwas von einem sehr langen Lauf. Es weist ebenfalls lange Strecken der Qual auf. Die Monotonie des Alltags lässt sich trefflich vergleichen mit jener Monotonie, die der Marathonläufer Kilometer für Kilometer zu ertragen hat. Auf derart langen Strecken lauert immer die Krise. Beim Marathon schlägt sie in der Regel um Kilometer 35 zu. Dann hat der Körper nichts mehr zum Verbrennen. Dann kommt „der Mann mit dem Hammer“, sagen die Insider. Der Körper rebelliert. Er sendet Signale des Unwillens und des Schmerzes. Das

Gehirn setzt diese Signale in Botschaften um: „Lass uns aufhören. Lass uns aussteigen, jetzt sofort." Im Leben stellt sich dieser Substanzverlust, dieses „Sich-am-Ende-Fühlen" ganz besonders in den Dürrejahren um die Lebensmitte ein.

Über solche Krisenphasen, ob wir sie nun bei einem Marathon durchleiden oder um das 40. Lebensjahr herum, kann uns nur ein von unserem Ziel befeuerter Geist hinwegtragen. Wir benötigen dann eine Vision von uns selbst, die uns gewissermaßen nährt in solchen Zeiten der Dürre. Von ihr müssen wir zehren, um dem aus unserem eigenen Inneren aufsteigenden Druck standzuhalten. In unserer Psyche jammern und lamentieren in Krisenphasen stets die Gemütskräfte: „Lass uns aufhören. Lass es uns gemütlich machen. Lass uns davonlaufen, es ist doch ohnehin alles sinnlos." Wenn nun die Flamme unseres Geistes nicht hell genug brennt für jenes Ziel, das wir uns vorgegeben haben, dann gewinnen immer diese negativen Gemütskräfte die Oberhand. Sie ziehen uns in die Depression. Sie rauben uns die Handlungskraft. Sie halten uns ab von dem, was wir eigentlich aus uns machen wollten. Wenn aber vor unserem inneren Auge ganz klar ein Ziel steht, das wir anstreben, dann verhilft uns das zu jener geduldigen selbstgewissen Ruhe und inneren Stabilität, die notwendig ist, um solchen negativen Kräften zu begegnen und lange Durststrecken zu durchschreiten. Wie beim Marathonlauf wächst uns aus unserer Lebensvision heraus auch der Wille zu, der imstande ist sie zu verwirklichen gegen das laute Lamentieren unserer Gemütskräfte (Siehe Kapitel 5: Wie wir dem Naturgesetz vom permanenten Abstieg trotzen).

Unser Wille hat sich das Ziel gesetzt, den Marathon zu Ende zu laufen. Unser Geist hat einen entsprechenden Entschluss gefasst. Nun, wo der erschöpfte Körper uns den Gedanken ans Aufgeben schmackhaft macht und Panik aufziehen will, müssen wir beginnen, allein aus einem ruhigen und übergeordneten Geist heraus unsere Gedanken und unser Handeln zu steuern: Diese Fähigkeit, die eigenen Gedanken zu lenken, einen Teil von ihnen als unerhebliches Gequake auszusortieren und einen anderen als maßgeblich für unser Tun einzustufen, nennen wir die Macht unseres Willens. Der von seinem übergeordneten Ziel aus geleitete Mensch, tut nicht jenes scheinbar so Natürliche, das ihm seine Gemütskräfte mit der Aufdringlichkeit aggressiver Bettler nahe legen: Er gehorcht nicht den Gedanken ans Aufhören. Er weigert sich den Wünschen und Einflüsterungen seines eigenen Gemütes zu folgen – er tut das ganz und gar Unwahrscheinliche: das Unnatürliche. Er stuft diese quälenden und lockenden Einflüsterungen als unerheblich ein und weigert sich diesen inneren Impulsen, die an der Psyche herumknabbern, die Herrschaft über sein Handeln einzuräumen. Stattdessen formuliert er aus seiner Vision heraus einen eigenen freien und unabhängigen Willen. Der Marathonmann strebt also weiter unbeirrt seinem Ziel entgegen.

Er folgt dabei einem geistigen Prinzip. Er folgt seinem Entschluss: Ich will den Marathon zu Ende laufen. Diesem Gedanken räumt er Priorität ein. Er ist maßgeblich für sein Handeln. Die Gedanken an Aufgabe mögen ihn zwar weiter attackieren, sie werden von ihm durchaus als existent wahrgenommen, aber unser Läufer wird, wenn er ins Ziel gelangen will, ihren Anspruch sein Handeln zu steuern zurückweisen. Er identifiziert sie als dämonische, verführerische, quälende Kräfte, denen es zu widerstehen gilt. Sein Geist und daraus entspringend sein Wille werden damit zum dominanten Prinzip, das über die emotionalen Aufwallungen der Gefühlswelt sich erhebt. Der Läufer überschreitet (transzendiert) sich in diesem Sinne selbst, weil er sich seiner eigenen Gefühlswelt enthält und damit gleichzeitig über sie hinausgelangt. Er wächst so in eine andere Dimension hinein.

Diesen Vorgang finden wir auch in der Krise der Lebensmitte, wo es alte Gefühlsmächte zu überwinden gilt, die unsere Entwicklung zu einem freien und selbstverantwortlichen Menschen zu hemmen drohen. Dieser zur Lebensmitte für jeden Menschen notwendige Schritt erfordert einen eindeutigen Willen. Die endgültige Loslösung von den alten Prägungen und Weltbildern, die durch Eltern oder Erzieher vermittelt wurden an uns, diese Loslösung, die dem endgültigen Erwachsenwerden vorangeht, erfordert eine schmerzhaftes Überschreiten unserer alten Bindungen und Gefühle. Ein gewisser Bruch mit dem Erbe in uns ist nun erforderlich.

Solches Wachstum über unsere alten Grenzen fordert in der Tat den Krieger in uns heraus. Wie Arjuna, jener Krieger aus der Bhagavadgita, müssen wir darum kämpfen. Und wenn wir nun nicht aus unserem Geist heraus ganz klar formuliert haben, welcher Mensch wir ganz allein für uns sein wollen und welches Ziel wir dabei verfolgen, dann werden wir diesen Kampf verlieren. Wir werden dann gegen unsere jammernden Gemütskräfte ebenso wenig bestehen können wie ein unentschlossener Marathonläufer gegen den Mann mit dem Hammer. Der Läufer „stirbt" dann bei Kilometer 35 – und wir stagnieren bei Lebenskilometer 35: Unsere Entwicklung bricht ab.

Bis zur Lebensmitte gehorchen wir in der Regel unseren Gemütskräften. Ein innerer Reiz, ein sich breit machendes Gefühl von Lust oder Unlust, löst unsere entsprechende Reaktion aus. Unser Handeln folgt damit einem natürlichen und instinktiven Prinzip. Wir hören beispielsweise auf zu laufen, wenn wir müde sind. Wir gehen nicht joggen, weil wir irgendwie heute keine Lust haben. Folgt man diesem Lust- oder Gefühlsprinzip, so stillt man ganz spontan seine scheinbar ganz natürlichen Bedürfnisse. Nur erreichen wir auf diese Weise praktisch nie ein Ziel; vor allem nicht wenn eine lange Strecke vor uns liegt wie beim Marathon – oder im Leben. Die spontane, gefühlsbasierte und damit scheinbar natürliche Bedürfnisbefriedigung erweist sich in Wirklichkeit von einem gewissen Zeitpunkt an als höchst kontraproduktiv. Wer beispielsweise seinem natürlichen Appetit noch in der Lebensmitte folgt, wird ziemlich schnell fett und träge. Je älter wir werden, in umso höherem Maße gereicht es uns zum Schaden, wenn wir weiter prompt auf unsere natürlichen Impulse reagieren. Meldet der Körper etwa angesichts des verführerischen Duftes von Leberkäse, der aus einer an unserem Weg gelegenen Metzgerei dringt, Appetit, so kann es durchaus notwendig sein, dass der Geist ihn schonungslos zurecht weist: „Mein Freund, die Gicht haust schon in all deinen Gliedern, längst bist du zu fett: Es gibt keine Semmeln mit Leberkäse mehr für dich."

Das Unnatürliche, der Verzicht, die asketische Zurückhaltung wird zur Wohltat. Aber dazu muss sich der Geist über die Kräfte des Gemütes erheben, denen das Wasser im Munde zusammenläuft. Ein extremes Beispiel für diesen Prozess wäre das Heilfasten. Wir widerstehen den Hungergefühlen. Wir lassen uns von ihnen quälen. Wir essen über Tage nichts – und am Ende erreichen wir gerade durch dieses scheinbar vollkommen widernatürliche Verhalten die wohltuende Regeneration unserer körperlichen und geistigen Kräfte. Wir erfahren Heilung aus dem Geist, der sich kraft einer eigenen Einsicht und Zielsetzung über das Wollen, das Betteln, das Jammern des Gemütes erhebt.

Entgegen aller Vermutungen entpuppt sich die Herrschaft eines zielgerichteten Willens über die momentanen Einflüsterungen unserer Gemütskräfte als der Schlüssel zu unserem Glück. Die Steuerung unseres Lebens aus der Kraft unseres Geistes heraus beschert uns am Ende stets tiefe Zufriedenheit. Zu diesem Ergebnis kam Mihaly Csikszentmihalyi, der führende Glücksforscher, nachdem er in umfangreichen psychologischen Untersuchungen Tausende von Menschen befragt hatte. Csikszentmihalyi urteilt: Die größte Stärke von Menschen, die zufrieden seien, liege vermutlich darin, dass sie ihr Leben selbst steuern. Verblüffenderweise entspricht dies genau dem Auftrag der Lebensmitte. Ab diesem Zeitpunkt müssen wir unser Leben selbst gestalten aus der Kraft unseres Geistes und der Macht unseres Willens, denn jetzt – das haben wir bereits vernommen – „geschieht nichts mehr, wenn ich es nicht tue". Jetzt erfolgt keine Entwicklung mehr, wenn nicht wir festlegen, zu welchem Ziel hin wir streben wollen.

Ähnlich wie der Tod bringt ein Lebensziel eine überraschende Qualität in unser Leben: Es erzeugt Ordnung. Wir wissen plötzlich, was ist wichtig – und was unwichtig. Wollen wir Marathon laufen, so ist es wichtiger zu trainieren, als sich am frühen Abend aufs Sofa zu begeben und die Glotze anzuschalten. Glotze oder Turnschuhe? Ohne ein konkretes Ziel ist diese Entscheidung ein relativ willkürlicher Akt, abhängig davon wie man sich gerade fühlt oder wozu man Lust hat. Das Gemüt entscheidet nach Lust und Laune. Es begreift die beiden Wahlmöglichkeiten als relativ beliebig. Mit dem Ziel eines Marathon im Kopf sind sie das plötzlich nicht mehr: Das Gemüt mag nun für die Glotze plädieren, weil draußen erbärmliche Temperaturen herrschen, aber unser Geist sagt: „Ich möchte Marathon laufen. Dir, liebes lästiges Gemüt mag nach Glotze zumute sein, aber ich erkläre dir hiermit: Glotze ist unwichtig. Wir gehen jetzt gemeinsam trainieren. Basta."

So wird vor dem Hintergrund eines Zieles, dem wir uns verpflichtet fühlen, unser Geist in Stand gesetzt, zwischen den wichtigen und den unwichtigen Dingen zu unterscheiden. Dadurch fällt es ihm leicht eine Entscheidung zugunsten der wichtigen Dinge zu treffen, weil er sie eindeutig als die bessere Alternative identifizieren kann. Das sorgt nicht nur für eine beständige Entwicklung unserer Fähigkeiten, sondern es erleichtert uns gewaltig das Leben. Alles wird einfacher: Wir schwanken nun nicht mehr zwischen scheinbar gleichwertigen Lösungen – Glotze oder Turnschuhe, sondern wir verfügen über eine eindeutige Hierarchie, nach der wir unser Handeln ausrichten: Training ist gut, Glotze ist schlecht, also geht Training vor Glotze. Die Hierarchie macht unser Leben klar und eindeutig.

Das griechische Wort „Hierarchia" setzt sich aus hiéros (heilig, gottgeweiht) und árchein (herrschen) zusammen. In Wahrheit errichten wir, jedes Mal wenn wir eine von uns eindeutig als besser erkannte Möglichkeit wählen, diese heilige Herrschaft des Bewusstseins über die zur Unentschlossenheit und Lethargie neigenden Gemütskräfte. Mit jeder klaren Entscheidung unseres Geistes steigen wir ein Stückchen weiter empor auf der Himmelsleiter des Bewusstseins, wir wachsen und reifen dank unserer Ziele, die unserem Leben Ordnung und Klarheit einhauchen (VGL: KEN WILBER, EROS KOSMOS LOGOS).

Wir errichten eine heilige Ordnung, wenn wir uns für das Training statt für die Glotze entscheiden. Wir tun es beim Marathon, wenn wir ganz bewusst über unsere gefühlten Grenzen hinauswachsen, und wir tun es in der Lebensmitte, wenn wir kraft unserer Einsicht über die alten Prägungen und mit ihnen verbundenen Gemütsbindungen hinausschreiten, um jene Person aus uns herauszumeißeln, die als geistiges Ziel vor unserem inneren Auge aufscheint. Die Kraft unseres Geistes setzt sich über die launigen Forderungen unseres Gemütes hinweg und weist es zurück. Der Geist erkennt, was gut ist, das Gemüt arbeitet häufig dagegen an und verlangt Leberkäsebrötchen trotz der Gicht. Sobald wir die Kraft finden, dem erkannten Guten zu folgen – häufig gegen die Widerstände des Gefühls – errichten wir die „Hierarchia", jene heilige Ordnung, die uns zu höheren Qualitäten des Charakters und der Erkenntnis führt.

Der Mensch trägt diesen Wunsch, zu einer größeren Vollkommenheit zu reifen, in sich. Gerd B. Achenbach schreibt: „Der Mensch, sofern wir ihn in hochkulturellen Umständen beobachten, hatte sich ‚verdoppelt', war gründlich mit sich ‚entzweit': Er kannte sich als den, der er – so wie er sich tagtäglich vorfand – war, und er wusste sich zugleich als der, der zu sein seine Bestimmung wäre; er begriff sich gleichzeitig als Wirklichkeit und Forderung, als Sein und Sollen, als Faktum und Idee, er wusste sich als Sünder und zugleich als ausersehenes ‚Kind Gottes'. Er kannte die Versuchung, sich auf dem Faulbett auszustrecken, doch zugleich war klar, da gehörte er nicht hin" (IN: GERD B. ACHENBACH, LEBENSKÖNNERSCHAFT).

Dem gemäß war der hochkulturelle Mensch stets ein Strebender auf dem steinigen Weg zu einer höheren Vision von sich selbst. Zuallererst wünschte er ein Mensch zu werden, der sich durch seine Qualitäten auszeichnet: Tapfer wollte er beispielsweise sein, aufrichtig, besonnen, standhaft. In dem griechischen Wort „arete" finden wir das oberste Ziel des klassischen Menschen verkörpert. „Arete" wird oft mit Tugend übersetzt, aber das trifft es nicht richtig. Eigentlich meint „arete" die Vortrefflichkeit. Vortrefflichkeit, das lehrten die Sophisten damals die Jugend, danach galt es täglich zu streben, das war das Wichtigste vor und über allem Wissen. Und wenn die Jugend aus der Schule kam, was wollte sie dann: Ihr Lebensziel war es, ein vortrefflicher Mensch zu werden, ein Mensch voller Qualitäten. Ihr Ziel war quasi ein erhöhtes Sein (VGL. ROBERT M. PIRSIG, ZEN UND DIE KUNST EIN MOTORRAD ZU WARTEN).

Können wir uns heute einen Schulabgänger vorstellen, der, nach seinen Zielen befragt, antwortet: „Ich möchte ein vortrefflicher Mensch werden?" Sicher nicht. Das direkte Streben nach Vortrefflichkeit haben wir weitgehend eingestellt, weil wir kein wirkliches Bewusstsein mehr entwickeln für den Sinn und Zweck unseres persönlichen Lebens. Wir meißeln heute kein klar formuliertes Idealbild von uns selbst mehr heraus, dem wir möglichst nahe kommen wollen im Laufe unseres Lebens. Und dennoch sind uns die Tugenden nicht gänzlich abhanden gekommen, denn sie lassen sich auf zweierlei Weise anvisieren. Entweder wir streben die Vortrefflichkeit mit allen Tugenden, die dazu gehören, direkt an als unser Ziel oder – was uns heute eher passiert, als dass wir es bewusst erstreben – wir verwirklichen gewisse Tugenden quasi beiläufig, indem wir einem Ziel im Äußeren nachjagen: Das wäre im Sport der Fall, beispielsweise beim Marathon. Wir laufen ja nicht nur einen Halbmarathon oder einen Marathon; das ist lediglich das äußerlich sichtbare Ergebnis unserer Fähigkeiten. Neben der läuferischen Ausdauer, die durchaus bewundernswert ist, haben wir uns während der Zeit unseres Trainings ganz andere Qualitäten angeeignet, die von entschieden höherer Bedeutung sind. Wir haben Disziplin erworben, Willenskraft, Standhaftigkeit, eben jene altmodischen Tugenden, die über Jahrtausende als grundlegend für die Meisterung des Lebens angesehen wurden. Die Genusssucht haben wir in die Schranken gewiesen, um uns ausgewogen zu ernähren und ein angemessenes Läufergewicht zu erreichen. Bis zum Morgengrauen sich dehnende Partys haben wir ebenso gemieden wie die späten Thriller im Fernsehen. Wir sind zeitig zu Bett gegangen und haben uns in der Kunst des Maßhaltens geübt. Auf diese Weise hat unser äußeres Ziel, der Marathon, nicht nur zur Entwicklung unserer sportlichen Fähigkeiten beigetragen, sondern in unser gesamtes Leben fördernd und erbauend hinein gewirkt. Es hat auf eine positive Weise unsere Persönlichkeit geformt, ohne dass wir daran auch nur einen Gedanken verschwendet hätten. Demzufolge liegt, wenn wir ein Ziel im Leben wählen, der wahre Gewinn nicht darin, dass wir irgendwelche äußeren Erfolge erzielen, sondern ein Ziel, das sollten wir uns sehr bewusst machen, zielt letztlich immer nach innen auf die Entwicklung unserer Persönlichkeit. So gesehen ist ein Ziel nur so etwas wie ein Sportgerät für die Seele, an dem diese ihre Vortrefflichkeit entwickeln kann.

Ein Lebensziel sollte also für die Vervollkommnung sowohl unserer äußeren als auch unserer inneren Fähigkeiten sorgen. Wenn wir uns ein solches Ziel wählen, dann haben wir stets etwas an uns selbst herumzumeißeln und herumzufeilen, so dass wir gar nicht in die Depression eines ermüdenden und ziellosen Alltags hineinfallen können. Und je mehr wir an uns selbst arbeiten, je mehr wir herummeißeln, desto klarer und individueller werden auch unsere Positionen. Wir werden also nicht nur vortrefflicher, was unsere Fähigkeiten und Tugenden betrifft, sondern wir reifen auch heran zu einem echten unverwechselbaren Individuum mit seinem ureigenen Blick auf die Welt. Wir machen das Allerbeste aus uns und werden gleichzeitig ein Original.

Wir wachsen, indem wir Weniges wählen und Vieles lassen

„Es gibt keine größere Sünde als viele Wünsche.
Es gibt kein größeres Übel als kein Genüge kennen."
Laotse
(Laotse, Tao te king)

Wenn wir es im Leben – egal in welcher Hinsicht – zu etwas bringen wollen, dann kommt es darauf an, „sich auf Wesentliches und Weniges zu fokussieren", urteilt Lothar J. Seiwert, einer der prominentesten Erfolgstrainer (vgl: Lothar J. Seiwert, Wenn Du es eilig hast, gehe langsam). Neben dieser Konzentration auf das Wenige benötigen wir noch die Ausdauer, um unsere ins Auge gefassten Ziele über einen hinreichend langen Zeitraum zu verfolgen, denn weder vortreffliche Fähigkeiten noch ein vortrefflicher Charakter, lassen sich in Wochen oder Monaten erwerben. Wir müssen also unsere Ziele diszipliniert verfolgen (siehe dazu Kapitel 6: Disziplin - die verkannte Tugend) und wir müssen uns, was die Menge unserer Ziele betrifft, beschränken. Das Wenige zu wählen, heißt Verzicht zu leisten: Denn wir trennen uns damit von dem Vielen, was wir noch alles möchten. In unserem eigenem Interesse bescheiden wir uns mit Wenigem.

Solche Bescheidenheit ist heute ausgesprochen unpopulär. Wir fürchten, wer bescheiden bleibt in seiner Zielsetzung und nur Weniges anstrebt, der beschneidet sich in seinen Möglichkeiten. Aber das Gegenteil ist der Fall: Wer bescheiden bleibt, macht sich reich an Möglichkeiten. Das Wort „Bescheidenheit" rührt vom mittelhochdeutschen Verb „unterscheiden" her: Der Bescheidene besitzt – ebenso wie derjenige, der all seine Entscheidungen vor dem Hintergrund des eigenen Todes abwägt – die Fähigkeit zu unterscheiden zwischen Wichtigem und bloß Nebensächlichem. Das Nebensächliche, so attraktiv und verführerisch es auch scheinen mag, sondert er aus und übt sich so in der Kunst der Selbstbeschränkung. Deren Charakteristikum ist die bewusste und sinnvolle Auswahl, die wir treffen.

Uns heutigen Menschen wird das Leben als das Reich der unbegrenzten Möglichkeiten verkauft: Scheinbar stehen uns alle Optionen offen. Wir können von unserem Leben als einem großen Abenteuer träumen, das uns in ferne Länder führt, und gleichzeitig vom Glück einer intakten Familie am heimischen Herd, wir können vom Reichtum träumen und zugleich vom süßen Nichtstun. Alles können wir wollen, und alles sollen wir haben wollen – und zwar alles auf einmal: Freiheit und Sicherheit, Abenteuer und Bequemlichkeit, Genuss und Gesundheit, Erfolg und Schönheit sowieso. Solche pubertären Träume werden uns eingepflanzt und viele schwelgen darin.

Nur leider erweisen sich derlei Träume als Schäume. Alles zu wollen – genau das funktioniert im Leben nie. Wer Freiheit will, gibt die Sicherheit auf. Und wen es zu Abenteuern zieht, der muss seine Bequemlichkeit opfern. Wer reich werden will, hat in der Regel wenig Zeit dem süßen Leben zu frönen. Wer ein hervorragender Arzt werden will, tut sich schwer, gleichzeitig ein großartiger Filmregisseur zu sein, genauso wie sich ein Familienvater auf Dauer schwer tut mit seiner Frau, wenn er das Leben eines Casanova führt.

Wir haben also die Qual der Wahl: entweder dies oder jenes. Wir kommen nicht umhin, das Eine für uns auszuwählen und dafür auf das Andere zu verzichten. Entweder Abenteuer oder Sicherheit. Entweder Arzt oder Filmregisseur. Unter Millionen Möglichkeiten steht uns genau ein Schicksal offen. Und falls wir den Anspruch haben, unsere Träume zu leben, statt unser Leben nur zu verträumen, dann sind wir gezwungen, einen Gutteil unserer vielen Träume zu opfern und uns zu beschränken auf eine sehr überschaubare Anzahl von Zielen, die wir anstreben.

Die meisten Menschen trachten danach, einer solchen Selbstbeschränkung auszuweichen: Eine klare Entscheidung, die sie festlegen und einer Sache verpflichten würde, empfinden sie als altmodisch und wenig abwechslungsreich. Stattdessen schwelgen sie im Reich der scheinbar unbegrenzten Möglichkeiten. Dabei fallen sie auf ein Trugbild herein: Das Reich der unbegrenzten Möglichkeiten ist nur eine Fata Morgana, erfunden von jenen modernen Märchenerzählern, die Tag für Tag Illusionen auf die Bildschirme unserer Welt projizieren, damit wir ihnen auf den Leim gehen sollen. Und das Schlimme ist: Wir tun es. Offenbar haben wir einen Hang zur Irrealität. Wir neigen zu Wunschträumen. „Die Realität tritt zurück zugunsten von affektiv besetzten Wunschregungen. Die Massen fordern Illusionen. Das Irreale hat bei Ihnen stets Vorrang.“ Diese Grundwahrheit über die Schwäche des Menschen brachte der Werbefachmann Charles Wilp dem ehemaligen deutschen Bundeskanzler Helmut Schmidt nahe (VGL: DER SPIEGEL, NR. 39, 20.09.04, SEITE 147).

Unsere Schwäche für jene irreale Welt, in der all unsere Wunschvorstellungen und Sehnsüchte erfüllt werden, erweist sich keineswegs als harmlos. Durch sie können wir wahrhaftig unser Leben ruinieren. Sie lockt uns in eine heimtückische Falle: Erstens werden wir, indem wir die Realität immer an unserer Wunschvorstellung messen, immer unzufriedener mit unserer Lebensrealität. Und zweitens rauben wir uns die Lebenschancen, wenn wir uns einreden lassen, im Leben stünde uns die Erfüllung aller Wünsche offen. Wählen wir ein Beispiel, um das zu belegen: Angeblich können wir ja alle drei Mal pro Jahr in Urlaub fahren – möglichst Fernreise, gleichzeitig stolzer Eigner einer edlen Karosse werden und zudem glücklicher Besitzer eines nagelneuen Eigenheimes. Die Urlaubsreisen, das tolle Auto ebenso wie das schicke Haus seien unerlässlich für unser Familienglück, predigen die modernen Märchenonkels. Und wir glauben diesen Schrott.

Papperlapapp, alles Unsinn. – Leider erkennen wir das meistens zu spät: Für die nächsten 25 Jahre liegen wir dann mit Schweißausbrüchen in unserem Bett im herrlichen Schlafzimmer unseres wundervollen neuen Eigenheims, und ein Gedanke quält uns: Was passiert, wenn ich morgen arbeitslos bin? Wie viele von uns sind denn weder stolzer Autobesitzer – weil sie die Leasingraten für die Blechkarosse drücken – noch Besitzer ihrer Hütte? Zwar haben sie der Bank schon eine lange Weile intensivst Zinsen spendiert, aber dennoch: Vom Häuschen gehört ihnen bislang lediglich die Garage und das Namensschild an der Tür. Der Rest gehört der Bank – einschließlich ihrer gepeinigten Seele. Familienväter sind sie in der Tat noch – aber längst nicht mehr so sorglos wie zuvor, als sie vielleicht in einer kleinen Mietwohnung wohnten mit einem alten Opel vor der Haustür.

Sollten wir so oder so ähnlich dem Märchen vom Traumhaus für die Traumfamilie auf den Leim gegangen sein, dann gedeiht in sorgenvoll durchwachten Nächten die Einsicht, dass wir für die nächsten 20 Jahre Gefangene unseres Kontostandes bleiben werden. Und wir ahnen: In unserem künftigen Leben stehen uns vermutlich nur noch wenige und eher bescheidene Möglichkeiten offen.

So zahlen wir stets einen Preis, wenn wir unseren Wunschträumen folgen und vergessen, uns selbst zu beschränken. Wollen wir das Glück des eigenen Häuschens – ohne entsprechend viel Eigenkapital zu haben, kaufen wir die Schulden und die Sorgen dazu. Wollen wir gleichzeitig ein Arzt und ein Filmregisseur werden, dann zahlen wir vermutlich den Preis der Mittelmäßigkeit: Wir verstehen ein bisschen etwas von Medizin und ein bisschen etwas vom Film, aber sind in beiden Fachgebieten nicht wirklich gut.

Ohne uns dessen bewusst zu werden, tappen wir im Leben vielfach in die Falle der Habgier. Weil das böse Konsequenzen für unser Lebensglück – und meist auch für das anderer – nach sich zieht, wird die Habgier zu Recht als schwere Sünde eingestuft. In erster Linie ist die Habgier eine Sünde gegen uns selbst: Sie lässt uns „das Ziel verfehlen, wir leben so an uns selbst vorbei" – genau das ist vom Griechischen her die wörtliche Bedeutung von „sündigen" (VGL: ANSELM GRÜN, DER WEG DURCH DIE WÜSTE). Ihrem Charakter nach ist die Sünde der Habgier der tückischste Feind unserer Bemühungen um wirkliche Entwicklung. Sie wünscht sich vieles und wundert sich am Ende, wenn sie wenig bekommt.

Neben der Habgier im materiellen Sinn (Auto, Häuschen, Urlaub, Geld) gibt es die geistige Form der Habgier, die man als ein schnelles Besitzenwollen von vielen Fähigkeiten und Fertigkeiten beschreiben kann, ohne dass dem eine wirklich ernsthafte und ausdauernde Bemühung zugrunde liegt. Machen wir auch das deutlich an einem Beispiel: Fasziniert von allem Exotischen möchten wir gerne unseren Geist erweitern. Also belegen wir einen Yoga-Kurs, ein oder zwei Volkshochschulsemester lang. Dann überlegen wir, dass die chinesische Kunst des Tai Chi sicher ebenfalls hochinteressant wäre und betreiben fortan diese Disziplin einmal pro Woche. Wenige Monate später gelangen wir zu der Erkenntnis, dass Abwechslung im Leben nie schadet und uns etwas Dynamischeres im Moment viel besser täte: Deshalb beschließen wir nun Squash zu spielen. Aber Squash erweist sich nach kurzer Zeit als viel zu hektisch, weswegen wir wieder zu unserer alten Liebe zurückkehren, dem fernen Osten. Yoga meinen wir zu kennen und haken es also ab. Tai Chi – ist ein alter Hut für uns. Deshalb beschließen wir, das Folgesemester der Zen-Meditation zu widmen.

Oberflächlich betrachtet mag unsere Teilnahme an den zahlreiche Kursen aus verschiedenen Disziplinen den Eindruck erwecken, wir hätten die Fülle der Möglichkeiten ausgeschöpft, die uns das Leben bietet und uns damit weitreichende Einblicke verschafft und viele Optionen eröffnet.

Aber was haben wir wirklich erreicht? Wir haben lediglich jene Neugier unseres Gemütes nach dem Neuen, noch Unbekannten und deshalb immer Faszinierenden befriedigt. Aber wir sind auf diese Weise weder in die geistigen Tiefen des Yoga eingedrungen, noch in die Kunst des Tai Chi oder in die Wirklichkeitsschau der Zen-Meditation. Zu einem tieferen Verständnis der Dinge – und damit in eine neue persönliche Bewusstseinsdimension – sind wir nicht gelangt. Wir sind die Alten geblieben.

Wenn wir dieser Form der Habgier folgen, die uns einredet, wir könnten tiefgründige Dinge in hoher Zahl und kurzer Zeit konsumieren, statt uns der Mühe zu unterziehen, sie wirklich intensiv und über lange Zeiträume zu erforschen, dann besteht der Preis, den wir für diesen Irrglauben zahlen, im Stillstand unserer Persönlichkeitsentwicklung: Wir verfehlen auf diese Weise das Ziel des Lebens, das wir als wirkliche Entfaltung unserer Möglichkeiten definiert haben. Wir bleiben – trotz all dieser Semester voller tiefer Künste wie Yoga oder Tai Chi – ein Dilettant, der stets denselben Fehler begeht: Er folgt den Eingebungen seines Gemütes, er befriedigt seine Neugier, aber er vermeidet letztlich die wirklich fruchtbringende Arbeit: Die fängt erst an, wo die oberflächliche Faszination endet. Sie beginnt an dem Punkt, wo es mühselig wird, ja anstrengend, wo man ein kleines Opfer bringen muss für jeden Fortschritt.

Nach den schnellen und leichten Erfolgen des Anfängers wartet immer diese Hürde, an der die Dinge sperrig werden und unzugänglich. Sie weigern sich, schnell in Besitz genommen zu werden. Sie lassen sich nicht konsumieren. Dem, der nicht wirklich um sie ringt, enthalten sie ihre Geheimnisse vor. Er darf zwar, so ähnlich wie ein Schwimmer im Meer, ein bisschen an ihrer Oberfläche herumpaddeln, aber hinunter tauchen, zu den Korallenriffen, den Fischschwärmen, den Schönheiten der Tiefe darf er nicht. Er erfährt nicht einmal, dass sie existieren dort unten. Denn dafür bräuchte er einen langen Atem.

Ein Tun, das wirklich Früchte tragen soll, erfordert diesen langen Atem. Egal ob wir ein Yogi, ein Meister des Tai Chi, ein Schwimmer, ein Maler, ein Bildhauer, ein Arzt oder sonst etwas sein möchten: Wenn wir wirklich zu den Geheimnissen unserer Kunst vordringen möchten, dann verlangt das den Einsatz unserer Kräfte über einen langen Zeitraum hinweg. Es erfordert unsere Festlegung auf ganz wenige Dinge, die wir wirklich zu tun wünschen. Diese Dinge müssen wir verfolgen und dabei auf vieles andere verzichten. Kurz und gut: Es ist notwendig, dass wir unsere ganz persönliche Wahl treffen.

Welche Person wollen wir werden? Welcher Kunst fühlen wir uns wirklich verbunden? Welche Fähigkeiten möchten wir uns aneignen? Würden wir diese Fragen klar beantworten und damit das Wenige und für uns Wichtige auswählen und beharrlich verfolgen, dann würde unser Bewusstsein zu neuen Verständnistiefen vordringen und sich entwickeln. Wir würden – wie wir noch sehen werden – auf einem solchen Weg genauso andere werden wie der Hirte Santiago auf seiner Reise. Gerade durch die Selbstbeschränkung auf ein wesentliches Ziel entwickeln wir uns weiter – und zwar in aller Ruhe, unter Schonung unserer Kräfte, ohne uns abzunutzen. Wenn dagegen unsere Habgier möglichst viel in möglichst kurzer Zeit will, dann führt das zur Stagnation unserer Entwicklung, ohne dass wir es bewusst registrieren würden. Wir sind dann gewiss ungeheuer aktiv. Sicher rotieren wir von Kurs zu Kurs, von Termin zu Termin, von Event zu Event, von Attraktion zu Attraktion. Nur leider bewegt sich, wer so rotiert, immer nur um die eigene Achse. Er kreiselt schnell, ohne wirklich voran zu kommen. Genau diese richtungslose und hektische Aktivität ist die Krankheit unserer Zeit.

Roberto Assagioli hat sie präzise diagnostiziert: „Wer mit Aufmerksamkeit und ohne sich vom Schein trügen zu lassen die wahre Natur der heute vorherrschenden sogenannten ‚Aktivität' untersucht, wird bald erkennen, dass es sich dabei keineswegs um Gold, sondern um bloßes Flitterwerk handelt. Was sich als Aktivität ausgibt, ist zumeist Geschäftigkeit, Lärm, Zermürbung, Unruhe oder Aktivismus, jedoch nicht das wahre Handeln, das sich, wie die Natur uns lehrt, durch Harmonie, organische Struktur, Rhythmus und vor allem Fruchtbarkeit auszeichnet. Wie viele unserer Aktivitäten entbehren dieser Eigenschaften! Wie oft sind sie nichts anderes als trügerischer Schein, fruchtlose Vergeudung von Kräften. Wie sehr ähneln sie doch Fußtritten, die, wie Tagore so treffend sagt, nur Staub aufwirbeln, aber nicht die Fruchtbarkeit der Erde fördern" (IN: ROBERTO ASSAGIOLI, PSYCHOSYNTHESE).

Solche Aktivität tut vieles, ohne eigentlich zu handeln. Sie hat kein eindeutig formuliertes Ziel und erreicht deswegen auch nichts. Angefüllt mit unzähligen Wünschen und spontanen Begehrlichkeiten ist sie das Gegenteil von Bescheidenheit und Selbstbeschränkung. Solche Aktivität rotiert – um die innere Leere vor sich selbst zu verbergen – immer irrsinniger auf der Stelle. Der Verschleiß der Kräfte ist dabei ebenso wahnsinnig wie ein Fortschritt nicht erkennbar ist. Wer aber bei maximalem Kräfteverschleiß auf der Stelle tritt, wird früher oder später zermürbt. Sein Leben ist nicht nur angefüllt mit Hetze, sondern es ist vor allem ziel- und sinnlos. Es stagniert, statt sich zu entwickeln.

In diese Falle der Sinnlosigkeit läuft die Habgier. Unser Liebhaber fernöstlicher Disziplinen beispielsweise belegt viele Kurse, aber zieht am Ende immer wieder enttäuscht von dannen, mit der Begründung, die Dinge hätten ihm nicht gegeben, was er gesucht habe. In der Erkenntnis, viele Semester seines Lebens sinnlos vergeudet zu haben, entfaltet er nun einen um so größeren Aktivismus und sucht sich das nächste Seminar, in dem Wahn, das Richtige für sich erst noch entdecken zu müssen. Weil er nicht bereit ist, die wirkliche Arbeit zu leisten, und weil er nicht merkt, dass der entscheidende Fehler in seiner eigenen Geisteshaltung liegt, wird er noch weitere Semester ebenso sinnlos zu vergeuden. Er will alles haben und wird doch nichts werden: weder ein Yogi, noch ein Zen-Meister.

Dorthin könnte ihn nur die Selbstbeschränkung auf ein wesentliches Ziel führen: Sie fördert die Konzentration unserer Kräfte und weist unseren Handlungen eine Richtung. Wir rotieren dann nicht mehr, sondern setzen einen Fuß vor den anderen und gehen Schritt für Schritt voran – bis wir unserem Ziel nahe kommen.

Ein normaler Mensch kann eben nicht – das sollten wir uns noch einmal an einem Beispiel ganz plastisch vor Augen halten – fünf oder sechs Sprachen auf einmal lernen: Er kann es versuchen, aber sein Wissen wird am Ende höchstens reichen, um in sechs Ländern der Erde ein Frühstück zu bestellen. Mit keinem einzigen Einheimischen wird er eine gehaltvolle Unterhaltung führen können. Kein einziges Buch in der fremden Sprache wird er lesen. Niemals wird er in der Lage sein, den Geist dieser Sprache zu erfassen. Sein Wissen bleibt oberflächlich – sein Horizont beschränkt.

Vorteilhafter für jeden Menschen wäre zweifelsohne, er träfe eine Wahl und beschränkte sich zunächst auf das Erlernen einer Sprache. Bliebe er – statt alles zu wollen – bescheiden und klar in seiner Zielsetzung, so könnte er sicher nach einer gewissen Zeit in dieser einen Sprache mit den Menschen aus dem anderen Sprachraum kommunizieren. Vermutlich würde er sogar Freunde finden in jenem fremden Land. Durch Gespräche mit ihnen könnte er sich langsam ein Bild machen von der Seele dieses Landes und den Charaktereigenschaften seiner Menschen. Damit wäre er in der Lage, Vergleiche anzustellen zwischen seinem Heimatland und der anderen Nation. Unterschiede würden ihm auffallen, anhand derer er für sich das Beste aus beiden Welten herausdestillieren könnte. Und daran würde sein Bewusstsein wachsen. Ein Mensch, der solchermaßen verfährt, erreicht – aufgrund seiner Selbstbeschränkung – genau jene Qualität, die wir als Ziel des Lebens definiert haben. Er entwickelt sich Schritt für Schritt über seine alten Grenzen hinaus und erschließt sich neue Möglichkeiten. – Das wird ihm Zufriedenheit schenken.

Ein Mensch, der so vorgeht, könnte schließlich sogar noch viel mehr leisten: Wenn er sich hinreichend gefestigt fühlte in der erworbenen Fremdsprache, könnte er sich die nächste vornehmen. Struktur und Wesen der einen Fremdsprache, die er inzwischen beherrscht, böten ihm eine großartige Lernhilfe. Anhand der von ihm erkannten Unterschiede zwischen den Sprachen, zum Beispiel im Satzbau oder in der Wortbildung, würde es ihm leicht fallen, das Funktionsprinzip der neuen Sprache zu identifizieren. Er könnte sie somit viel leichter lernen. Ebenso wie ein Mensch, der über Jahre Yoga studiert hat, sich anschließend leichter tut, das Wesen der Zen-Meditation oder des Tai Chi zu erfassen.

Selbstbeschränkung beziehungsweise Bescheidenheit trägt also auf zweierlei Weise zu unserer bestmöglichen Entwicklung bei. Erstens: Sie sorgt im materiellen Bereich dafür, dass wir nicht dem finanziellen Ruin anheim fallen oder zu Sklaven unserer Bank werden. Sie hilft uns frei und sorglos zu bleiben. Zweitens – nun kommen wir zum immateriellen Bereich: Durch die Konzentration unserer Kräfte auf Weniges, sind wir in der Lage, dieses Wenige besser zu erfassen und tiefer zu durchdringen. Indem wir die Dinge durchdringen, beginnen wir ihr Wesen zu verstehen. Indem wir ihr Wesen verstehen, weiten wir unser Bewusstsein. Wir entwickeln unseren Geist. Damit wachsen wir über unsere alten Grenzen hinaus. Mit einem Geist, der über seine alten Grenzen hinausgewachsen ist und deshalb nunmehr größere Tiefe besitzt, finden wir wiederum einen Zugang zu Dingen, die uns mit unseren bisherigen Geisteskräften unerreichbar waren. Wir sind nun im Stande auch diese Dinge, die uns bislang überforderten, langsam zu durchdringen. Was erneut unser Bewusstsein weitet. Aus dieser neuen Weite resultieren wiederum neue Möglichkeiten. Und so weiter, und so weiter.

Eben jene wachsende Vielfalt an Möglichkeiten, die wir von der Habgier vergeblich erhofft haben, sehen wir plötzlich entspringen aus dem Prinzip der bewussten Selbstbeschränkung. Ein Prozess der ständigen Ausdehnung wohnt ihm inne. Wenn wir unser Bewusstsein mit der ruhigen Oberfläche eines Sees vergleichen, dann bilden sich immer größere konzentrische Kreise um jenes Zentrum, wo jemand einen Stein ins Wasser geworfen hat. Der Stein, der die Wellenbewegung unseres Bewusstseins auslöst, trägt die Aufschrift: „Beschränkung auf das Wesentliche". Der Grundbaustein des Lebens ist das „Entweder-Oder". Wenn wir uns weiter entwickeln wollen im Hinblick auf unsere Fähigkeiten, dann ist es unverzichtbar, sich für das Eine zu entscheiden und gegen das Andere. Wir müssen Verzicht üben und uns beschränken. Die Stärke und Disziplin allerdings, die dazu notwendig ist, kann wiederum nur ein Mensch aufbringen, der über einen vortrefflichen Charakter verfügt. Wenn wir uns also auf das Wenige und Wichtige beschränken wollen, um ein Ziel im Äußeren zu erreichen, dann müssen wir gleichzeitig – um unseren Vorsatz durchzuhalten – im Inneren die entsprechende Vortrefflichkeit entwickeln. Sonst können wir nicht an unser Ziel gelangen.

Dem Naturgesetz vom permanenten Abstieg trotzen

„Ich kenne keine erhebendere Tatsache,
als die zweifellose Fähigkeit des Menschen
sein Leben durch bewusste Anstrengung
auf einen höheren Standpunkt zu erheben."
Henry David Thoreau
(HENRY DAVID THOREAU, WALDEN)

Um eine Sprache zu lernen, einen Marathon zu laufen oder sonst ein Ziel zu erreichen, benötigt der Mensch die innere Stärke, seine Ziele konsequent über einen langen Zeitraum zu verfolgen. Er braucht Ausdauer. Will er eine Sprache erlernen, so muss er sich jeden Tag darin üben. Will er einen Marathon laufen, bleibt ihm nichts anderes übrig, als mehrmals pro Woche zu trainieren. Wenn unser potentieller Marathonmann das Training zwar als wesentlich für sein Ziel erkennt, es demzufolge auch einen oder zwei Monate durchhält, dann aber wieder auf seinem Sofa landet vor der Glotze, dann wird ihn das nicht weiter bringen: Das Zielband beim Marathon wird er nie passieren.

Wir kennen ihn alle, den rasanten Niedergang: Die guten Vorsätze zu Silvester? Nach ein paar Tagen oder ein paar Wochen bleibt nur noch die Feststellung: Viel vorgenommen, wenig durchgehalten – alles wieder beim Alten. Wir hatten uns zwar ein Ziel gewählt, aber leider war es uns nur für eine sehr kurze Spanne Zeit beschieden, auch nach der Hierarchie unserer Wichtigkeiten – Joggen statt Glotze – zu leben. Häufig diagnostizieren wir an uns selbst einen erschreckenden Mangel an Vortrefflichkeit: Die innere Stärke, unsere Entschlüsse konsequent durchzuhalten, fehlt.

Joggen? Vokabeln lernen? Permanent liegt uns die Trägheit im Ohr mit ihrem dunklen schmeichelnden Gewisper. „Komm in meine Arme. Gib Dich mir hin." Wer vermag da stark zu bleiben? Früher oder später sinken wir an ihren weichen Busen…

Joggen? Vokabeln lernen? Was soll's. Die Trägheit ist ein Luder von unglaublichem Raffinement. Sie verführt uns, aber sie gibt uns nichts. Obwohl wir das wissen, fallen wir immer wieder auf sie herein. Dieses allzumenschliche Schicksal veranlasst uns in der Regel im Nachhinein zur bitteren Klage über unser eigenes Unvermögen. Manch einer fühlt sich dann wie der letzte Versager. Zu seinem Trost möge er sich vor Augen halten, dass er nicht die Ausnahme darstellt unter den Menschenwesen, sondern die Regel. „Entropie" nennt die Wissenschaft jenes Gesetz vom permanenten Abstieg, das erklärt, warum die Trägheitsgöttin soviel Macht über uns besitzt und unser Sofa – rein theoretisch – eine ungleich höhere Anziehungskraft ausübt als unser Vokabelheft.

„Eines der grundlegenden Naturgesetze ist das Zweite Gesetz der Wärmelehre, das besagt, dass Energie von Natur aus von einem Zustand größerer Organisation zu einem Zustand geringerer Organisation fließt, von einem Zustand höherer Differenzierung zu einem Zustand geringerer Differenzierung. Mit anderen Worten, das Universum befindet sich in einem Prozess des Abstiegs. Häufig wird dieser Prozess am Beispiel eines Flusses beschrieben, der von Natur aus bergab fließt. Energie oder Arbeit ist nötig – Pumpen, Schleusen, Menschen, die Eimer tragen –, um diesen Prozess umzukehren, um an den Anfang zurückzugelangen, um das Wasser wieder auf den Berg zu bringen. Und diese Energie muss von anderswoher kommen" (In: Scott M. Peck, Der wunderbare Weg).

Wendet man das auf den einzelnen Menschen an, dann dürften wir nie mehr vom Sofa aufstehen. Eigentlich dürften wir nicht einmal existieren, weil die Evolution nach dem Gesetz der Entropie niemals über das Virus, das Molekül, den Einzeller hätte hinausschreiten dürfen zu so komplexen und differenzierten Wesen wie uns Menschen. Trotzdem leben wir munter hier auf Erden, fläzen auf unserem Sofa herum, schlagen dann und wann sogar unser Vokabelheft auf, schnüren die Turnschuhe. – Das ist nicht mehr und nicht weniger als ein Wunder.

Wie die Evolution im Ganzen sind offensichtlich auch wir als Einzelne imstande – entgegen diesem Naturgesetz vom permanenten Abstieg – aufzusteigen. Wir können uns in der Tat vom Busen dieses Luders namens Trägheit losreißen. Das ist die gute Nachricht. Und die schlechte Nachricht lautet: Wir müssen verdammt zäh darum kämpfen. Zu unserem täglichen Brot wird es, permanent um Stärke zu ringen, weil das Leben über jenen eingebauten Mechanismus verfügt, der uns – immer wenn wir nicht höllisch aufpassen – hinunter zieht in einen Zustand niedrigerer Ordnung: also Glotze statt Joggen, Marmeladebrötchen statt Müsli, Vergnügen statt Askese, Stumpfsinn statt Studium.

Gemäß dem Gesetz der Entropie entspricht der Müßiggang unserer natürlichen Wahl. Dem Impuls der Bequemlichkeit folgend, setzen wir uns vor die Glotze und lassen uns unterhalten. Wir bleiben passiv, statt die klare Entscheidung zu treffen, uns selbst zu beschäftigen. Es ist der einfache Weg, den wir wählen. Um ihn zu gehen, müssen wir wenig Energie investieren. So gesehen schonen wir unsere Kräfte, was ursprünglich, als wir alle noch Jäger waren und uns im Kampf ums Überleben körperlich regelmäßig verausgabten, durchaus sinnvoll gewesen sein mag. Sofern uns nichts mangelte und wir nicht zur Tat gezwungen waren, beispielsweise um uns mit Nahrung zu versorgen, entsprach das vermutlich unserer selbstverständlichen Art zu leben. Wir folgten dem, was unsere Natur uns eingab, und suchten für ein kleines Weilchen Zuflucht am Busen der Trägheitsgöttin. Die knapp bemessenen Stunden der Trägheit dienten unserer Regeneration.

Aber wo geraten wir heutigen Büromenschen hin, wir Autofahrer und Fernsehgucker, wenn wir diesem Prinzip der Natur folgen? Das geistige Prinzip, das ebenfalls in uns wohnt, ist durchaus in der Lage, uns über die Konsequenzen in Kenntnis zu setzen. Sofern wir gewillt sind, es zu befragen, teilt es uns etwa Folgendes mit: „Je länger du auf deinem Sofa vor der Glotze liegen bleibst, desto schwächer wirst du. In fünf, sechs oder sieben Monaten bist du so faul, fett und träge, dass du gar nicht mehr aufstehen magst. Folge nicht diesem natürlichen Hang zur Trägheit. Unternimm' etwas. Wähle das Widernatürliche. Wähle den schwierigeren Weg."

Die Handlungsalternative für den modernen Büromenschen sähe dann so aus: Das Gemüt verlangt nach der geliebten Krimiserie. Wir registrieren das, folgen diesem Impuls aber nicht, sondern treffen die gegenteilige Entscheidung, die heißt: „Joggen!" Wir stellen uns ganz bewusst gegen unsere eigene Natur. Wir folgen dem Wunsch, den unser Gemüt ohne unser Zutun erzeugt, absichtlich nicht. Warum? Wo liegt das Motiv für dieses quasi widernatürliche Handeln? Blöde Frage werden jetzt alle sagen, das Motiv liegt doch auf der Hand: Wir wollen nicht faul, fett und träge werden. Wir wissen genau, wie unwohl wir uns in dem Zustand fühlen: Der Körper wird krank und der Geist wird stumpf. Die Antwort ist eindeutig – jeder Mensch kennt sie.

Und trotz dieses Wissens: Die Opfer der Trägheitsgöttin bleiben ungezählt. Wir laufen in schöner Regelmäßigkeit in die Falle, die unsere eigene Natur uns stellt: Automatisch erheben sich unsere Wünsche aus dem Unterbewusstsein und formieren sich in unserem Kopf zu Gedanken. Und unser Geist neigt dazu, ihnen reflexartig zu folgen. In allen Lebenslagen, in denen er nicht vollkommen bewusst arbeitet, die Situation analysiert und eine eindeutige Entscheidung trifft, gibt er die Herrschaft über unser Handeln an das Gemüt ab. Dadurch büßen wir die Grundlage für unserer Zufriedenheit ein: Wir steuern unser Leben nicht mehr, sondern wir werden gesteuert von unseren Gemütskräften, denen wir intuitiv folgen.

Das erweist sich in der Regel als Fehler: Was unser im Augenblick verhaftetes Gemüt uns als das im Moment Erstrebenswerte und Angenehme signalisiert, gereicht uns über einen längeren Zeitraum zum Nachteil: Das Sofa vor der Glotze mag zwar bequem sein, aber es ist schlecht für uns, dieser Bequemlichkeit allzu ausgiebig zu frönen. Wir stagnieren dann nicht nur, sondern wir entwickeln uns zurück: Wir werden immer dicker und mit jedem Kilo unfähiger uns aufzuraffen. So arbeitet das Gemüt gegen unser Ziel an: Folgen wir seinem Hang zur Trägheit, dann machen wir aus uns das Allerschlechteste, was wir werden können.

Erinnern wir uns an unseren Marathonläufer? Niemals hätte er auch nur an den Start gehen können, wenn er der Kraft der Entropie nicht in all den Trainingsmonaten getrotzt hätte. Selbst während des Rennens noch – bei Kilometer 35 – musste er den Forderungen seines Gemütes nach Aufgabe den eindeutig formulierten Willen seines Geistes entgegensetzen, sonst hätte er sein Ziel bei Kilometer 42,195 niemals erreicht.

Aus derartigen Einsichten resultiert unser Vermögen, dem Gesetz der Entropie zu trotzen. Ein Geist, der bewusst genug ist, vermag zu überschauen, wie sehr es ihm zum Nachteil gereicht, wenn er den Einflüsterungen seines Gemütes folgt. Erst diese Erkenntnis macht ihn fähig, jenen schmalen, energieintensiven und widernatürlichen Pfad zu wählen, auf dem er aufsteigen kann zu einer Stufe höherer Entwicklung – entgegen dieses Gesetzes der Entropie, das eigentlich unseren permanenten Abstieg festlegt. „Aufsteigend musst du dich bemühen, doch ohne Mühe sinkest du, der liebe Gott muss immer ziehen, dem Teufel fällt's von selber zu“, dichtete schon Wilhelm Busch (IN: GERD B. ACHENBACH, LEBENSKÖNNERSCHAFT).

Wir sind also durchaus fähig, jene guten Vorsätze, die wir zu Silvester gefasst haben, auch über den Zeitraum durchzuhalten, der notwendig ist, um unser Ziel zu erreichen. Dazu allerdings müssen wir auf die Segnungen einer in unseren Zeiten zutiefst verkannten und ausgesprochen unbeliebten Tugend zurückgreifen: „Disziplin“ ist ihr Name.

Die verkannte Tugend: Warum Disziplin unser Leben leichter, besser, schöner macht

„Durch frühzeitiges Behandeln der Dinge
sammelt man doppelt die Kräfte des Lebens.
Durch diese verdoppelten Kräfte des Lebens
ist man jeder Lage gewachsen.
Ist man jeder Lage gewachsen,
so kennt niemand unsere Grenzen."
Laotse
(Laotse, Tao te king)

Ganz zu Unrecht haftet der Disziplin ein miserabler Ruf an. Das Wort riecht nach Erziehungsanstalten, nach Kasernenhöfen, nach Strafe und Weidenruten, mit denen mancher sogenannte Erzieher seine Zöglinge misshandelte. Die Disziplin wird oft gleichgesetzt mit jenem erzwungenen Gehorsam, der in Kasernenhöfen und Erziehungsanstalten häufig dazu missbraucht wurde, um jungen Menschen ihren Eigenwillen aus dem Leib zu prügeln. Wenn wir an Disziplin denken, dann denken wir an die systematische Verstümmelung von jungen Menschenseelen. Wir denken an Zucht oder Züchtigung, an jene Methoden, die dazu dienen, die freie Entfaltung des Individuums zu verhindern und es zu einem gehorsamen Lakaien zu degradieren, der am Ende nicht mehr wagt, seinen eigenen Willen zu leben. Er wird diese Negativerlebnisse seiner Kindheit in solchem Maße verdrängen, dass er als Erwachsener alle freien Menschen, die ihm gegenüber treten, auf das Bitterste bekämpft, weil er es im Grunde seiner Seele nicht ertragen kann, zu sehen, wie er einst – vor den „erzieherischen" Übergriffen – als Kind war und wie er hätte werden können (siehe Kapitel 12: Seid vollkommen unbrauchbar).

Diese Art Kasernenhofdisziplin gilt es zu verachten, sie ist hier nicht gemeint. Wenn wir uns im Namen der Disziplin so etwas antun wie Zucht oder Selbstzucht, dann nur, weil sie uns besser als alles andere hilft, unserem Ziel nahe zu kommen und unsere Persönlichkeit wirklich zur höchstmöglichen individuellen Freiheit zu entfalten. Tatsächlich züchtigen wir uns, indem wir Disziplin üben: Bewusst nehmen wir ihren Schmerz in Kauf, um am Ende ein höheres Gut dafür einzutauschen. Im Mittelhochdeutschen bedeutete Disziplin auch „geistliche Kasteiung". Genau das haben wir vor: Wir kasteien uns. Weil es sich so einfach leichter lebt – und vor allem besser.

Die Beispiele dafür sind Legion: Nehmen wir einen im Grunde seines Herzens gewissenhaften Schüler, der seine Hausaufgaben vor sich her schiebt: Zuerst will er mit seinen Freunden streunen. Aber er kann den Nachmittag letztlich nicht wirklich genießen, weil im Hinterkopf dennoch die Hausaufgaben lauern. Der Gedanke daran zehrt an seiner psychischen Energie. Wenn er schließlich am frühen Abend ein wenig ermüdet an seinem Schreibtisch sitzt, wird er für seine Hausaufgaben länger brauchen und sie schlechter erledigen.

Oder betrachten wir unseren Berufsalltag. Wir haben einen sehr unangenehmen Anruf zu tätigen. Statt ihn am frühen Morgen hinter uns zu bringen, schieben wir ihn auf bis zur letzten Minute. Die Folge: Den Tag über quält uns der Gedanke an diesen Anruf. Er vermiest uns den Tag. Zudem verhindert er unsere Konzentration auf die anderen Arbeiten des Tages, was dazu führen kann, dass wir Fehler machen, die noch mehr unangenehme Anrufe nach sich ziehen könnten. Hätten wir unseren Anruf am frühen Morgen erledigt, wir hätten unsere Qual beträchtlich verkürzt. Wir wären innerlich frei gewesen, unseren Tag zu gestalten. Indem wir den Anruf aufschieben, lassen wir es zu, dass die Angst davor insgeheim unseren Tag prägt. Wir treten die Steuerung unseres Lebens an sie ab.

Oder betrachten wir unseren inzwischen zwei Zentner wiegenden Gemütsmenschen vor der Glotze: Wie viel Freiheit, Selbstbestätigung, Lebensfreude hätte es ihm eingetragen, wenn er die Disziplin aufgebracht hätte, vier Mal pro Woche joggen zu gehen. Wie großartig hätte er sich gefühlt, wenn er am Ende seiner Mühen mit einem stabilen Gewicht von 75 Kilogramm die Ziellinie beim Marathon überquert hätte.

Alle drei Beispiele belegen eins: Hätte unser Schüler die Disziplin gehabt, sein Vergnügen aufzuschieben, unser Angestellter die Disziplin besessen, seine unterschwellige Angst vor dem Anruf zu überwinden, unser Gemütsmensch kraft seiner Disziplin die Entropie besiegt – sie alle hätten sich das Leben beträchtlich erleichtert. Aber sie alle sind dem Schmerz ausgewichen, den uns jede Überwindung erst einmal kostet. – Darin liegt der Kardinalfehler, den wir alle immer wieder machen. Die wahre Kunst ist es, umgekehrt zu handeln: Das Unangenehme will zuerst erledigt sein. Schaffen wir es, diese Disziplin aufzubringen, so verkürzen wir die Zeitspanne, in der das Unangenehme unsere Psyche belasten kann. Wir erarbeiten uns auf diese Weise viel größere Zeiträume, in denen wir uns innerlich frei fühlen und das Leben genießen können. Das sei die einzig anständige Art zu leben, versichert der geniale Psychologe Scott M. Peck (IN: SCOTT M. PECK, DER WUNDERBARE WEG).

Disziplin bedeutet im wahrsten Sinne des Wortes Selbstüberwindung. Wer Disziplin übt, tritt gegen einen mächtigen Gegner an: Dieser Gegner ist er selbst – seine eigene Natur. Und gibt es etwas Schrecklicheres, als sich gegen sich selbst zu stellen? Wenn wir plötzlich das, was uns ganz natürlich erscheint, jenes in unseren Augen Angenehme und Verlockende (Glotze), eintauschen sollen gegen das Unangenehme und Anstrengende (Joggen), dann verursacht uns das Schmerzen. Noch heftiger leiden wir, wenn wir wie unser Angestellter über unsere als ganz selbstverständlich empfundene Angst hinwegschreiten sollen, statt ihr zu folgen.

Deshalb könnten wir die Disziplin auch als jene Fähigkeit definieren, sich ganz bewusst dem Schmerz zu stellen. Bekanntermaßen tut das kein Mensch gerne: Wo immer wir können, weichen wir dem Schmerz aus. Wir hoffen, er möge sich von allein wieder verziehen. Das ist ausgesprochen menschlich – aber, was unser Leben betrifft, äußerst unpraktisch. Unsere Probleme und die Schmerzen, die sie mit sich bringen, neigen nicht dazu, schnell und kampflos zu verduften. In der Regel setzen sie uns immer stärker unter Druck: ähnlich wie ein schöner im Laufe der Nacht und des folgenden Tages kontinuierlich anschwellender Zahnschmerz. Der Zahn signalisiert uns: „Du hast ein Problem." Er lässt uns nicht die Chance, diesem Problem auszuweichen. Im besten Fall bleibt uns die Wahl zwischen bohren oder ziehen lassen. Der Schmerz verschwindet erst, wenn wir das Problem gelöst haben.

Immer wieder werden wir in unserem Alltag vor solche Situationen gestellt. Selbst ohne Zahnschmerzen versorgt uns das Leben mit nichts zuverlässiger als mit einer stolzen und reichhaltigen Auswahl an Problemen. Schon in der Kindheit fängt es an – wie wir an unserem armen Schüler gesehen haben (Streunen oder Hausaufgaben?). Später im Erwachsenenalter werden uns die Probleme erst recht frei Haus geliefert. Sie vermehren sich wie die Feldmäuse. Leider bleibt ihr Hang zur Vervielfältigung nicht ihre einzige verhängnisvolle Eigenschaft. Als Einzelexemplare betrachtet, verfügen sie zudem über so etwas wie ein Wachstumsgen: Sie werden größer, wenn wir uns ihnen nicht rechtzeitig stellen. So wie unser Zahnschmerz attackieren sie uns desto machtvoller, je länger wir ihnen keine Beachtung schenken. Unser Wunsch, sie mögen verschwinden, ist ihnen völlig schnuppe. Versuchen wir sie zur Vordertür hinauszuwerfen, dann spazieren sie grinsend wieder zur Hintertür herein: Jedes Mal ein bisschen größer als vorher. Sie kennen kein Erbarmen mit uns. Sie lassen uns nicht aus ihren Fängen.

Wählen wir einmal unseren geplagten Schüler als Beispiel: Er schludert also seine Hausaufgaben hin. Am nächsten Tag ermahnt ihn die Lehrerin. Aber ihre Rüge steckt er weg. Das Spiel mit den Freunden scheint diesen Preis wert. Weiter werden die Aufgaben notdürftig am frühen Abend erledigt. Mit der Zeit führt das zu schlechten Zensuren. Zum Problem mit der Lehrerin gesellt sich langsam aber sicher ein Problem mit den Eltern. Unser Schüler bleibt cool: Die Eltern richten auch nichts bei ihm aus. Am Ende lassen ihn alle in Ruhe, und er frönt weitere zwei, drei Jahre seinem undisziplinierten und uneffektiven Arbeitsstil. – Und dann? Steht plötzlich die Abschlussprüfung vor der Tür. Es ist zu spät, um alles Versäumte nachzuholen. Sein Ergebnis wird ziemlich mangelhaft ausfallen – dadurch verringern sich seine Lebenschancen beachtlich.

Das Ursprungsproblem unseres Schülers hätte mit der einfachen Formel „Erst die Arbeit, dann das Spiel“ aus der Welt geschafft werden können. Er hätte sich durch diesen einfachen Akt der Disziplin alle folgenden Konflikte erspart. Seine Lebensqualität wäre demzufolge über all die Jahre beträchtlich höher gewesen. Weil er diese Disziplin nicht aufgebracht hat, ist nun dieses Problem, das in seinen Anfängen höchstens ein Baby war, herangewachsen zu einem Riesen, dessen Schatten auf die gesamte Zukunft unseres Schülers zu fallen droht.

Falls er den Fehler seiner Jugend noch korrigieren will, wird er gigantische Anstrengungen unternehmen müssen. Er hat den geringen Schmerz der Hausaufgabendisziplin am Nachmittag, dem er ausgewichen ist, gegen einen wesentlich größeren Schmerz getauscht: Nun muss er entweder Jahre büffeln bei minimaler Freizeit, oder eben den deprimierenden Gedanken ertragen, dass er zu Besserem fähig gewesen wäre. Solch schwerwiegende Folgen drohen uns, wenn wir einem Problem hartnäckig ausweichen, statt es zur rechten Zeit in Angriff zu nehmen.

Indem unsere Probleme die Tendenz zur Verschärfung aufweisen, zwingt uns das Leben tatsächlich in eine Schlacht. Wir sollen gegen unsere eigenen Gemütskräfte antreten. Auf der einen Seite stehen dabei Kräfte wie die Trägheit oder unser Hang zum Vergnügen, die unsere Probleme erst erzeugen, wenn wir ihnen allzu nachhaltig frönen, auf der anderen Seite stehen Gemütskräfte wie beispielsweise die Angst, die dazu neigt, bereits existierende Probleme vor sich her zu schieben. Scott M. Peck behauptet sogar: „Diese Neigung, Problemen und den ihnen innewohnenden gefühlsmäßigen Leiden auszuweichen, ist die Hauptgrundlage aller menschlichen seelischen Krankheiten. Da die meisten von uns in größerem oder geringerem Maße diese Neigung haben, sind die meisten von uns in größerem oder geringerem Maße seelisch krank“ (In: Scott M. Peck, Der wunderbare Weg).

Wir könnten nun Klage führen gegen unsere eigene Natur, die uns dazu verführt, Problemen auszuweichen und sie dadurch noch verschärft. Wir könnten das Leben bezichtigen, eine ziemliche Fehlkonstruktion zu sein, weil es uns instinktiv Handlungsweisen nahe legt, die uns im Endeffekt zum Nachteil gereichen. Aber derartige Klagen sind sinnlos. Das Leben wird sich nicht ändern. Demzufolge bleibt uns nichts anderes übrig, als die Art und Weise unserer Betrachtung zu ändern. Wir nehmen also zur Kenntnis, dass offenbar das Leben selbst uns in eine Falle lockt, aus der wir nur durch die geistige Überwindung unserer impulsgesteuerten Gemütskräfte herauskommen. Das Leben selbst ist es, das – wie wir gleich sehen werden – die verborgene Absicht hegt, uns zu jener ungeliebten Tugend namens „Disziplin" zu erziehen: Es hat nämlich die schmerzhafte Selbstüberwindung zur unausweichlichen Bedingung für jegliches innere Wachstum gemacht. Wer sich geistig und seelisch entwickeln will, muss stets die Kraft und den Mut entwickeln, über die Schwelle machtvoller Wesensregungen hinweg zu springen. Dabei beuteln uns die Emotionen. Wir gehen durch ein Wechselbad der Gefühle, und stets ist dabei die Angst unsere treueste Gefährtin. „Jede Entwicklung, jeder Reifungsschritt ist mit Angst verbunden, denn er führt uns in etwas Neues, bisher nicht Gekanntes und Gekonntes, in innere oder äußere Situationen, die wir noch nicht und in denen wir uns noch nicht erlebt haben" (In: Fritz Riemann, Grundformen der Angst).

Egal ob wir gerade laufen lernen, und die Mutter erstmals unsere kleine Hand loslässt, ob wir eine neue Arbeitsstelle antreten, oder uns nach zehn Jahren Ehe scheiden lassen – das Gefühl der Angst stellt sich ganz natürlich ein, und uns fällt die Aufgabe zu, sie zu überwinden. Es ist wie bei einem kleinen Jungen im Freibad, der das erste Mal in seinem Leben auf dem Ein-Meter-Brett steht. Das Neue, das Unbekannte, jener scheinbar unauslotbar tiefe blaue Beckengrund, der vor ihm den Rachen aufsperrt, als wolle er ihn verschlingen, macht ihm Angst. Der Junge trippelt hin und her, er starrt ins Wasser, er schaut hilfesuchend nach seinem Vater am Beckenrand, bis er blass wieder vom Sprungbrett herunter klettert, nur um fünf Minuten später einen nächsten Anlauf zu nehmen. Das ist der charakteristische Ausdruck jener Angst, die immer mit dem Überschreiten einer Schwelle verbunden ist: Diese Angst tritt auf, wo wir uns in einer Situation befinden, der wir nicht oder noch nicht gewachsen sind. Und wir tasten uns unter Schmerzen an diese Situation heran. Dieses Vor-und-Zurück des Jungen auf dem Ein-Meter-Brett, sein Zweifeln an sich selbst, das Schwanken zwischen dem Sicheren, dem Gewohnten, dem Vertrauten und dem Riskanten, dem Neuen, dem Fremden ist das typische Zeichen für jede Wandlung in unserem Leben. Immer geht mit ihr eine Krise einher: Selbst wenn uns das Alte nur noch schwer erträglich war, es gab uns dennoch Sicherheit in unserem Sein. Im Alten, das wissen wir, kamen wir mit unserem Leben zurecht. Die Fähigkeiten unseres Selbst reichten dafür aus. Ob sie für das Neue, Unbekannte ebenfalls hinreichend sind, bezweifeln wir zurecht: Denn das Neue – ein Leben nach der Scheidung oder die neue Arbeitsstelle beispielsweise – wird uns neue Qualitäten abverlangen, die wir noch entwickeln müssen. Das Neue fordert von uns die Veränderung unserer Person: Wir sollen andere werden. Das ist ein Prozess des Werdens. Einen Teil unseres alten Selbst müssen wir dabei zurücklassen, ohne dass jenes neue Selbst bereits geboren wäre, von dem wir wissen, dass es mit der neuen Lebenssituation zurecht kommt. Daraus resultiert unsere tiefe Verunsicherung. Das bereitet uns Schmerzen. Es flößt Angst ein. „Entwicklung, Erwachsen-Werden und Reifen haben offenbar viel zu tun mit Angstüberwindung, und jedes Alter hat seine ihm entsprechenden Reifungsschritte mit den dazu gehörenden Ängsten, die gemeistert werden müssen, wenn der Schritt gelingen soll", urteilt der Psychoanalytiker Fritz Riemann (In: Fritz Riemann, Grundformen der Angst).

Wir wollen das Alte nicht loslassen, weil es sich anfühlt wie Sterben, wie ein Sprung vom Hochseil ohne Netz – oder ein Sprung vom Ein-Meter-Brett in jene gähnende blaue Tiefe, die unseren kleinen Jungen zu verschlingen droht. Dort oben steht er nun der kleine Kerl, so blass und zitternd und zähneklappernd, und hat keine Ahnung davon, dass sein ganzes Leben davon abhängt, wie er derartige Situationen meistert. Was passiert, wenn unser Junge am Ende vor seiner Angst zurück schreckt und die Kraft nicht aufbringt zu springen? Wie ein Geprügelter wird er künftig mit eingezogenen Schultern ums Becken schleichen und die anderen um ihren Mut und ihren Spaß beneiden. Vermutlich muss er ihre Häme ertragen. Irgendwann geht er gar nicht mehr hin. Er fühlt sich als Versager. Sein Selbstvertrauen ist angeknackst. Ein paar weitere solcher Negativ-Erlebnisse und sein Leben wird von einer Mutlosigkeit eingezäunt, die ihm so enge Grenzen der Entwicklung setzt, dass er in die Gefahr läuft, seelisch daran zugrunde zu gehen. Seine mangelnde Fähigkeit die Angst zu überwinden, wird zum Fluch für ihn. Er wird in Zukunft nicht mehr wagen, sich mutig ein Ziel zu setzen. Er schafft es deshalb nicht, das Allerbeste aus sich zu machen, was er werden könnte. Es gelingt ihm nicht, jenen Menschen aus sich zu formen, der er sein will. Die Angst legt seiner Entwicklung Fesseln an.

Bleiben wir noch für einen Moment bei seinem tragischen Scheitern. Von welcher Art war die Angst, die ihn dazu bewegte, vom Sprungbrett herunter zu klettern? Er fürchtete, die blaue Untiefe würde ihn verschlingen, und wählte folglich das scheinbar sichere Leben, statt dort hinunter zu springen – in den eingebildeten Tod. Was bedeutet diese Wahl für sein Leben? Aus dieser Wahl resultiert die Blockade seiner inneren Entwicklung. Alles bleibt beim Alten, der Junge ist seiner Angst erlegen – wie so viele von uns ihr immer wieder erliegen. Unser Leben ist ein beständiger Kampf gegen solche inneren Ängste. Und häufig verlieren wir diesen Kampf. „Angst besiegt mehr Menschen als irgend etwas anderes auf der Welt", wusste schon der große amerikanische Dichter und Philosoph Ralph Waldo Emerson (ZITIERT NACH: DALE CARNEGIE, BESSER REDEN).

Aber wer seiner Angst folgt, wählt den Stillstand. Da alles Leben und Lebendigsein durch Wachstum und Entwicklung charakterisiert wird, ist Stillstand gleichbedeutend mit Erstarrung. Wenn etwas erstarrt, kann es nicht mehr wachsen. Im übertragenen Sinne bedeutet Erstarrung nichts anderes als Tod. Gerade indem unser kleiner Junge dem scheinbar in der Untiefe des Sprungbeckens drohenden Tod entrinnen wollte, hat er paradoxerweise seinem Leben die Wachstumsmöglichkeit genommen und ihm eine Art Todesstarre aufgebürdet. In der Tat würde er nun auf dieser Stufe seiner Entwicklung langsam aushärten wie ein dürrer kleiner Baum, wenn nicht seine Seele Qualen litte und er der Depression verfiele. Das Leben hält das Leiden für ihn bereit, um ihn daran zu erinnern, dass da noch ein Problem offen steht, das er im Interesse seiner Entwicklung zu lösen hat. Dieses Leiden macht es unserem Jungen unmöglich, in seine alte gewohnte Normalität zurückzukehren. Sein Leben wird nicht mehr wie vorher, obwohl er sich genau das wünschen wird. „Leiden", schreibt der amerikanische Psychologe Ken Wilber, „schlägt das Behagen unserer normalen Empfindungen über die Realität in Stücke und zwingt uns, in einem besonderen Sinn lebendig zu werden – sorgfältig zu schauen, tief zu empfinden, mit uns selber und mit der Welt auf eine Weise in Berührung zu kommen, die wir bisher vermieden haben. Man sagt, und ich glaube zu Recht, Leiden sei die erste Gnade. In bestimmtem Sinn ist Leiden fast eine Zeit der Freude, denn es ist ein Zeichen für den Beginn schöpferischer Einsicht" (IN: KEN WILBER, WEGE ZUM SELBST).

Nun wird unser kleiner geplagter Junge gewiss nicht zu dem Schluss kommen, er durchlebe gerade eine Zeit der Freude. Dennoch wird in seinem Unterbewusstsein vermutlich die Erkenntnis reifen, dass seine Niedergeschlagenheit sich solange nicht verflüchtigen wird, bis er nicht die hinter seinem Leiden stehende Ursache beseitigt hat. Aus diesem Grund finden wir ihn vermutlich schon bald wieder im Freibad. Gott sei Dank nämlich haben kleine Jungs die schöne Eigenschaft, sich am Ende doch ein Herz zu fassen. Sie spüren unterschwellig, dass sie nur durch die Überwindung der eigenen Angstgefühle wachsen können zu einer Persönlichkeit, die auf sich selbst vertraut. Wie notwendig die Begegnung mit der eigenen Angst ist, und in welchem Ausmaß wir uns durch ihre konsequente und disziplinierte Überwindung entwickeln können, davon legt Theodore Roosevelt Zeugnis ab. In seiner Autobiographie berichtet der einstige Präsident der Vereinigten Staaten: „Ich war ein kränklicher und linkischer Junge, sehr nervös und voller Misstrauen gegen meine eigene Stärke. Unermüdlich und mühselig musste ich mich üben, nicht nur um meine körperliche Schwäche zu überwinden, sondern auch um Seele und Geist zu stärken." Roosevelt teilt uns auch mit, welche Erkenntnis ihn, den linkischen Knaben, zum mutigen Präsidenten der Vereinigten Staaten werden ließ. Er erzählt: „Als Knabe las ich einen Abschnitt in einem der Bücher von Maryatt, der mich stets beeindruckte. In diesem Abschnitt erläutert der Kapitän eines kleinen englischen Kriegsschiffes dem Helden, wie man Furchtlosigkeit erlangt. Er sagt, dass fast jeder Mann zu Beginn einer Unternehmung Furcht empfindet. Doch der Kurs, dem er folgen soll, ist das feste ‚Sich-selbst-in-die Hand-nehmen', aus dem heraus er handeln kann, als habe er keine Furcht. Führt er das lange genug durch, verwandelt es sich von einem bloßen ‚Als-ob' in ein ‚Tatsächlich', und der Mann wird im wahrsten Sinne furchtlos, weil er geprägt wurde durch das Praktizieren der Furchtlosigkeit, als er sie noch gar nicht empfand. Das war die Theorie, die ich mir zu eigen machte. Ich wandte sie auf alles mögliche an, vor dem ich anfänglich Furcht empfand, angefangen bei Grizzlybären bis zu tückischen Pferden und Banditen. Und indem ich handelte, als verspürte ich keine Furcht, verschwand die Furcht nach und nach. Diese Erfahrung werden andere auch machen, wenn sie sie nur suchen" (ZITIERT NACH: DALE CARNEGIE, BESSER MITEINANDER REDEN).

Diese Erfahrung wird auch unser kleiner Junge machen, den wir nun mit schlotternden Knien auf dem Ein-Meter-Brett stehen sehen. Wir registrieren wie er den linken Fuß noch ein paar Zentimeter nach vorne schiebt Richtung Brettkante. Plötzlich bemerken wir, dass er ganz fest die Augen zukneift. Und nach einer weiteren Sekunde des Zögerns, in der die Angst diesen kleinen Körper noch einmal zu lähmen scheint, gelingt ihm schließlich unter Aufbietung all seiner Kräfte ein winziger Hüpfer. Mehr fällt er vom Ein-Meter-Brett herunter, als dass er springt.

Wie kläglich die Haltungsnoten für diesen vermeintlichen Sprung auch ausfallen mögen, der Entschluss dahinter war von ungeheurem Mut geprägt. Hinter ihm stand die schiere Todesverachtung. Kraft seines Entschlusses hat unser Junge seine innerste Angst – die durchaus mit einer Todesangst vergleichbar ist – überwunden. Dieser Akt der Selbstüberwindung erlöst ihn mit jedem neuen Hüpfer ein wenig mehr von der Angst. Nunmehr hat er die Bedeutung seiner Kindermärchen begriffen, wo die Schätze immer genau neben dem schrecklichen angsteinflößenden Drachen liegen, der einen auffressen will. Der Drache muss besiegt werden – immer wieder. Jeder dieser Siege lässt unseren schlotternden kleinen Jungen in seinem Leben über eine weitere Grenze hinauswachsen. Unter uns gesagt hat ihm sein Sprung vom Ein-Meter-Brett ein ungeheures Selbstvertrauen eingeflößt. Das wird ihm die Kraft schenken, beim nächsten Mal eine noch mächtigere Angstschwelle zu überschreiten – bis er irgendwann sein höchstes Ziel erreicht hat: Man sieht ihn dann nur noch ganz klein, oben auf dem Zehn-Meter-Turm. Vielleicht wird er, wenn er den Mechanismus seiner Psyche durchschaut hat, sogar einmal Präsident.

So ist es seltsam unser Leben: Wenn wir unserem tiefen Bedürfnis nach Sicherheit und der Bewahrung des Status-Quo folgen, bringen wir es, gerade indem wir danach trachten es festzuhalten, einer totenähnlichen Starre näher. Kehrt man den Prozess um, passiert ähnlich Merkwürdiges: Wenn wir die Disziplin aufbringen, unsere innerste Angst zu überwinden. Wenn wir den Schmerz durchschreiten und vom Gewohnten und Bequemen lassen. – Wenn wir also in gewissem Sinn den Tod unseres alten Lebens akzeptieren, dann ernten wir Mut, Selbstvertrauen, Wachstum. Wir ernten Leben, indem wir bereit dazu sind, Leben hinzugeben. Wir erhalten ein neues Selbst mit größeren Möglichkeiten, indem wir die Überwindung aufbringen, unser altes Selbst zu opfern.

Die alltägliche Geschichte vom kleinen Turmspringer gibt uns einen ersten Fingerzeig, dass unsere im ersten Kapitel dieses Buches formulierte These vielleicht nicht so abwegig ist, wie wir zunächst vermuten könnten. Wir wollten herausfinden, wie man vor dem Hintergrund des Todes ein zufriedenstellendes Leben führt. Und wir hofften, die Beantwortung dieser Frage würde auch ein erhellendes Licht auf die andere wesentliche Frage werfen: Was kommt nach dem Tod? – Empfinden wir, wenn wir den Sprung über diese letzte Grenze wagen, möglicherweise auch eine Befreiung wie unser Turmspringer? Ist unsere Angst zu Sterben vergleichbar mit seinem kleinen Tod auf dem Sprungbrett? Werden wir, wie er, wiedergeboren als andere?

Unser Leben braucht Krisen, durch sie wächst das Bewusstsein

„Ein Magier ist ein ganz normaler Mensch,
der sich jedoch bewusst ist,
dass es unter der Oberfläche der Dinge
andere Realitäten gibt,
andere Bewegungen, andere Strömungen."
Paulo Coelho
(Paulo Coelho, Bekenntnisse eines Suchenden)

Alles Leben sei ein Abenteuer des Bewusstseins, sagt der Psychologe und Völkerkundler Holger Kalweit (in: Holger Kalweit, Die Welt der Schamanen).

Im Film wie im Leben sind Abenteuer stets Situationen, in denen der Held sich – ähnlich wie unser Junge auf dem Sprungbrett – herausgefordert sieht. Er gerät in äußere oder innere Krisen, die er nur meistern kann, wenn er sich selbst überwindet.

Das Abenteuer unseres Lebens birgt einen reichlichen Vorrat an solchen Krisen. Die kleinen alltäglichen Krisen stellen sich ebenso zuverlässig ein wie die großen Lebenskrisen: Jedes Mal, wenn wir von einer in die nächste Lebensphase wechseln, und sich dabei eine innere Wandlung vollzieht, herrscht akute Krisengefahr. Das betrifft keineswegs nur die Pubertät oder die Lebensmitte. Der Begründer der Anthroposophie, Rudolf Steiner, behauptet, der Mensch durchlebe etwa alle sieben Jahre eine tiefgründige Wandlung. Die erste beim Zahnwechsel, die zweite in der Pubertät, die dritte beim Eintritt ins frühe Erwachsenenalter und so weiter und so fort. Jede dieser Wandlungen erschüttert in gewissem Maße unser bisheriges Verhältnis zur Welt und verlangt von uns, neue Qualitäten unserer Persönlichkeit auszuprägen. In der Krise, der Wandlung, muss unser altes Selbst ein Stück weit sterben, damit ein anderes Selbst an seine Stelle treten kann. So verändern wir uns weiter und weiter. Mehr und mehr entfernt sich unser Bewusstsein von jenem Punkt, an dem es einmal stand und dringt auf dieser abenteuerlichen Reise schließlich vor bis in Dimensionen, die es in seiner Jugend für unmöglich gehalten hätte. Im Grunde hält dieser Veränderungs- und

Entwicklungsprozess an, bis das Sterben naht, jene letzte große Krise, die jeder Mensch zu bewältigen hat.

Wäre die Krise nun der Dauerzustand in unserem Leben, so könnten wir es wohl kaum ertragen. Wir brauchen dazwischen immer wieder Phasen des Glücks und des Einklangs mit uns selbst, damit sich unser Bewusstsein stabilisieren kann und wir wieder zur Ruhe finden. Wären aber umgekehrt diese Phasen des Glücks und des Einklangs unser Dauerzustand – wie wir es gern wünschen – so läge für uns keinerlei Grund vor, unser Bewusstsein weiter zu entwickeln: Unsere Psyche würde sich wohl fühlen in einem Zustand seliger Unreife. Vermutlich würde sie sich auf dem Gipfel menschlicher Erkenntnis wähnen, obwohl sie vielleicht niemals über die Pubertät hinaus geschritten ist. Grölend und eimerweise Rotwein trinkend könnte sie dann ewig am Ballermann-Strand in Mallorca verharren und sich dem Sinn des Lebens ganz nahe wähnen.

Dankenswerter Weise sieht die Realität anders aus: Nach zwei, drei oder in hartnäckigen Fällen vier Wochen geht einem Ballermann – wir wollen es mal der Örtlichkeit gemäß ausdrücken – „übelst auf die Eier". Überm azurblauen Mittelmeerhimmel zieht die Krise auf. Wir brauchen sie, um zu einem tieferen und intensiveren Verständnis des Lebens vorzudringen. Genauso wie wir nach überstandener Krise vielleicht ein paar Tage am Meer brauchen, um uns zu erholen.

Ein solcher Rhythmus zwischen schweren und leichten Tagen, zwischen Regen und Sonnenschein, Tag und Nacht, Winter und Sommer, zwischen Krisenphasen und Zeiten des harmonischen Einklangs mit uns selbst prägt unser Leben.

Was liegt also näher, als die Krisenphasen, durch die unsere Seele gehen muss, als Bestandteil jenes universellen Rhythmus zu betrachten, dem alles Leben unterworfen ist. Die Psyche durchläuft ähnlich wie die Erde, die im Laufe eines Jahres um die Sonne wandert, eine beständige Kreisbewegung. Auch im Inneren unseres Herzens wird es Winter und wieder Sommer. Diese uns heute fremd gewordene Vorstellung ist tief verwurzelt in ursprünglichen Kulturen. Sie verbirgt sich beispielsweise hinter der indianischen Lehre vom „Medizinrad". Nur derjenige wird heil, behaupten die Prärieindianer des amerikanischen Südwestens, der den Kreis des Rades vollständig umläuft – mit all seinen Höhen und Tiefen.

Sun Bear, ein Medizinmann der Chippewa, schreibt: „Es war in den alten Tagen wesentlich, sein Leben so zu führen, dass man beständig den Kreis umwanderte. Dies ist auch heute noch von gleich großer Bedeutung. Wenn man bei einem Mond, einem Totem und seinem Element verharrt, verfällt man zwangsläufig in starre Unbeweglichkeit – und Unbeweglich-Sein heißt, im Wachstum einzuhalten und das Wissen um die Verbindung mit der Ganzheit des Rades zu leugnen. Es ist gleichbedeutend damit, den Fluss der Lebenskraft durch sein bloßes Sein zu unterbinden. Während du den Kreis durchwanderst, hast du die Verantwortung, die verschiedenen Monde, Totems, Pflanzen und Elemente kennen zu lernen, deren Pfad du kreuzt. Auf diese Weise erfährt dein eigenes Leben eine stete Veränderung und deine Lebenskraft schlägt ohne Unterlass in der Tiefe deines Herzens (IN: SUN BEAR & WABUN WIND, DAS MEDIZINRAD).

Das Medizinrad ist in mehrfacher Hinsicht eine Metapher für die Phasen unseres Lebens: Es steht für die Geburt, für den Frühling des Lebens, der dem Sonnenaufgang im Osten entspricht. Für die Kindheit und Jugend: Sie spiegeln die Macht des Gefühls, die Leidenschaft, die emotionale Bewegtheit des Sommers wieder. Dann folgen die reifen Erwachsenenjahre im Herbst und schließlich der Winter, der hohe Norden, der dem Alter entspricht und dem ... Nein – eben nicht dem Tod. So würden wir heute denken. Aber der Tod folgt nicht an dieser Stelle. Er liegt nicht im hohen Norden. Der Tod liegt wieder im Osten, wo auch die Geburt lag. Der Tod entspricht einer neuen Geburt. Die Indianer sahen das Leben ähnlich wie die Hindus als Kreislauf: Der Geburt folgt der Tod, dem Tod die Wiedergeburt.

Ähnlich wie unser Lebenslauf folgt unsere Psyche dem Medizinrad: Die lebenspralle Stimmung des Sommers mit seinen ungezügelten Emotionen mag manchmal allzu zeitig in den Herbst übergehen, der trübe neblige und dunkle Tage mit sich bringt, die uns leiden lassen. Man muss dann ausharren, bis irgendwann der Winter einzieht: Seine kristallkalten Tage klären unsere Gedanken und bescheren uns neue Weitsicht. Dadurch überwinden wir die herbstliche Krise und können unsere Geisteskräfte auf ein neues Ziel ausrichten. Eine zarte Knospe reift. Ein Neubeginn kündigt sich an. Der Frühling steht vor der Tür: Es ist Zeit für einen neuen Aufbruch. Die Krise ist nun überwunden. Eine Wandlung hat stattgefunden. Wir haben den Kreis umwandert und damit den Auftrag des Lebens erfüllt: Wir haben uns entwickelt. Unser Selbst ist ein anderes geworden. Wir sind wieder heil.

Das Medizinrad scheint den Tatsachen des Lebens sehr viel näher zu stehen als manche wissenschaftliche Theorie. Wie verblüffend das Modell des Rades in unseren Alltag hineinpasst, wird klar, wenn man es auf konkrete Situationen anwendet. Sylvia Koch-Weser und Geseko von Lüpke tun das in ihrem schönen Buch „Vision Quest“. Sie schildern folgenden Konflikt: „Du entdeckst bei deinem Partner Hinweise auf eine Liebesaffäre. Zuerst wird dir heiß, vielleicht kommt Wut hoch und Angst, vielleicht rennst du weg, schlägst dabei die Tür zu (Sommer, Süden, hohe Zeit der Emotionen); dann beginnst du zu weinen, Trauer steigt auf, Eifersucht mischt sich mit Selbstzweifeln, du ziehst dich zurück (Herbst, Westen, Zeit des Ausharrens). Nach einer Weile triffst du dich mit deinem Partner und sagst: ‚Komm, lass uns zusammenkommen und darüber reden. Was ist los?' Und ihr setzt euch zusammen und redet (Winter, Norden, Zeit der Klärung). Der Osten könnte dann ein ‚Aha'! sein" (IN: SYLVIA KOCH-WESER UND GESEKO VON LÜPKE, VISION QUEST).

Wir wollen – um die Lebensnähe des Medizinrades an einem weiteren Beispiel zu überprüfen – noch einmal unseren kleinen Turmspringer aus der Versenkung holen und uns an die Zeit erinnern, als er noch nicht auf dem Zehn-Meter-Turm stand, sondern mit schlotternden Knien am Beckenrand. Mai war's oder Juni, und er hat sich riesig gefreut aufs Schwimmbad, weil er das Ziel hatte, erstmals vom Ein-Meter-Brett zu springen. Voller Freude und voller Bangen zugleich erklomm er das Sprungbrett. Als er von oben in die blaue Tiefe blickte, griff die Angst nach seinem Herzen (Sommer, Süden, hohe Zeit der Emotion). Er versuchte sie niederzuringen. Es gelang ihm nicht. Die Angst war stärker.

Geknickt trat unser kleiner Turmspringer den Rückzug an. Vergoss, enttäuscht von sich selbst, ein paar Tränen am Abend im Bett. Er war traurig, der Zweifel nagte an ihm (Herbst, Westen, Zeit des Ausharrens und des Leidens). Am nächsten Morgen, während der Mathestunde, musterte er das Pult seines Vordermannes. Von der Tischplatte bis zum Boden war es etwa ein Meter. Darüber dachte er nach. Die gleiche Distanz wie vom Sprungbrett bis zur Wasseroberfläche. Vom Pult auf den Zimmerboden zu springen, war für ihn eine leichte Übung. Eigentlich dürfte es kein bisschen schwerer sein … Unser Junge klärte durch diese Überlegungen während der Mathestunde seine Gedanken und fasste einen Entschluss (Winter, Norden, die Klärung). Am Nachmittag – im Schwimmbad – sprang er dann mit zitternden Knien in den Frühling.

Indem er das Medizinrad einmal umkreiste, hat unser kleiner Turmspringer die Bedingung für sein inneres Wachstum erfüllt. Er folgte dem Rhythmus seiner Psyche, starb dabei einen kleinen Tod und wurde wiedergeboren als stärkerer Mensch mit neuen Fähigkeiten.

Geburt, Tod, Wiedergeburt: Das Rad wird zum Symbol des Lebens. Und dessen bestimmendes Element ist die von Krisen und Ängsten begleitete Wandlung. Durch sie soll die Psyche reifen: Das Neue soll geboren werden, das über das Alte hinausreicht. Das Größere und Weitere soll das Beschränktere überwinden, so wie der Mut die Angst überwinden soll. Es ist ein Prozess des immerwährenden Wachstums über sich selbst hinaus. Dieser Prozess verlangt den Mut, der die Angst vor dem Neuen überwindet. Und solcher Mut wiederum wächst uns zu in jenen herbstlichen Phasen der Niedergeschlagenheit, wo wir unter dem Alten, Gehabten, immer stärker zu leiden beginnen. „Eine solche Schwelle ist zu überschreiten, wenn der gewohnte und vertraute Horizont zu eng geworden ist und die alten Begriffe, Ideale und Verhaltensweisen nicht mehr passen wollen", schreibt Joseph Campbell. Die Krise entschleiere das Geheimnis einer Verwandlung. Sie sei ein „Augenblick geistigen Wechsels, der in seinen vollen Konsequenzen einem Sterben und Wiedergeborenwerden gleichkommt" (IN: JOSEPH CAMPBELL, DER HEROS IN TAUSEND GESTALTEN).

Nicht nur das Medizinrad der Indianer, sondern auch der Buddhismus beispielsweise begreift alles Leben als immerwährende Wandlung, als ein beständiges Sterben und Wiedergeboren werden, in dem wir gleichzeitig erlöschen und doch immer neu werden. Das gilt für unser Leben ebenso wie für jeden seiner einzelnen Momente. „Ist es nicht so, dass wir in jedem Augenblick unseres täglichen Lebens wiedergeboren werden? Ist es uns nicht möglich, uns in jedem Augenblick unseres Lebens zu erneuern? Haben wir nicht ständig die Chance, unser Leiden und unseren Mangel an Verständnis zu transformieren und ein neuer Mensch zu werden?", fragt der vietnamesische Zenmeister Thich Nhat Hanh (IN: THICH NHAT HANH, DIALOG DER LIEBE).

Können wir nicht, wenn wir sie auf diese Weise betrachten, unsere wiederkehrenden Wachstumskrisen ganz bewusst und geduldig durchleiden? Wenn unser Bewusstsein die Kraft findet, sich seinem inneren Unwohlsein wirklich zu stellen, wenn es seine inneren Ängste, seine tiefsten Beweggründe wirklich anzuschauen vermag, dann sind wir schon dabei unser Leiden zu transformieren. Wir sind auf dem besten Weg vom trüben Westen nach dem klaren Norden.

Wenn wir vor diesem Hintergrund noch einmal zurückblicken auf unseren von der Entropie besiegten Marathonläufer oder unseren Angestellten, so sehen wir, dass sie alle Krisen durchliefen, für die sie erst ein Verständnis entwickeln mussten. Der unzufriedene Läufer musste ganz bewusst realisieren, in welch desolate Gesundheits- und Gemütsverfassung ihn sein instinktiver Hang zu Sofa und Glotze führt. Der vor dem Telefonanruf zurückschreckende Angestellte musste sich klar machen, in welchem Ausmaß ihm sein ängstliches Zurückscheuen vor diesem Anruf die innere Freiheit raubt und seinen Tag zerstört. Indem sie alle in der Krise zu einem bewussten Verständnis ihrer leidvollen, zunächst von unbewussten Impulsen geprägten Situation gelangten, überwanden sie die Krise. „Wir müssen uns also darin üben, uns unserem Leiden bewusst zuzuwenden, es zu umarmen und tief in es hineinzuschauen. Tun wir das und erkennen und verstehen wir seine Natur, so wird sich uns der Weg aus dem Leiden heraus von selbst offenbaren, wir brauchen ihm dann nur wirklich zu folgen", lehrt der Zenmeister Thich Nhat Hanh. Und die der Tradition der Indianer verhaftete Schriftstellerin Annie Pazzogna schreibt: „Jedes physische und seelische Leid hat eine Lehrfunktion und sollte deshalb nicht als Unglück oder böser Wink des Schicksals verstanden werden. Wir alle müssen es überwinden, um unsere Fehler zu verstehen und uns selbst besser kennenzulernen. Das ist der Weg ins Licht" (IN: ANNIE PAZZOGNA, INIPI – DAS LIED DER ERDE).

Wer die Wurzeln seines Leidens erkennt, der erkennt auch den Pfad, der ihn aus dem Leiden heraus führt, lehrte schon Buddha. Wer nicht vor der Krise flieht, sondern Ruhe bewahrt im Feuer ihrer Leiden, wer also die Kraft aufbringt, wirklich auszuharren und sich der Krise zu stellen, dem wachsen durch diese Haltung allein schon befreiende Kräfte zu, die ihn zurück führen auf den Pfad des Lichtes. Er erwirbt Mut, Ausdauer, Disziplin, eben jene Tugenden, mit deren Hilfe unser Schüler, unser Angestellter, unser Marathonläufer, unser kleiner Turmspringer über ihre bisherigen Möglichkeiten hinaus wuchsen. Sie wandelten sich zu etwas Größerem, Fähigerem, Anderem. Sie umwanderten das Medizinrad. Nur diese Wanderung macht unser Leben spannend. Dadurch wird es, was es wirklich sein sollte: Es wird ein Original. Vor allem aber wird es ein Abenteuer unseres Bewusstseins, das sich wie ein Adler hinaufschrauben kann in gewaltige Höhen, um das menschliche Sein in Weite und Klarheit zu überschauen.

Erfolgreich zum Herzinfarkt: über falsche und richtige Lebensziele

„Für viele heißt, man selbst sein zu wollen,
nach der Anerkennung der anderen zu streben.
Das heißt, sich unter die unerbittliche Fuchtel
seiner Ankläger zu begeben."
Pascal Bruckner
(IN: ANSELM GRÜN,
TU DIR DOCH NICHT SELBER WEH)

Wenn wir uns fragen, was das Ziel unseres Lebens sein soll, dann vereint uns sicher der Wunsch, ein – trotz aller Krisen – möglichst erfolgreiches und glückliches Leben zu führen. Nur – wie kann das wirklich gelingen, ein erfolgreiches und glückliches Leben? Und was ist das eigentlich: Erfolg?

Unser Schicksal verläuft ebenso unterschiedlich wie unsere Anlagen und Talente unterschiedlich sind: Der eine wird Boxweltmeister, der andere Schuhputzer, einer Popstar, der nächste Bäcker. Aber was besagt das schon bezüglich des Lebenserfolges? Während gewiss viele Bäcker steinalt wurden und ihre Tage ziemlich zufrieden zugebracht haben dürften, starb zum Beispiel Elvis Presley, der König des Rock n' Roll, verfettet und drogensüchtig in seiner Villa „Graceland" in Memphis. 42 Jahre war er alt, als morgens um 9 Uhr sein Herz versagte. Seit Jahrzehnten steht dieser Elvis an erster Stelle der Forbes-Liste toter Prominenter mit den höchsten Einnahmen. Daran kann man seinen riesigen Erfolg als Sänger ablesen, der mit einem für normale Verhältnisse außergewöhnlichen Reichtum einherging: aber ein erfolgreiches Leben, was sein persönliches Glück betraf, hat Elvis offenbar nicht geführt. Viele Bäcker oder Schuhputzer dürften in dieser Hinsicht ungleich erfolgreicher gewesen sein.

Viele Menschen setzen Erfolg mit Reichtum und gesellschaftlicher Anerkennung gleich. Sie sehen ihren Erfolg im Besitz materieller Güter und in der Anerkennung durch andere, beispielsweise im Ruhm. Mit dieser einseitigen Definition von Erfolg plappern sie jene Erfolgsdefinition nach, die ihnen in den westlichen Industriegesellschaften von Politikern, Werbetreibenden, Medienschaffenden als erstrebenswertes Lebensziel eingeflüstert wird. Die meisten glauben, wer viel Geld besitzt und einen gewissen Ruhm genießt, müsse zwangsläufig glücklich sein. Und wenn sie selbst erst einmal viel Geld hätten und vielleicht berühmt wären, zumindest über eine tolle Yacht in irgendeinem Mittelmeerhafen verfügten einschließlich der obligatorischen Blondine, dann wären sie eines fernen Tages garantiert sehr glücklich.

Das Schielen nach Erfolgen solcher Art entpuppt sich aus mehreren Gründen als fataler Fehler, der uns das Leben ziemlich leicht zur Hölle geraten lässt. Erstens vertagen wir dadurch unser Leben in der Regel auf später. Nicht mehr der Alltag zählt – unser wirkliches Leben, das immer im Jetzt stattfindet, sondern eine scheinbar lockende Zukunft, die aber in Wirklichkeit vollkommen ungewiss bleibt. Für diese illusionäre Zukunftshoffnung verschleißen wir uns Tag für Tag. Keiner weiß doch, ob er Reichtum, Ruhm oder wenigstens Rente erreicht, aber alle sind bereit sich dafür abzuzappeln, statt ihr momentanes Wohlbefinden als das Maß der Dinge zu definieren. Wir schuften uns an einer ungeliebten Arbeitsstätte an den Rand des Herzinfarktes, zwingen uns Tag für Tag einem Chef gegenüberzutreten, den wir verabscheuen, machen für gutes Geld einen hassenswerten Job – und verausgaben uns nach besten Kräften für unser glückliches Rentnerdasein in zehn oder 20 Jahren auf Mallorca. Das ist die Illusion, in der wir leben. Und in Wirklichkeit tun wir – eben weil wir in dieser Illusion leben – unser Allerbestes, um dieses Rentnerdasein nie zu erreichen. Denn wer sich jeden Tag nur wegen des guten Gehaltes voll Widerwillen an eine Arbeit zwingt, die er hasst, hat die besten Chancen auf ein zeitiges Ableben. Oder wenigstens auf eine ordentliche Depression.

Wir opfern unsere alltägliche Zufriedenheit dem fernen Traum von einem ungewissen Erfolg in der Zukunft. Wir tun dabei so, als wäre unser Alltag – besonders unser Berufsalltag – nur eine vorübergehende kleine Zwischenstation unseres Lebens auf dem Weg zu etwas viel Besserem, das uns am Ende erwartet. Derlei Illusionen werden keineswegs nur von der Werbebranche, sondern sogar von vielen großen Arbeitgebern bewusst gefördert, weil sie unsere Leidensfähigkeit massiv erhöhen. Der Mensch lässt sich einfach besser und vor allem billiger verschleißen, wenn er so denkt. Naomi Klein schreibt in ihrem Bestseller über die großen Konzerne aus dem Dienstleistungssektor: „Dieses von den Mitarbeitern verinnerlichte Gefühl permanenten Übergangs ist für die Arbeitgeber im Dienstleistungssektor sehr bequem. Sie brauchen weder Lohnerhöhungen noch Aufstiegsmöglichkeiten zu bieten, denn es gibt keine dringende Notwendigkeit, Arbeitsplätze zu verbessern, von denen jeder annimmt, dass sie nur vorübergehend sind“ (IN: NAOMI KLEIN, NO LOGO!).

In dieser illusionären Haltung, dass das Heute nicht unser eigentliches Leben sei und etwas Besseres auf uns wartet in der Zukunft, liegt unser erster tragischer Fehler, denn unser Leben ist jetzt. – Irgendwann werden wir das erkennen, aber meist haben wir uns dann schon viele Jahre hingewartet in einem unbefriedigenden Alltag. Die späte Einsicht bringt schließlich all unsere Träume zum Platzen mit einem großen Knall. Sie gleicht einer grausamen Ernüchterung. Ein Musterbeispiel dafür finden wir in Naomi Kleins Buch. Dort beschreibt Laurie Bonang, die in Vancouver bei der Kaffeehauskette Starbucks arbeitet, ihre harte Landung in der Realität. Desillusioniert berichtet sie wie „Leute in unserem Alter endlich erkennen, dass wir die Universität mit einem Haufen Schulden abgeschlossen haben und bei Starbucks arbeiten. So wollen wir nicht den Rest unseres Lebens arbeiten, aber gegenwärtig wartet kein Traumjob mehr auf uns… Ich hatte gehofft, Starbucks sei ein Sprungbrett für größere und bessere Aufgaben, aber leider ist es ein Sprungbrett über einem großen Sumpf" (IN: NAOMI KLEIN, NO LOGO!). Adieu Traumjob! Tschüss Mallorca! – Willkommen in der Realität!

Aber selbst wenn sich unsere Hoffnungen tatsächlich erfüllen würden und wir uns in wenigen Jahren reich und vielleicht sogar berühmt auf Mallorca niederlassen könnten, dann wäre das längst noch keine Gewähr für unser Glück auf Erden. In unserer Annahme, dem Reichtum und dem Ruhm folge zuverlässig das Glück auf dem Fuße, liegt unser zweiter fataler Fehler. Zahlreiche Beispiele lassen sich dafür als Beleg anführen: Der bekannte Skispringer Sven Hannawald, der als Erster vier Siege bei der Vierschanzentournee einfuhr, ist psychisch zusammengebrochen. Harald Juhnke, einer der bekanntesten Entertainer in diesem Land, soff sich zu Tode. Im Sinne dessen, was wir gemeinhin als Erfolg definieren, sind oder waren diese Männer überaus erfolgreich – und dennoch stellte sich so etwas wie Glück nicht ein. Im Gegenteil: Sie verzweifelten an ihrem Leben, trotz ihres Ruhmes und ihres Reichtums. Keinesfalls sind sie als die Ausnahmen von der Regel zu betrachten, sondern: „Die Wartezimmer der Psychiater sind voll von wohlhabenden und erfolgreichen Menschen, die mit vierzig oder fünfzig plötzlich aufwachen und erkennen, dass ein üppiges Haus, teure Autos und selbst die beste Ausbildung nicht ausreichen, um ihnen Seelenfrieden zu schenken" (IN: MIHALY CZIKSZENTMIHALYI, FLOW). Daraus schließen wir: Die Wahrscheinlichkeit ist nicht gering, dass ein nach außen hin erfolgreiches Leben ziemlich armselig verläuft, was jenen persönlichen Lebenserfolg betrifft, den man in Begriffen wie Glück oder Seelenfrieden messen kann.

Umgekehrt kann ein armselig wirkendes Leben äußerst erfolgreich verlaufen, was das Lebensglück angeht: Betrachten wir als Beispiel den Philosophen Diogenes von Sinope, der ärmlich in einer Tonne am Strand gehaust haben soll und sogar noch seinen Trinkbecher wegwarf, als er eines Tages einen Jungen Wasser aus der hohlen Hand trinken sah. Diogenes wurde sehr bekannt durch die Art und Weise, wie er zu leben pflegte. Eines Tages kam der große König Alexander, um ihn zu sehen. Er fragte Diogenes nach seinem größten Wunsch. Und Diogenes sprach den legendären Satz: „Geh' mir aus der Sonne König!"

Diogenes Leben, das keinerlei Insignien äußeren Reichtums aufwies, scheint, wenn wir es an der subjektiven Zufriedenheit messen, also wunschlos glücklich gewesen zu sein. So betrachtet lebte der griechische Philosoph ein vollkommen erfolgreiches Leben. Fazit: Reich und berühmt macht also nicht automatisch glücklich, und arm und namenlos – sofern die elementaren Bedürfnisse des Menschen erfüllt sind – macht nicht von vornherein unglücklich. Wir könnten es auch etwas drastischer formulieren mit den Worten von Matt Galan Abend: „Ich sage Ihnen, wenn die ganze Welt sie bewundert und für einen erfolgreichen Menschen hält, Sie sich aber in ihrem Inneren einsam und elend fühlen, dann sind Sie keineswegs erfolgreich – Sie sind ein Narr. Wenn die ganze Welt Sie belächelt und unterschätzt, Sie sich aber in ihrem Inneren sauwohl, glücklich und zufrieden fühlen und über die Einschätzung der anderen schmunzeln, dann sind Sie erfolgreich, dann sind Sie ein Weiser" (IN: MATT GALAN ABEND, LEBEN SIE STATT ZU FUNKTIONIEREN).

Alexander war gewiss, genauso wie unsere heutige Gesellschaft, ein tückisch raffinierter Verführer: „Nenne mir deinen größten Wunsch", forderte er von Diogenes. Alexander stellte Diogenes auf die Probe, denn von einem so großen König wie ihm, kann man sich ja sehr viele von jenen Dingen wünschen, denen die Menschen stets hinterher jagen auf der Suche nach ihrem Glück: Geld, ein Haus, einen Posten, eine schöne Frau. Hätte Diogenes einen solchen Wunsch geäußert, er wäre fortan seiner persönlichen Größe beraubt gewesen. Alexander hätte ihm bewiesen, dass er doch insgeheim giert nach Geld, nach der Anerkennung anderer, und dass sein Leben in der Tonne nichts weiter ist als eine originelle Methode, um die Aufmerksamkeit auf sich zu ziehen.

Doch Diogenes ließ sich nicht verführen. Er war frei, im Gegensatz zu den meisten heutigen Menschen, die sich nach nichts mehr sehnen als nach äußerer Anerkennung, sowohl in Gestalt von Geld als auch in Gestalt des Beifalls der anderen. Durch diese Erfolgsdefinition, das wusste Diogenes, machen wir uns zu Gefangenen. In diesem Streben nach äußerem Erfolg, im Buhlen um Anerkennung liegt unser dritter fataler Fehler. Wir geraten dadurch in eine katastrophale psychische Abhängigkeit. Denn über unseren Erfolg, wenn wir ihn in solchen Kategorien der materiellen Belohnung oder der gesellschaftlichen Anerkennung messen, entscheiden andere.Sie müssen uns den angestrebten Reichtum erst gewähren oder ihre Anerkennung. Dafür werden diese anderen von uns eine Gegenleistung verlangen, deren Ausmaß und Inhalt sie festlegen und nicht wir. In diesem Moment verlieren wir unsere Autonomie.

Alexander, der als großer Heerführer gewohnt war, Gunst und Anerkennung zu vergeben und die psychischen Abhängigkeiten der Menschen sehr gut gekannt haben dürfte, erkannte dagegen die innere Freiheit des Diogenes. Der Welteneroberer, der so außerordentlich erfolgreiche Mann, der ein riesiges Heer befehligte und über riesige Schätze verfügte, sprach: „Wäre ich nicht Alexander, wollte ich Diogenes sein." Er zollte Diogenes mit diesem Satz höchste Anerkennung, weil der als Persönlichkeit vollkommen autark war, sowohl was das Empfinden seines persönlichen Wertes als Mensch anging, als auch in seiner Erwartungshaltung. Diogenes erwartete nichts von anderen, nicht einmal vom großen König Alexander, sondern alles von sich selbst. Genau das, so versichert uns der römische Philosoph Epiktet, entspreche der Geisteshaltung des weisen Menschen. „Der Philosoph erwartet allen Nutzen und allen Schaden von sich selber. Ein Ungebildeter erwartet keinen Nutzen oder Schaden von sich selber, sondern alles von außen" (IN: EPIKTET, HANDBÜCHLEIN DER MORAL). Der Ungebildete also macht sich unfrei, weil er sich innerlich abhängig macht von der Welt, die ihn umgibt.

In diesem Sinn dürften die meisten von uns heutigen Menschen zu Epiktets Kategorie der Ungebildeten zählen. Wenn wir von anderen gelobt werden wollen, wenn wir uns mühen, ihnen zu gefallen oder ihnen zu imponieren, wenn wir versuchen in dieser Gesellschaft eine Rolle zu spielen in der Erwartung, dafür belohnt zu werden, dann hoffen wir, unser Glück von den anderen zugesprochen zu bekommen. Hinter einer solchen Erwartungshaltung verbirgt sich ein grundlegender Mangel an Selbst-Vertrauen und Selbst-Sicherheit. Es ist die Haltung des inneren Vakuums, des inneren Mangels, die sich die eigene Attraktivität, die Richtigkeit des eigenen Tuns, die Qualität der eigenen Existenz stets von außen bescheinigen lassen muss. Es ist die Haltung eines Menschen, der nicht weiß, wer er selbst ist. Im Grunde ist es die Haltung des kleinen Kindes, das alles dafür tut, um von seiner Mutter gelobt und geliebt zu werden.

Durch eine solche Haltung der Unreife liefern wir unsere Seele anderen Menschen aus, die es nicht immer so gut mit uns meinen wie eine Mutter mit ihrem

Kind (SIEHE AUCH KAPITEL 12: SEID VOLLKOMMEN UNBRAUCHBAR). Wir öffnen damit der Manipulation unserer Persönlichkeit Tür und Tor, denn wir geben die Definitionsmacht über unser Leben aus der Hand: Nicht mehr wir bestimmen nun, was erstrebenswert ist und was wir als Erfolg in unserem Leben werten, sondern die anderen oder die Gesellschaft definieren nun an unserer Stelle, was als Erfolg gilt und ob sie uns Anerkennung zukommen lassen für unsere Bemühungen oder nicht. Indem unsere Psyche versucht, ihren eigenen Wert zu finden im Spiegel der anderen, geraten wir in eine ausweglose Abhängigkeit. Der Benediktinermönch Anselm Grün gibt ein sehr zutreffendes Beispiel für die Gefahr, die aus dieser Sehnsucht nach Anerkennung erwächst. Er schreibt: „Ich meine, ich würde den anderen mit meinem teuren Auto imponieren, für das ich mich abgearbeitet habe. Aber vermutlich werden sich die Leute nicht darum kümmern, welches Auto ich fahre. Dann war die ganze Anstrengung umsonst und ich habe mich damit nur selbst verletzt. Und selbst wenn einige mich wegen meines Autos bewundern, so kann ich von ihrer Bewunderung auch nicht leben. Ich laufe meiner Identität hinterher, indem ich sie von anderen bekommen möchte. Aber ich laufe damit nur ins Leere und werde davon nicht glücklich. Viele, die sich von solch falschen Vorstellungen von den Dingen leiten lassen, geraten in völlige Leere und Sinnlosigkeit. Sie sind unfähig, das Leben zu genießen. Sie arbeiten sich zu Tode, um glücklich zu werden. Und gerade so leben sie am wahren Leben vorbei. Sie verletzen sich selbst" (IN: ANSELM GRÜN, TU DIR DOCH NICHT SELBER WEH). Und Matt Galan Abend fügt hinzu: „Wenn wir das System unserer Außenabhängigkeit nicht kritisch durchleuchten, hinterfragen und dann letztlich auch durchbrechen, werden wir ewig unterwegs sein und nie ankommen" (IN: MATT GALAN ABEND, LEBEN SIE STATT ZU FUNKTIONIEREN).

Wir verletzen uns nicht nur im psychischen, sondern ganz konkret im körperlichen Sinn, wenn wir uns von der Anerkennung anderer abhängig machen, indem wir deren Erfolgsdefinitionen akzeptieren. Wir leben heute in einer Gesellschaft, die kein Genüge kennt: Höher, schneller, weiter – mehr Geld und noch mehr Geld, mehr Konsum und noch mehr Konsum, mehr Leistung und noch mehr Leistung lautet die Formel, nach der unsere verwirtschaftete Welt den Erfolg definiert. Wir geraten mitten hinein in den Strudel einer blinden Rotationsbewegung, die uns immer schneller kreiseln lässt und uns dabei verschlingt.

So passiert es dann, dass wir zehn Stunden pro Tag arbeiten und immer noch keine Anerkennung ernten, sondern uns sagen lassen müssen, das sei zu wenig, unsere Leistung sei nach wie vor ungenügend. Die anderen, in China, in Indien, in Japan oder einfach in der Firma auf der gegenüberliegenden Straßenseite seien besser, effektiver, anspruchsloser als wir. Woraufhin wir unsere Anstrengung vermutlich verdoppeln – aber auch das bleibt ungenügend. Es wird immer ungenügend bleiben, trotz der zahllosen Herzinfarkte, die diese Art des „erfolgreichen“ Lebens hervorbringt – und von denen gewiss schon einer auf uns wartet.

Wenn wir von außen gesetzte Definitionen für unseren Erfolg akzeptieren, werden wir immer Gehetzte bleiben. Solange wir zulassen, dass die professionellen Manipulatoren einer Leistungs- und Konsumgesellschaft die Erfolgskriterien für uns festlegen, und so lange wir uns selbst mit diesen Erfolgskriterien identifizieren, wird unser Leben niemals in dem Sinn erfolgreich werden, dass wir darin ein eigenes Selbst mit eigenen Anschauungen entwickeln, das uns vor den zerstörerischen Erfolgsdefinitionen anderer schützt. Unser Bewusstsein bleibt anderen ausgeliefert. Sie setzen die Maßstäbe, denen wir hinterher hecheln, ohne sie jemals erfüllen zu können. In der Folge prägen die permanente Überforderung und die permanente Unzufriedenheit unseren Lebensalltag. Nicht nur die Wartezimmer der Psychiater sind überfüllt, sondern auch die der Kardiologen.

Die Spitzenstellung der Herz-Kreislauf-Krankheiten in dieser westlichen Welt belegt, dass wir sogar bereit sind, uns selbst umzubringen in Erfüllung jener Erfolgsnormen, die von außen vorgegeben werden. So stark werden wir durch diese Wettbewerbsgesellschaft konditioniert, dass wir selbst unser höchstes Gut, unsere geistige und körperliche Gesundheit hingeben, ohne es bewusst zu registrieren. Wir träumen von Mallorca, wir führen mit stolzgeschwellter Brust unseren neuen sündteuren Wagen vor, wir tun, als lebten wir an der Schwelle des Paradieses, während wir uns in Wirklichkeit umbringen vor lauter Stress, Druck und Hektik. Die uns eingeflüsterten Träume vom Reichtum und Glück überlagern unser Bewusstsein für das Jetzt in einem schier unglaublichen Ausmaß. Der Münchner Schriftsteller Peter Seewald stellt kurz und bündig fest: „Wir überfordern uns und verlieren das Wissen um unser Wesen“ (STERN, NR. 28, 3.7.2003, SEHNSUCHT NACH MEHR ZEIT).

Wir wissen nicht, wer wir selbst sind. Deswegen definieren wir uns umso stärker mit Blick auf andere. In der Tat werden wir dazu konditioniert, unsere Identität und unsere individuelle Qualität aus dem Vergleich mit anderen herzuleiten. Unseren eigenen Wert sollen wir bestimmen im Spiegel des anderen: Wir sollen uns mit ihm messen in dem Zwang, besser sein zu müssen als er. Am Ende identifizieren wir uns mit solchen ideologischen Vorgaben einer Konkurrenzgesellschaft und vergleichen uns unter dem Aspekt des Habenwollens.

Was hat der andere an Besitz, an Fähigkeiten, an Talenten, das ich nicht habe? Wie kann ich ihn übertreffen? – Oder ihm ein Bein stellen, wenn ich ihn nicht übertreffen kann?

Dieser Maßstab des konkurrierenden Vergleiches hat katastrophale Auswirkungen auf unser seelisches Gleichgewicht. Anton Tschechow veranschaulicht sie in seinem Theaterstück „Die Möwe“ anhand von drei unterschiedlich erfolgreichen Schriftstellern. Eine Figur des Stückes, der gefeierte Schriftsteller Trigorin, ist trotz seines Erfolges unzufrieden mit dem, was er schreibt, weil er sich vorstellt, dass Menschen, die ihn nicht kannten, eines Tages an seinem Grab stehen und sagen werden: „Hier ruht Trigorin. Er war ein guter Schriftsteller, aber so gut wie Turgenjew schrieb er nicht.“ Eine Stufe unter Trigorin findet sich Konstantin, der bescheidenen Erfolg als Schriftsteller genießt, aber unzufrieden darüber ist, nicht so gut wie Trigorin zu sein. „Trigorin, ja, der hat die Kniffe raus, dem fällt es leicht“, sagt er. „Bei ihm blinkt eine zerbrochene Flasche auf einem Wehr und ein Mühlrad wirft seinen Schatten – und fertig ist die Mondnacht. Bei mir dagegen gibt es das Zittern des Lichts und das leise Blinken der Sterne und die fernen Klänge eines Klaviers, die in der stillen, von Düften getränkten Luft verklingen … Das ist qualvoll.“ Sein Onkel Pjotr wäre selbst über Konstantins bescheidenen Erfolg froh. Er jammert: „Früher einmal habe ich zwei Dinge ersehnt: ich wollte heiraten und ich wollte Schriftsteller werden, aber weder das eine noch das andere ist mir gelungen.“ Sein Erfolg als Beamter tröstet ihn nicht, und er weigert sich, dem nahenden Tod mit Gleichmut entgegen zu blicken.

In den beiden Schriftstellern und dem Möchtegernschriftsteller tritt uns das Drama des modernen Menschen entgegen. Psychologen haben herausgefunden, dass unser Selbstwertgefühl in hohem Maße davon abhängt, wie wir uns im Vergleich zu anderen sehen. Wir neigen dazu, uns mit Menschen zu vergleichen, die unserer Meinung nach mehr Erfolg haben als wir (vgl. Julian Baggini, Der Sinn des Lebens). Diese Geisteshaltung wird von Politikern, Wirtschaftsführern, Werbetreibenden und Medienleuten massiv propagiert: Sie prägt unsere Gesellschaft. Sie vergiftet die Seelen der Menschen. Letztlich führt eine solche Denkweise zu einem tragischen Ergebnis. Aus ihr resultiert nur eines: die immerwährende Unzufriedenheit mit uns selbst. Zu allem Überfluss schürt diese Unzufriedenheit, die uns beständig plagt, auch noch den Neid auf andere. Und der Neid facht wiederum die Flamme der Unzufriedenheit an. Er lässt sie noch höher lodern. Wir geraten, indem wir uns auf solche Art messen, in ein wahres Höllenfeuer, das uns innerlich verzehrt.

Selbst wenn wir jemals den messenden Vergleich für uns entscheiden könnten, wenn es uns gelänge, alle anderen hinter uns zu lassen, so würden wir darin immer noch kein endgültiges Glück finden. Würden wir zum Beispiel jemals Weltmeister oder Olympiasieger in einer Sportart, oder rückten wir an die Spitze eines riesigen Konzerns auf, oder eroberte unser Land die Spitzenposition in der Weltwirtschaft, so ernteten wir zwar viel Applaus, müssten aber stets in der Angst leben, unsere Position an der Spitze bald wieder zu verlieren an Jüngere, Bessere, Intrigantere. Wir blieben immerfort Gehetzte. – Auch ganz an der Spitze verlässt uns die Angst nicht, ein anderer könnte kommen und besser sein. Und es verlässt uns auch der Neid nicht, zum Beispiel auf jene anderen, die weniger hart arbeiten müssen und viel mehr Freizeit haben als wir. Vielleicht sehnen wir uns dann nach dem einfachen Leben dieser Menschen, die ihrerseits davon träumen, es einmal zu solchem Ruhm und Wohlstand zu bringen wie wir.

Dieses gegenseitige Vergleichen ist unser schwerwiegendster Fehler: Fortwährend wird inneres Unglück daraus geboren, denn irgendeiner ist immer besser als ich, irgendeiner besitzt immer etwas, das ich nicht habe. Leider haben wir den unsinnigen Vergleich tief internalisiert: Schließlich werden schon unsere wehrlosen Kinderseelen in der Schule darauf hin programmiert – mit Hilfe der Noten. Noten sind Leistung, die messbar gemacht wird. Noten sind Leistung, die andere fordern. Noten schaffen ebenso wie der Akkord in einer Firma vollkommene Abhängigkeit von der Erfolgsdefinition, die andere für uns festlegen. Die Noten stellen eine gemeinsame Norm für alle dar, anhand derer der Einzelne als besser oder schlechter eingestuft wird. Von seinen subjektiven Anlagen und Fähigkeiten wird dabei weitgehend abgesehen. Nicht mehr die Individualität ist Grundlage der Bewertung des Menschen, sondern die gesellschaftlich definierte Leistungsnorm.

Beispiel: Es mag eine riesige Leistung für einen Schüler mit geringerem Intelligenzquotienten sein, wenn er eine Vier schreibt in einem Fach, zu dem er gar keinen Zugang hat. Und für seinen Klassenkameraden, der über einen sehr hohen Intelligenzquotienten verfügt und eine natürliche Neigung zu diesem Fach hat, mag es eine durchaus schwache und nachlässige Leistung sein, wenn er eine Zwei schreibt in derselben Schulaufgabe. Dennoch genießt der Schüler mit der Zwei das Ansehen eines guten Schülers, obwohl er sein Leistungsvermögen nicht einmal abgerufen hat, und derjenige mit der Vier gilt als ein schlechter Schüler, obwohl er sich mustergültig anstrengt, und die Vier eine herausragende Leistung für ihn darstellt.

Diese Einschätzung unserer beiden Schüler ist also in höchstem Maße ungerecht: Der Schüler mit der Vier hätte eigentlich hohes Lob verdient, sein hochintelligenter Klassenkamerad mit der Zwei einen Tadel. Aber über die Noten, jene Bewertung nach einem normierten Prinzip, das alle über einen Kamm schert, als wären es baugleiche menschliche Maschinen von grundsätzlich identischer Leistungsfähigkeit, wird unser Viererschüler in die Kategorie der Erfolglosen eingestuft. Wenn er dieses äußere Erfolgskriterium, das man für ihn setzt nun für sich übernimmt, wird er sich als Versager fühlen müssen, obwohl er, gemessen an seinen persönlichen Möglichkeiten, stets eine Spitzenleistung bringt. Das Konkurrenzprinzip des messenden Vergleichs leugnet auf diese Weise die individuellen Voraussetzungen des Einzelnen und erkennt seine subjektive Leistung nicht an. Diese Missachtung des Individuums und seiner spezifischen Möglichkeiten ist ein typisches Merkmal unserer sogenannten Leistungsgesellschaft – für die Diogenes (das nur nebenbei) gewiss nichts anderes gewesen wäre als ein Penner am Strand. Die Schwachen, selbst wenn sie sich mühen, werden durch diese Methode aussortiert und entwertet.

Zwangsläufig erzeugt ein solches Verfahren nicht nur bei jenen Angst, die sich nicht in der Lage fühlen, die gesetzte Norm zu erfüllen, sondern genauso bei denen, die sie zwar erfüllen, aber sich nicht sicher sein können, ob sie auch morgen oder übermorgen noch dazu in der Lage sein werden, zum Beispiel aufgrund ihres fortschreitenden Alters oder ihrer zunehmend schlechteren Gesundheit. Neben der neidgetränkten Unzufriedenheit ist die Angst, nicht oder in Zukunft nicht mehr zu genügen – die zweite hässliche Ausgeburt des konkurrierenden Vergleichs. Immer mehr Kinder in Deutschland werden beispielsweise zu Schulverweigerern – die meisten von ihnen aus Angst. Jugendpsychologen sprechen bereits vom Beginn einer Epidemie. „Wir haben es immer stärker mit Angststörungen zu tun, mit tragischen Fällen einer intellektuellen Überforderung, und auch mit Kindern, die dem rauen Klima nicht mehr gewachsen sind", urteilt Wolfgang Oelsner, der die Klinikschule der Kinder- und Jugendpsychiatrie an der Universität Köln leitet (Neue Presse Coburg, 27. April 2005, „Ich hatte Angst vor allem", Seite 7).

Am einfachen Beispiel unseres schwachen, aber äußerst bemühten Schülers lässt sich die Entstehung solcher Ängste verdeutlichen: Die Schulaufgabe steht bevor. Seine Eltern und seine Lehrer haben ihm – bewusst oder unbewusst durch ihr Vorbild – die Botschaft eingetrichtert, dass er nicht versagen darf, weil sonst nichts aus ihm werden wird. Die Eltern und die Lehrer fordern eine gute Note. Sie setzen die Leistungsnorm. Sie definieren den Erfolg. Was passiert, wenn unser

Schüler in seiner Bank sitzt und die Blätter ausgeteilt werden? Er will seine Eltern und Lehrer nicht enttäuschen. Er will sich ihre Achtung erwerben. Er will ihre Zuneigung nicht verlieren. Sein Selbstwertgefühl ist an den Zuspruch der Eltern gebunden. Durch diese psychische Abhängigkeit gerät er unter starken inneren Druck. Reflexartig kriechen die Ängste in ihm hoch. Das gute Abschneiden wird zum Zwang – damit verkrampft der Schüler innerlich. Seine Furcht bindet auf einer unbewussten Ebene seine geistigen Energien. Verzweifelt kaut er auf seinem Stift herum, seine Stirn legt sich in sorgenvolle Falten, der Kopf steckt tief zwischen den nach oben gezogenen Schultern, der Schüler denkt: Ich muss, ich muss, ich muss ... Die Versagensängste überlagern seine Konzentration. Damit ist sie gar keine wirkliche Konzentration mehr, sondern nichts anderes als innerer Druck, Zwang, Verkrampfung. Weil sich das Denkvermögen unseres Schülers nicht frei entfalten kann, wird er am Ende weit unter seinen Möglichkeiten geblieben sein. Das lässt ihn enttäuscht und ohne Selbstvertrauen zurück. Die von außen gesetzte Definition des Erfolges hat sein Leistungspotential nicht gefördert, sondern zerstört. Den eigentlichen Zweck von Schule, nämlich sein Wissen, sein Denken und sein Fühlen zu entwickeln, damit er über seine bisherigen geistigen Möglichkeiten hinaus wachsen kann, wird der Schüler unter den ihm von außen auferlegten Stress-Bedingungen niemals realisieren können.

Das ist das Tragische an unserem von Noten und Vergleichsmaßstäben geprägten System: Das Kind wird abhängig von den Urteilen und Erwartungen anderer. Es verinnerlicht, dass es ihnen etwas beweisen muss und lebt auf Ziele hin, die andere ihm setzen. Dadurch erfährt das Kind eine Prägung, die nicht nur eine deprimierende Erfahrung darstellt, sondern die es leicht über sein ganzes Erwachsenenleben in weitere Abhängigkeit von derartigen Manipulationsmustern geraten lässt. Auch als Erwachsener wird ein solches Kind kaum die Kraft finden, seine eigenen Erfolgskriterien aufzustellen und sich unabhängig zu machen von den Normen, die andere ihm setzen. Es bleibt frustriert, unglücklich, von einer unterschwelligen Angst besetzt – vor allem bleibt es ein Leben lang unter seinen Möglichkeiten.

Unserem Marathonläufer widerfährt ein ähnliches Schicksal, wenn er die Erfolgskriterien der anderen zur Basis seines Handelns macht und beispielsweise meint, einer schnelleren Gruppe folgen zu müssen, die ihn überholt: In diesem Moment verliert er seinen eigenen Maßstab. Er verlässt jene Tempozone, die für seine spezielle Persönlichkeit mit ihren speziellen Fähigkeiten optimal ist und folgt einem fremden Gesetz. Welches Resultat beschwört er damit herauf? Früher oder später, bei Kilometer 30 oder 35, werden wir ihn erschöpft am Straßenrand sitzen sehen, weil er frustriert und entkräftet aufgeben musste. Oder er wird weit hinter jener Zeit ins Ziel kommen, die er eigentlich hätte laufen können, weil er seine Kräfte verschlissen hat, als er mit der schnelleren Gruppe mithalten wollte aus der Angst heraus, er könne zu langsam sein. In jedem Fall bleibt der Läufer, wenn er die Leistungsnorm der anderen akzeptiert und sich somit unter Druck setzen lässt, genau wie unser Schüler unter seinen Möglichkeiten. Der Vergleich und die ihm auf dem Fuße folgende Angst, die man bei uns oft sogar Motivation nennt, bringen also gar nicht die bestmögliche Leistung hervor, sondern verhindern sie.

Der Leistungsvergleich als quasi allumfassender Wertmaßstab bringt letztlich eine Welt hervor, die sich aus schlechter für den Wirtschaftskreislauf nutzbaren Exemplaren der Gattung Mensch zusammensetzt und aus besser verwertbaren Exemplaren. Die einen werden dann als qualitativ hochwertig gehandelt, die anderen als qualitativ minderwertig. Wenn wir diese vergleichenden Definitionen für uns annehmen, dann strampeln wir uns immerwährend ab, um ja nicht überflüssig zu werden oder als minderwertig zu erscheinen in den Augen neoliberaler Konkurrenzgesellschaften.

Aber egal ob wir am Ende die Leistungsnorm erfüllen und im konkurrierenden Wettbewerb aller gegen alle einen gewissen äußeren Erfolg verbuchen oder nicht, wir werden doch keinen Frieden finden. Die Jagd nach dem Geld, der Macht, dem Prestige entspreche dem Versuch „Leben bei den Toten“ zu finden, schreibt Anselm Grün. Wir manövrieren uns dadurch ins Reich der Schatten oder zumindest in die Praxis des Psychiaters um die Ecke. In ungeheurer Zahl sind die Menschen unserer Zeit dort bereits gelandet: Die Depression entwickelt sich zur Volksseuche. Wissenschaftler warnen bereits: Die Depression werde die Pest des 21. Jahrhunderts (vgl. Stefan Klein, Die Glücksformel).

So sehen die „Erfolge“ unserer Leistungsgesellschaft aus, wenn wir sie durchs Fenster der menschlichen Seele betrachten. Wollen wir ihnen nicht zum Opfer fallen, wollen wir nicht ständig im Gefühl des Ungenügens zittern, wollen wir vielleicht sogar einen Lebenssinn für uns selbst finden, so sollten wir tunlichst den konkurrierenden Vergleich als Basis unseres Denkens zur Hölle schicken: „Mein lieber heimtückischer Freund“, könnten wir zu ihm sagen, „rutsch' uns ab jetzt den Buckel runter und dann ab in die Hölle mit dir. Wir wollen dich nie mehr sehen.“ Am Ende verhält es sich, wenn der Vergleich verduftet ist, so wie bei unserem Marathonläufer: Wir sind besser dran. Wir messen uns nicht mehr mit denen, die scheinbar stärker sind und uns gerade überholen. Weder interessiert uns ihr Tempo, noch imponiert uns die selbstgewiss nach vorn gereckte Brust. Wir wissen nämlich eins: Es ist gar nicht unwahrscheinlich, dass wir etliche von ihnen früher oder später ausgelaugt am Straßenrand entdecken, weil sie sich übernommen haben. Dann sind wir es, die locker vorbei ziehen. Ein Marathon ist wie das Leben eine lange Strecke, und wer anders könnte sie besser einteilen als wir selbst. Wir setzen die Maßstäbe für uns – und kein anderer: Darin liegt die einzige Methode, um anzukommen. Letztlich ist das der einzige Weg zu einem wirklich erfolgreichen Leben.

Sein eigener Held werden

„Man weiß jetzt, dass jedermann das Recht
und die Fähigkeit hat,
sein Leben erfolgreich zu machen.
Aber man weiß auch, dass solcher Erfolg
vom Mut, von der Ausdauer und vor allem
vom Willen abhängt, der Mensch zu sein,
der man ist,
so merkwürdig das auch klingen mag.
Erst wenn man diesen Mut hat,
ist man in der Lage zu sagen:
‚Ich habe meinen Helden gefunden,
und dieser Held bin ich selbst.'"
George H. Sheehan
(IN: J.F. FIXX, DAS KOMPLETTE BUCH VOM LAUFEN)

Wenn wir tief blicken und unser Leiden analysieren, dann sehen wir auch den Pfad, der aus diesem Leiden heraus führt, lehrt der Buddhismus. Wenn wir also tief blicken auf unsere Suche nach Anerkennung, unser Bedürfnis nach Geltung in den Augen anderer, unseren Hang zum Vergleich mit Menschen, die es unserer Ansicht nach besser haben als wir – wenn wir jene Geisteshaltung analysieren, die uns in die Abhängigkeit, die Angst, die Unzufriedenheit führt, dann werden wir letztlich erkennen, dass sie unsere eigene Geisteshaltung ist. Wir identifizieren uns mit von außen gegebenen Erfolgskriterien und machen sie damit zu unseren eigenen. Wir selbst nehmen sie als gültig und wichtig an. Der fremde Maßstab wird zu unserem inneren Maß, an dem wir uns selbst messen.

Niemand hat beispielsweise unseren Marathonläufer gezwungen, dem Tempo der anderen zu folgen. Er selbst hat es getan, aus der Angst heraus sonst ins Hintertreffen zu geraten. Seine eigene Interpretation der Dinge war es, die ihn ins Scheitern geführt hat. Nun könnte er, frustriert am Straßenrand sitzend, jener Gruppe die Schuld zuweisen, die ein zu hohes Tempo angeschlagen hat und ihn dazu verleitete, mithalten zu wollen. Genauso können wir jenen Menschen die Schuld geben, die uns manipulieren, indem sie uns Erfolgsmaßstäbe einflüstern, die im Endeffekt bewirken, dass wir uns permanent als ungenügend empfinden und uns völlig überfordern. Das ist die eine Möglichkeit, unsere Situation zu interpretieren: Wenn wir aber so denken, bleibt uns nichts anderes übrig, als über die Schlechtigkeit der Welt zu klagen. Das tun wir gerne und mit Hingabe. Darin allerdings liegt keine echte Alternative für uns. Ein solches Gejammer führt lediglich in die Niedergeschlagenheit, weil wir einsehen müssen, dass wir die Welt, wie sie ist, doch nicht ändern werden – jedenfalls nicht in Kürze.

Wo ist der Weg, der uns herausführen kann aus unserer Abhängigkeit vom Tempo und Urteil anderer, aus unserem inneren Zwang ihren Vorgaben, ihren Maßstäben für den Erfolg hinterher zu hetzen? Wo gelangen wir hin, wenn wir uns klar machen, dass wir den äußeren Rahmen unseres Daseins kaum ändern können, dass wir nicht so ohne weiteres den Job wechseln können, nicht fliehen können nach Mallorca oder in eine Strandhütte in den Tropen, nicht das Wirtschafts- und Gesellschaftssystem revolutionieren können? Wir landen in einer scheinbaren Ausweglosigkeit. Wir landen bei der Erkenntnis unserer Machtlosigkeit. Und wir sehen uns vor die Frage gestellt: „Worüber eigentlich hast du wirklich Macht in dieser Welt? Was in diesem ganzen unbegreiflichen Universum ist eigentlich deinem Willen unterworfen?"

Die Antwort haben uns Sokrates, Konfuzius oder auch der englische Philosoph John Cowper Powys gegeben: „Eines nur – das sind wir selbst!" (vgl. John Cowper Powys, Die Kunst des Glücklichseins). Das ist eine fundamentale Erkenntnis.

Sie führt uns an den Punkt, an dem wir einsehen, dass es nicht in unserer Macht steht, die Welt zu ändern nach unserem Willen. Wir brauchen uns gar nicht abzuzappeln. Wir ändern die Welt nicht, die Anforderungen von außen, die Vorgaben der anderen, die gegebenen Erfolgsdefinitionen samt ihrer Leistungsnormen bleiben bestehen. So ist es eben – basta! Das ist nicht unserem Willen unterworfen. Wir brauchen uns nicht länger darüber aufzuregen, wir müssen uns nicht in einem sinnlosen Kampf dagegen innerlich aufreiben.

Generell verfügen wir Menschen stets über zwei Reaktionsvarianten: Entweder wir ändern die äußeren Umstände, was wir gewöhnlich anstreben, aber selten vermögen, oder wir ändern unsere Einstellung dazu. Wir hören beispielsweise auf, den Grund für unser Unglücklichsein diesen äußeren Lebensumständen zuzuschreiben. Ausnahmsweise verzichten wir darauf, Nachsicht mit uns walten zu lassen, und sagen uns in aller erbarmungslosen Härte: „Du allein trägst die Schuld an deinem Unglücklichsein – kein anderer. Das Versagen liegt bei dir selbst."

Mit dieser radikalen Selbstbezichtigung wechseln wir die Perspektive. Sollen die äußeren Umstände sein wie sie wollen, wir machen sie nicht mehr verantwortlich, sondern uns, die Art und Weise wie wir sie in unserem Inneren reflektieren. Indem wir nun mit dem Finger auf uns selbst zeigen, eignen wir uns jene radikale Geisteshaltung des großen Kirchenlehrers Johannes Chrisostomos an, der den provokanten Satz aussprach: „Niemand wird verletzt, außer durch sich selbst." Wir gelangen durch diesen Perspektivenwechsel zur Einstellung des Philosophen Epiktet – der übrigens ein Sklave war, den sein Herr zum Krüppel prügelte. Epiktet lehrte dennoch: „Wenn aber jemand unglücklich ist, dann soll er sich sagen, dass er durch sich selbst unglücklich wurde" (IN: EPIKTET, HANDBÜCHLEIN DER MORAL).

In dem Augenblick, wo wir uns die Lehren dieser beiden Männer zu eigen machen, laufen wir vor unserem Leiden nicht mehr davon, indem wir die Schuld dafür bei anderen suchen, sondern wir übernehmen ganz und gar die Verantwortung für unser mieses Befinden. Wir treten der Welt nun nicht mehr anklagend gegenüber und überziehen sie mit dem Vorwurf, sie würde uns quälen durch den Druck, den sie auf uns ausübt, sondern wir bezichtigen uns, uns selbst zu quälen durch den Druck, den wir auf uns ausüben. Wir betrachten unsere Krise als hausgemacht und wühlen in der Folge in unserem Inneren herum, um herauszufinden, wo die tatsächliche Ursache für unser Leid liegt. Warum meinen wir überhaupt, wir müssten der Welt gefallen und die anderen – den Lehrer, den Chef, die Ehefrau mit ihren Ansprüchen an uns – zufrieden stellen? Warum lassen wir es überhaupt zu, dass die Welt einen derartigen Druck in unserem eigenen Inneren erzeugen kann? Warum lassen wir uns so von ihr stressen? Wir suchen nun den Fehler bei uns selbst. So beginnen wir, an unserem eigenen Bewusstsein zu arbeiten. Damit folgen wir der schon erwähnten Empfehlung der Buddhisten. Die lautet: „Schau dein Leiden an, umarme es, und versuche es zu verstehen, dann wirst du den Pfad heraus finden."

Der Pfad führt über unser Ich. Im Gegensatz zur Welt untersteht unser Ich vollkommen unserem eigenen Kommando. Wir können demzufolge den Blickwinkel dieses Ich korrigieren. Wir können das Ich verändern. Als erwachsene Menschen mit einiger Lebenserfahrung können wir es formen nach unserer Wahl, unserem Willen und unserer Erkenntnis. Unbestreitbar haben wir allein die Hoheit über dieses Ich-Selbst und die Verantwortung für dieses Ich-Selbst. Wie wir im zweiten Kapitel gesehen haben, hat das Ich die Aufgabe zu reifen und dabei zu jenem unverwechselbaren Original zu werden, das der Mensch seinem Wesen nach sein will. Das haben wir als Ziel des Lebens definiert. Das Ich soll seine Möglichkeiten entfalten und das Allerbeste aus sich machen, was es werden kann. Es soll zu einer eigenständigen Weite und Freiheit finden.

Nun haben wir gesehen, dass uns das nicht gelingt, wenn wir die gängigen Erfolgsdefinitionen übernehmen. Wir werden dadurch abhängig von der Bewertung durch andere, wir werden ängstlich und unglücklich.

Dann landen wir beim Psychiater um die Ecke und der fragt: „Warum sind Sie hier?"

Wir antworten: „Weil wir bisher glaubten, dass wir hier auf Erden sind wegen unserem Häuschen auf Mallorca, unserer Segelyacht, unserer Karriere, unserem Geld, unserem Ansehen. Darum sind wir jetzt hier: Wir fühlen uns abgehetzt und ausgebrannt."

Wenn der Psychiater klug ist, wird er antworten: „Mein lieber Patient, mein aufrichtiges Kompliment! Sie haben ihr Häuschen eingerichtet mit sehr viel Geschmack und Hingabe. Sie haben dort auf schönste Weise ihr Hausrecht ausgeübt und eine bewundernswerte Kreativität an den Tag gelegt. Aber leider haben sie sich im Zuge dieser Arbeiten um das Wichtigste herumgedrückt: Sie haben versäumt diese kreative Kraft in die Einrichtung ihres Ich zu investieren. Dort lag ihre eigentliche Gestaltungsaufgabe. Die haben sie leider übersehen."

Wenn wir nur unser Äußeres gestalten und das Innere darüber vergessen, so wird uns dieses Versäumnis immer einholen. Wir wachen dann eines Morgens auf und alle äußeren Insignien unseres Lebenserfolges (Auto, Häuschen, Beruf, Karriere, Ansehen), auf die wir bislang so stolz waren, erscheinen mit einem Male in unseren Augen wie hohler Tand. Eine lange Weile hat unser Ich sich an ihnen ergötzt, aber jetzt, in dieser bitteren Stunde, dämmert ihm: Sie hatten nur Stellvertreterfunktion. Sie trugen nur dazu bei, ein Scheinselbstbewusstsein zu erzeugen, das sich über Äußerlichkeiten definierte. Nun, wo wir uns wieder uns selbst zuwenden, stellen wir erschrocken fest: Hinter der schönen Fassade unseres Ich existiert gar kein Inhalt. Dort stoßen wir lediglich auf eine unbeantwortete Frage: Wer bist du? Wo liegt der Sinn deines Lebens? Die Villa, die Armanianzüge, die Anerkennung in den Augen der anderen – alles was wir unter Erfolg verstehen und wofür wir uns Jahrzehnte abgezappelt haben – reicht nicht aus, um diese Fragen zu beantworten. Wir sind nicht unsere Armanianzüge. Wir sind nicht unsere Karriere. Solche Dinge mögen unserem Leben zwar den Anschein von Bedeutung verleihen, aber einen wirklichen Sinn, einen tiefen inneren Gehalt, verleihen sie ihm nicht. Sinn ist nämlich stets eine ganz persönliche Kategorie. Sinn ist unabhängig von gesellschaftlichen Wertvorstellungen oder Erfolgsdefinitionen. Kurz gesagt: Die Bedeutung unseres eigenen Lebens, den Sinn unseres persönlichen Lebens, den können wir nur ganz bei uns selbst empfinden. Diese Empfindung ist vollkommen unabhängig von anderen. Wir haben es hier – das übersehen wir mehrheitlich – mit einer Wahrheit unseres Herzens zu tun.

Die Frage nach dem Sinn unseres Daseins ergeht durch uns selbst an uns selbst.

Sie mag sich für eine Zeit wegleugnen oder überspielen lassen durch äußeren Erfolg oder unseren Traum vom Häuschen auf „Malle", aber fest steht: Irgendwann wird unser Herz sich wieder melden. Die Sinnfrage wird uns immer einholen. Sie zwingt uns zu einer Antwort – zu einer aufrichtigen Antwort. Wir sind zwar durchaus imstande anderen etwas vorzuflunkern, aber eins gelingt uns auf Dauer nicht: uns selbst zu belügen. Wie wir uns unserem Leiden und unseren Krisen zu stellen haben, so haben wir uns auch der Sinnfrage zu stellen.

Was ist also der Sinn unseres Lebens für uns selbst? Was ist sein Ziel in unseren eigenen Augen? In dieser Art der Fragestellung wird deutlich, dass fremde Erfolgskriterien, fremde Normen gar keine Rolle mehr spielen können. Ausschließlich wir allein können diesen Sinn bestimmen. Wir allein müssen mit ihm leben und ihn am Ende auf dem Sterbebett rechtfertigen – vor uns selbst. Stellen wir fest, wir haben ein sinnvolles Leben gehabt, ein für uns selbst bedeutungsvolles Leben, dann war dieses Leben für uns auch erfolgreich. Daraus folgt: Uns bleibt gar nichts anderes übrig, als so vollkommen subjektiv und unabhängig wie Diogenes festzulegen, was wir in unserem Leben als Erfolg ansehen. Daraus folgt ferner: Die Erfolgsvorgaben dieser Gesellschaft können uns kreuzweise den Buckel herunterrutschen, wir brauchen uns keineswegs abzuzappeln, um sie zu erfüllen, wenn das für uns ganz persönlich keinen Sinn macht.

Der renommierte Psychologe Mihaly Czikszentmihalyi urteilt: „Um die Ängste und Depressionen des heutigen Lebens zu überwinden, muss das Individuum in einem Maße von der gesellschaftlichen Umwelt unabhängig werden, dass es nicht mehr ausschließlich in deren Begriffen von Belohnung und Strafe reagiert. Um eine solche Autonomie zu erreichen, muss der Mensch lernen, sich selbst Belohnungen zu geben, Er muss die Fähigkeit entwickeln, Freude und Sinn unabhängig von äußeren Umständen zu finden. Diese Herausforderung ist gleichzeitig leichter und schwieriger als es klingt, leichter, weil diese Fähigkeit völlig von der jeweiligen Person abhängt, und schwierig, weil man dazu einer Disziplin und Ausdauer bedarf, die in jeder Ära relativ selten sind, besonders aber vielleicht in der gegenwärtigen. Vor allem muss man, um Kontrolle über die eigenen Erfahrungen zu gewinnen, drastisch verändern, was man für wichtig hält und was nicht" (IN: MIHALY CZIKSZZENTMIHALYI, FLOW).

Was wir für wichtig halten und was nicht, was wir als Erfolg bewerten und was nicht, ist also keineswegs etwas von anderen Festzulegendes oder Vorzuschreibendes, sondern die zutiefst persönliche Angelegenheit unseres eigenen Ich. Indem wir das eindeutig realisieren, und unser Ich sich aus dieser Einsicht heraus dazu aufschwingt, seinen Erfolg, seinen Sinn im Leben in völliger Unabhängigkeit bei sich selbst zu definieren, unternimmt es einen Schritt von höchster Bedeutung: Es fängt an, die Hoheit über sich selbst wirklich auszuüben. Und damit füllt es das bisherige Vakuum in seinem Inneren. Es schafft sich eine eigene Identität. Es entwickelt seine ureigene Position und verwandelt sich Schritt für Schritt von der inhaltslosen Kopie fremder Erfolgsvorgaben zu einem unverwechselbaren Ich-Selbst. Auf diese Weise kommt es früher oder später zu einem Punkt, an dem es plötzlich zu sich selbst sagen kann: „Das bin ich. Das ist meine eigene Substanz. Das ist nicht mehr eine äußere Fassade, sondern das hier ist mein eigener Inhalt." – Ab diesem Moment, in dem sich das Ich selbst zu füllen vermag mit seinen eigenen Maßstäben, seinen eigenen Erfolgsdefinitionen, seinen eigenen Werten und Zielen gelingt es ihm, die Maßstäbe der anderen, die Erfolgskriterien dieser Gesellschaft, als etwas ihm Äußerliches, etwas ihm Wesensfremdes zu identifizieren und sie zurückzuweisen. Das Ich löst sich von ihnen und wird frei. Es lebt in fortan in Selbstbestimmung, weil es das vollständige Kommando übernommen über das Einzige auf der Welt, was ihm wirklich anvertraut ist, nämlich über sich selbst. Es erfüllt nun den Auftrag, der in der Lebensmitte spätestens an jeden Menschen ergeht.

Solange unser Ich in dieser Aufgabe versagt, bleibt es in der Abhängigkeit. Sobald es diese ihm eingeborene Aufgabe wahrnimmt, macht es sich auf den Weg in die Unabhängigkeit. Es macht dann nicht mehr die Erfolgsmaßstäbe anderer zu seinen eigenen und verletzt sich dadurch selbst, sondern es trifft autonome Entscheidungen, es entfaltet seinen Willen und beginnt authentisch zu leben: Indem das Ich beginnt seinen eigenen Sinn zu setzen und seine Ziele abzustecken, entwickelt es sich zum Meister seines eigenen Geschickes. Sein Erfolg liegt nun nicht mehr im Äußeren, sondern in diesem inneren Werden. Sein Erfolg liegt in diesem Wachstum zu jenem ganz Eigenem hin, das es bei sich selbst entdeckt hat. Wo die Leere war, die unsere nur scheinbar erfolgreichen Villen- und Yachtbesitzer zum Psychiater getrieben hat, gedeiht plötzlich – ohne Yacht und ohne Macht, ohne Villa und Karriere – innere Fülle. Ein Wachstumsprozess setzt ein, dessen Ziel völlig eindeutig ist: Es liegt in unserer eigenen Mitte. Wir wachsen zu uns selbst hin. Wir entwickeln uns auf die Wahrheit unseres Herzens zu und finden dort unsere ureigene Bestimmung. „Das Leben kann einen Sinn haben“, schreibt der Philosoph Julian Baggini, „wenn wir danach streben, der zu sein, der wir sein möchten, und tun, was nötig ist, um tatsächlich diese Person zu werden“ (IN: JULIAN BAGGINI, DER SINN DES LEBENS).

Bagginis Worte kommen uns bekannt vor. Wir haben sie schon einmal gehört. Denken wir zurück an Lance Armstrong, der sich auf seinem Krankenlager genau diese Frage stellte: „Was für ein Mensch willst du eigentlich sein?“ Vor dem Hintergrund seines Todes definierte Armstrong für sich selbst Sinn und Zweck seines Lebens. „Wer will ich sein“, lautet die Kardinalfrage. Und der Erfolg besteht darin, der zu werden, der man selbst seinem eigenen Wesen nach ist. Wenn wir das realisiert haben, können wir uns von allen anderen Erfolgsdefinitionen getrost verabschieden. Sie sind ohne Bedeutung für uns. – Oder etwa nicht?

Na ja, nicht ganz: Auch wenn wir fortan gewillt sind, unsere eigenen Maßstäbe zu setzen, so leben wir immer noch in einer Welt, die ebenfalls ihre Erfolgsmaßstäbe hat und arrogant genug ist, um uns und jeden anderen daran zu messen. Wir geraten, wenn wir unseren eigenen Erfolg möglicherweise gegen den der Welt definieren, in eine gewisse Konfrontation mit unserem Umfeld. Konflikte werden unausweichlich. Um sie zu bestehen, genügt nicht allein die bloße Erkenntnis, dass unser Weg für uns theoretisch richtig ist, sondern wir müssen auch die nötige Ich-Stärke, das nötige Selbstbewusstsein aufbauen, um ihn zu gehen. Das ist keineswegs einfach. Da kriecht leicht die Angst in uns hoch. Deswegen benötigen wir so etwas wie eine persönliche Philosophie des Mutes, um uns endgültig aus unserer Außenabhängigkeit zu befreien. Nach dem Verstehen des eigenen Leidens, so lehrt der Buddhismus, sei die Ermutigung der nächste notwendige Schritt, um sich aus dem Leiden wirklich herauszumanövrieren. Wie also können wir uns den Mut eines Diogenes aneignen, der jenes Leben, das er für sich als richtig erkannte, auch wirklich lebte in seiner Tonne am Strand?

Wir könnten uns beispielsweise unmissverständlich klar machen, dass dieser Mut zu ganz eigenen Maßstäben die Bedingung für wahre Selbsterkenntnis ist. Nur er bringe uns weiter, versichert der Schriftsteller Paulo Coelho. „Die Gesellschaft zwingt uns allen immer mehr eiserne Verhaltensregeln auf. Eben in dem Mut, gegen diese Regeln zu verstoßen, liegt das Risiko der wahren Erkenntnis, die immer einen Bruch mit den traditionellen obsoleten Paradigmen voraussetzt“ (IN: BEKENNTNISSE EINES SUCHENDEN, JUAN ARIAS IM GESPRÄCH MIT PAULO COELHO).

Wir könnten uns auch den Rücken stärken lassen vom wirkmächtigsten Philosophen, den Amerika bislang hervorbrachte. Ralph Waldo Emerson erklärte, nur ein Leben gemäß der eigenen Vorstellungen sei das Zeichen wahrer Größe. „Was ich tun muss, ist alles, was mich angeht, und nicht das, was die Leute denken. Diese Regel, die im tatsächlichen Leben wie im intellektuellen Leben gleich schwer zu befolgen ist, kann für die Unterscheidung zwischen Größe und Niedrigkeit dienen" (IN: RALPH WALDO EMERSON, ESSAYS). – Ist das genug Zuspruch? Oder fehlt unserem Herzen noch eine Prise Kühnheit, um seinen eigenen Weg einzuschlagen?

Für verzagte Naturen kommt noch mehr Ermutigung – direkt aus dem Reich der harten Lebenswirklichkeit. Auch dort können wir bei erfolgreichen Menschen einen Konzentrationsprozess auf sich selbst und ihre eigenen Ziele hin beobachten, durch den sie ihre innere Unabhängigkeit wahren. Gerade im Sport, den wir stets als Musterbeispiel des konkurrierenden Vergleichs und der von außen gesetzten Erfolgskriterien empfinden, ist das der Fall: Spitzensportler bleiben im Wettkampf ganz bei sich selbst. Alle fremden Erfolgsdefinitionen werden ausgeblendet, weil sie jenen unseligen Druck erzeugen, der uns an der Entfaltung unserer optimalen Fähigkeiten hindern. Nur durch diesen Konzentrationsprozess gelingt es uns, im Sport wie im Leben unsere Möglichkeiten wirklich auszuschöpfen. Wir lassen uns dann nicht mehr ablenken von Ängsten, von Erwartungen, vom Vergleich mit anderen, von den Ansprüchen anderer an uns – sondern wir bleiben bei uns selbst aus einem überzeugenden Grund: weil wir dann am besten sind.

Ein Biathlet beispielsweise, der vor seinem letzten Schuss denkt, „Wenn ich den noch treffe, dann ist mir der Sieg sicher", eilt mit seiner Gier nach Anerkennung und Belohnung gedanklich voraus, er setzt sich unter den Druck des Gewinnenwollens – und besiegelt durch diesen Konzentrationsmangel seine Niederlage: Dieser Biathlet wird nicht ins Schwarze treffen, weiß der Sportpsychologe Hannes Kratzer, der unter anderem das Nationalteam der deutschen Pistolenschützen betreut. Dasselbe passiert, wenn den Biathleten plötzlich die Angst vor dem neben ihm an den Schießstand gleitenden Gegner übermannt, und er anfängt sich zu vergleichen: „Oh Gott, das ist ein schnellerer Läufer als ich." Auch indem er solche Gedanken hegt, wird unser Biathlet den Sieg höchstwahrscheinlich verpassen. Die aus dem Vergleich hervorkriechende Angst wird ihm seine Konzentration rauben, so wie unserem Schüler die Angst vor den Erwartungen der Eltern die Konzentration bei der Klassenarbeit raubte. Die Erfolgsdefinitionen und Erwartungen der anderen (oder das Konkurrenzmodell der Gesellschaft im Ganzen) werden verinnerlicht, wir machen sie zu unseren eigenen Maßstäben, geraten somit psychisch unter Druck. – Wir tun im Grunde das Allerbeste, um zu versagen. In den meisten Schulen, Firmen, Institutionen wird dieser elementare Zusammenhang zwischen innerem Druck und äußerem Versagen nach wie vor hartnäckig ignoriert, obwohl er im Grunde elementares Menschheitswissen ist – nicht etwa eine bahnbrechend neue Entdeckung der modernen Sportpsychologie. Bereits der chinesische Weise Tranxu erklärte seinen Schülern: „Wenn der Bogenschütze schießt, ohne einen besonderen Preis gewinnen zu wollen, kann er seine ganze Kunst entfalten; schießt er, um eine Bronzemedaille zu erringen, fängt er an, unruhig zu werden; schießt er um den ersten Preis, wird er blind, sieht zwei Ziele und verliert die Beherrschung. Sein Können ist dasselbe, aber der Preis spaltet ihn. Er ist ihm wichtig! Er denkt mehr ans Gewinnen als ans Schießen, und der Zwang zu gewinnen schwächt ihn" (IN: ANTHONY DE MELLO, DER SPRINGENDE PUNKT). – Oder eben die daran gekoppelte Angst vor der Niederlage.

Eine optimale Leistung kann also nur erbracht werden, wenn ihr eine optimale Konzentration zugrunde liegt. Die höchste Form der Konzentration kann man definieren als das bedingungslose Verweilen bei einer Aufgabe im Hier und Jetzt, was die Abwesenheit von allem Überflüssigen einschließt, wie beispielsweise der Angst vor Misserfolg oder auch den Träumen vom Erfolg. Für unser Leben bedeutet das, wir klammern alles auf uns Einströmende aus. Wir verschwenden weder einen Gedanken an Medaillen, noch – falls wir Schüler sind – an Noten, wir kümmern uns überhaupt nicht um jene anderen, möglicherweise besseren, mit denen wir angeblich konkurrieren: Stattdessen bleiben wir in einer klaren inneren Abgeschiedenheit bei unserer Aufgabe und den ganz von uns selbst definierten Zielen. Wenn wir uns in dieser Weise unabhängig machen, dürfen wir getrost darauf hoffen, dass sich unsere Fähigkeiten – nicht nur die sportlichen – bestmöglich entwickeln.

Die Skispringerlegende Jens Weißflog beispielsweise pflegte mit einer derartigen geistigen Unabhängigkeitserklärung in den Wettkampf zu ziehen. Er sagte sich: „Ich liefere hier zwei gute Sprünge ab. Die anderen sollen das mal ruhig bewerten, das geht mich nichts an" (VGL. OBERHOFER TREFFER, HRSG. SUHLER VERLAGSGESELLSCHAFT). Der herausragende Hürdenläufer Edwin Moses beschrieb diese innere Unabhängigkeit, die es ihm ermöglichte, über Jahre die Weltklasse zu dominieren, mit folgenden Worten: „Der Kopf muss absolut klar sein. Die Tatsachen, dass man mit einem Gegner fertig werden muss, mit der Zeitverschiebung nach dem Flug, anderem Essen, dem Schlafen in Hotels und persönlichen Problemen; dies alles muss aus dem Bewusstsein ausgelöscht werden – als existierte es nicht mehr" (Zitiert nach: Mihaly Czikszentmihalyi, Flow). Edwin Moses tat also so, als wäre er tot für alle Einflüsse der Welt. Als ginge ihn alles, der Druck, die Angst vor der Niederlage, die Konkurrenz nichts an. Präzise dieses Verfahren, um eine große Aufgabe zu lösen, empfahl ein paar Jahrhunderte nach Christus schon ein Wüstenmönch, der ebenfalls Moses hieß, einem Mitbruder, der fürchtete seiner Aufgabe nicht gewachsen zu sein. Moses sagte zu ihm: „Wenn du nicht ein Leichnam wirst wie die Begrabenen, kannst du sie nicht bewältigen" (in: Anselm Grün, Der Weg durch die Wüste).

Zeigen wir also dem Druck der Welt ruhigen Gewissens die kalte Schulter: Je freier wir von äußeren Leistungsnormen und dem damit verbundenen inneren Druck werden, je unabhängiger wir von fremden Erfolgskriterien sind, desto erfolgreicher verläuft unsere Entwicklung. Lässt sich eine schönere Ermutigung aussprechen für unser Ich, das noch daran zweifelt, ob es das Wagnis eingehen sollte, nach seinen eigenen Maßstäben zu leben in dieser Welt?

Ob nun die Gesellschaft, jene anderen um uns herum, diese Entwicklung am Ende honorieren oder nicht, bleibt dabei eine zweitrangige Frage, von der wir uns nicht abhängig machen dürfen. Allerdings wird es mit der optimalen Entwicklung unserer Fähigkeiten und unserer Persönlichkeit durchaus wahrscheinlicher, dass auch andere auf uns aufmerksam werden – so wie bei Diogenes, vor dem eines Tages Alexander der Große auftauchte, um seine Bewunderung kund zu tun: „Wäre ich nicht Alexander, ich wollte Diogenes sein." Was für ein Satz angesichts eines armen Penners, der in einer Tonne am Strand gehaust haben soll. Man gewinnt den Respekt der Welt nicht – und schon gar nicht den Respekt vor sich selbst – indem man sich ihr anpasst und sich von ihr unterjochen lässt, sondern man erobert sich diesen Respekt, indem man zu sich selbst und seinen ganz persönlichen Wertmaßstäben steht. Dabei darf man sich ruhig etwas zutrauen. „Zu Beginn einer zweifelhaften Unternehmung ist unsere innere Überzeugung das Einzige, was den erfolgreichen Ausgang des eigenen Wagnisses sicherstellt", versichert uns der Psychologe William James.

Folgen wir also dem Ruf unserer Seele. Fokussieren wir uns auf jenen subjektiven, von uns allein definierten Erfolgsmaßstab, der am Ende darauf zielt, das Beste aus uns gemacht zu haben, was wir werden konnten. Nach außen hin mag ein solcher Erfolg möglicherweise sehr gering wirken, er mag oberflächliche und unreife Menschen sogar zum Spott über uns veranlassen – und dennoch kann er eine großartige Leistung darstellen. Schauen wir noch einmal ins Schwimmbad, um auch ein alltägliches Beispiel anzuführen: Jeden Tag kommt dorthin ein

Mann, 45 Jahre alt, Bauchansatz, etwas schwammig, mit sehr weißer Haut – die ersten Tage watet er durchs Kinderbecken, wo ihm das Wasser gerade bis an die Knie reicht. Später steigt er, furchtsam und tastend wie ein zart besaitetes Mädchen, ins Nichtschwimmerbecken. Wochen vergehen, bis er sich zum ersten Mal traut, unterzutauchen und endlich, als er wieder auftaucht mit seinen dünnen, nassen, langen Haaren, die ihm nun wie ein Vorhang vors Gesicht fallen, wirkt er vollkommen wie eine Witzfigur aus dem Kabinett der Merkwürdigkeiten. Irgendwann, gegen Ende dieses Sommers, sehen wir den Mann – nunmehr im Sportbecken – seine ersten hilflosen Züge schwimmen. Auch wenn draußen die 16-jährigen Jungs auf dem Rasen seit Wochen ihren Spott über ihn ausgegossen haben, der Mann scheint jetzt, wo er sich mit unbeholfenen Paddelschlägen über Wasser halten kann, trunken in Seligkeit.

Müssen wir erst sagen, dass er als Kind mit drei Jahren fast ertrunken wäre in einem Schwimmbad. Dass ihn der Bademeister wiederbeleben musste. Dass ein Leben lang Panik in ihm hoch kroch, wenn er auch nur das Chlorwasser eines Schwimmbeckens roch?

Nun empfindet unser Schwimmer Glück über seinen Erfolg, der sich für ihn ebenso großartig anfühlen mag, wie der eines Olympiasiegers, der zum Klang der Hymne aufs Treppchen steigt. Nach den Maßstäben der 16-jährigen Jungs aber bleibt unser 45-jähriger Neuschwimmer der größte Feigling, den ihre Augen jemals erblickt haben. Hätte er sich von deren Erfolgskriterien und ihrem daraus resultierenden Spott beeindrucken lassen, hätte er die fremde Norm in ihren Köpfen und die damit verbundene Abwertung seiner persönlichen Fähigkeiten angenommen, er hätte niemals auch nur gewagt, sich eine Eintrittskarte fürs Schwimmbad zu kaufen. Es wäre ihm auf diese Weise weder gelungen, das Allerbeste aus sich zu machen, was er werden konnte, noch hätte er jemals zu seiner Selbstachtung gefunden.

Ähnlich wie die 16-jährigen Jungs verhält sich unsere Gesellschaft gegenüber dem Menschen als einem Individuum mit einer unverwechselbaren Seele. Streben wir ihren Leistungskriterien nach und machen uns innerlich abhängig von ihrem Beifall, so handeln wir uns nur die Angst ein, niemals zu genügen. Solche Angst verhindert unsere Entwicklung und raubt uns das Selbstvertrauen. Am Ende bleiben wir jedes Mal, wenn wir diesen Kreislauf durchlaufen, ein wenig unzufriedener, frustrierter und schwächer zurück, als wir es vorher waren. Um dieser Gefahr aus dem Weg zu gehen, sollten wir uns mit den Worten des amerikanischen Läuferarztes Patrick Sheehan einfach sagen: „Ich habe meinen Helden gefunden, und dieser Held bin ich selbst“ (in: James F. Fixx, Das komplette Buch vom Laufen).

Nichtsportler können sich an Buddha halten, der noch auf dem Sterbebett seinen Schülern predigte: „Seid euch selbst eine Zuflucht!“ (in: Thich Nhat Hanh, Dialog der Liebe).

Wie wir unseren Lebensauftrag finden

„Das erste Gebot auf dem Weg
der Befreiung lautete demnach,
‚kenne dich selbst'.
Erst dann wird es uns gelingen,
unser Lebensziel zu definieren."
Annie Pazzogna
(Annie Pazzogna,
Inipi – Das Lied der Erde)

Wir wachsen in unserem Leben jenem noch ungeborenen Bild von uns entgegen, das wir in uns tragen und lange Zeit mehr erahnen, als dass wir es kennen. Dieses Bild entspricht unserer unverwechselbaren Identität – es ist das Bild jenes Helden, der wir selbst sind. Unser Lebensauftrag ist es, dieses Bild zu entdecken, es von innen heraus zu entwickeln und ihm immer schärfere Konturen zu verleihen. In diesem visionären Bild, in diesem Traum von uns selbst, liegt unser Ziel, dem wir zustreben. In wesentlichem Maße hängt das Gelingen unseres Lebens davon ab, ob es uns glückt, dieses Bild in uns zu entdecken und uns in es hineinzuverwandeln – darin liegt unser Erfolg. Ob wir uns nun als einen asketischen Marathonläufer sehen, als einen Mönch auf der Suche nach Gott, als einen virtuosen Geiger, als einen Arzt im Dienste der Menschheit, als einen gütigen und weisen Menschen, als einen Lehrer, einen großartigen Organisator – wir benötigen einen gedanklichen Entwurf von uns selbst, auf den wir uns zu bewegen. Damit hauchen wir unserem Leben seinen subjektiven Sinn ein. Wir geben ihm eine Richtung.

Ein Großteil der heutigen Menschheit kennt eine solche innere Zielsetzung kaum mehr. Wir begreifen uns mit dem Abschluss des 18. oder 20. Lebensjahres als mehr oder weniger fertige Exemplare der Gattung Mensch, die künftig höchstens noch nach äußeren Reizen strebt, also: hübsche blonde Frau sucht, Porsche fährt, Villa auf Mallorca kaufen will. Wir begreifen nicht mehr, dass wir als erwachsene Menschen einen Entwicklungsauftrag gegenüber uns selbst haben, der uns ein Leben lang begleitet. Wir sind nicht im Alter von 20 Jahren jene Person geworden, die sich nunmehr nicht mehr verändern soll für den Rest ihres Lebens, sondern mit 20 Jahren stehen wir am Beginn eines geistigen Entwicklungsprozesses, der uns über die nächsten drei, vier oder fünf Jahrzehnte vollkommen verändern wird. Und gewöhnlich lebt wie ein zartes Luftgebilde in den geheimen Kammern unserer Seele eine Vorstellung in uns, wohin diese Entwicklung uns führen soll. Möglicherweise werden viele heutige Menschen bezweifeln, dass sie diese eigene Vision von sich in ihrem Herzen tragen. Aber sie existiert – allerdings oft auf einer eher unbewussten Ebene. „Jeder Mensch hat ein Bild vor Augen, gleich wie verschwommen, was er vor seinem Tod erreichen möchte", schreibt Mihaly Cziksszentmihalyi (IN: MIHALY CZIKSZENTMIHALYI, FLOW).

Wir haben allerdings verlernt, dieser Vision von uns selbst nachzuspüren. Wir schauen nicht aufmerksam genug nach innen. Wir zollen uns selbst und unseren innersten Beweggründen keine hinreichende Aufmerksamkeit. Viele von uns können ihre eigene innere Stimme nicht mehr hören. Deshalb melden wir Zweifel an, ob diese Stimme überhaupt existiert. Aber haben wir auch intensiv genug gelauscht? Es geht uns mit unserer inneren Stimme wie mit den Pilzen im Wald: Wir fahren am Waldrand vorbei, werfen bei leicht reduzierter Geschwindigkeit einen kritischen Blick aus dem Autofenster und stellen nach dieser Sichtprobe leichthin fest: „Pilze gibt's keine in diesem Jahr."

Jeder weiß, ein solches Verfahren ist absurd! – Was die Pilze im Wald betrifft: Sie sind da, auch wenn sie sich im tiefen Schatten verstecken oder unter dem Laub. Allerdings entdeckt die Pilze nur, wer sich die Mühe macht auszusteigen und wirklich nach ihnen zu suchen. Auf diese Weise müssen wir auch in der Schattenwelt unseres Bewusstseins nach unserem Lebensauftrag suchen, ein oberflächlicher Blick aus dem Autofenster genügt nicht.

„Hanblecheya" nannten die nordamerikanischen Indianer vom Stamm der Lakota diese Suche. „Hanblecheya" bedeutet: „Das Flehen um ein Gesicht". Alleine und fastend zogen die Männer in die Wildnis, wo sie das „große Geheimnis" (Wakan tanka) um eine Lebensvision anflehten. Dabei ging es darum, sich nach innen zu wenden und die Psyche aller Äußerlichkeiten und oberflächlichen Antriebe zu entkleiden. Das Ziel dieser Übung lag darin, tief nach innen zu schauen: Erstens versuchten die Indianer dadurch die eigene Verbundenheit mit allem Seienden zu erfahren und zweitens suchten sie nach ihrer ureigenen Aufgabe in dieser Welt. „Hanblecheya" diente der Einordnung des Individuums in das Sein: Es war das Flehen um ein Gesicht, um ein Bild von sich selbst, um den spezifischen Lebensauftrag, den jeder in sich trägt.

Die ethnologische Forschung der letzten 150 Jahre zeigt, dass es überall auf dem amerikanischen Kontinent vergleichbare Rituale bei den indianischen Stämmen gab. Auch in der christlich-jüdischen Welt finden wir Spuren solcher Visionssuche: Moses zog sich 40 Tage und 40 Nächte auf den Berg zurück. Der Prophet Elias machte sich auf in die Wüste, wo Raben ihn angeblich ernähren. Jesus ging hinaus, um 40 Tage zu fasten und seinen Kampf mit den Dämonen zu führen. Damit der Blick nach Innen frei wird, wird die Psyche bewusst Strapazen und Krisen ausgesetzt, sie muss erst einen Reinigungsprozess durchlaufen. Der Mensch muss ringen mit sich selbst. Er muss ausharren, bis alle oberflächlichen Ängste und Antriebe sich verflüchtigt haben und er zu jener tiefen Ruhe findet, die ihm den Blick auf den Grund seiner Seele möglich macht: Dort wird sein Lebensauftrag erkennbar. Erst wenn sich die Wellen an der Oberfläche beruhigt haben, kann er hinunterschauen in die Tiefe seines eigenen Wesens und erkennen, wer er ist (VGL: VISION QUEST, SYLVIA KOCH-WESER, GESEKO VON LÜPKE).

Auch heute noch, wenn wir die Pilger auf dem Jakobsweg nach Santiago de Compostela betrachten, können wir uns fragen: Wohin eigentlich sind sie unterwegs, wenn sie die 700 Kilometer laufen vom Fuße der Pyrenäen zur Westküste Spaniens? Die Antwort lautet: Äußerlich betrachtet laufen sie nur nach Santiago de Compostela, aber eigentlich sind sie unterwegs zur Wahrheit ihres eigenen Seins. Sie sind auf der Suche nach sich selbst. Sie flehen um ein Gesicht.

Die Suche führt immer nach innen. Wir müssen auf uns selbst zu laufen. Ausgerechnet dazu ist der Mensch unserer Zeit kaum fähig. Der Psychoanalytiker Roberto Assagioli urteilt: „Die Innenkehr ist eine dringende Notwendigkeit für den modernen Menschen; unsere heutige Zivilisation ist derart übertrieben extravertiert, dass der Mensch in einem hektischen, zum Selbstzweck gewordenen Durcheinander von Aktivitäten gefangen ist. Man kann sagen, dass der ‚normale' Mensch psychologisch und spirituell ‚außerhalb seiner selbst' lebt. Dieser Ausdruck, der in der Vergangenheit für Geisteskranke verwendet wurde, entspricht heute dem modernen Menschen. Dieser ist überall zu Hause, nur nicht in sich selbst. Er ist in Wahrheit ‚ex-zentrisch', das heißt, er lebt außerhalb seines inneren Zentrums. Es ist daher dringend nötig, das äußere Leben durch ein entsprechendes inneres Leben auszugleichen. Wir müssen ‚in uns selbst zurückkehren'" (IN: ROBERTO ASSAGIOLI, PSYCHOSYNTHESE).

Hanblecheya, die traditionelle Suche der Indianer in der Einsamkeit der Natur, der klassische christliche Weg in die Wüste, die Pilgerwanderungen nach Santiago de Compostela – sie sind nichts anderes als solche Entdeckungsreisen zu uns selbst.

Es sind absichtlich erzeugte Krisen, in denen wir über unsere alten Möglichkeiten hinaus wachsen sollen, zu einer tieferen Erkenntnis und einem intensiveren Verständnis unserer selbst. Bei vielen Völker waren diese Reisen nach innen Teil ihrer Kultur, und traditionell musste bei den Indianern zum Beispiel jeder Junge an der Schwelle zum Mannesalter eine solche Prüfung auf sich nehmen, um nach seiner Bestimmung zu suchen.

Denn wer wir sind und was wir eigentlich wollen hier auf Erden, diese Frage können nur wir uns selbst beantworten. Niemand kann uns unseren Weg zeigen, außer uns selbst. In unserem Herzen liegt die Antwort, dort, wo unser Traum von uns lebt, unsere Vision, unser Gesicht. Um dieses Gesicht und seine Verwirklichung müssen wir kämpfen. Dabei sind wir selbst der Feind: unsere Angst, unsere Feigheit, unser Hang zur Bequemlichkeit, unsere Gier nach Anerkennung, unser Streben nach Sicherheit. Die Bewegungen unserer Psyche stehen der Entdeckung unserer eigenen tiefsten Wahrheit im Wege. Wir müssen lernen, sie zu überwinden: Wir müssen uns dem Kampf mit diesen inneren Dämonen stellen, so wie Christus in der Wüste, so wie die Indianer in der Einsamkeit der Wälder, so wie auch unser kleiner Turmspringer, der seine Angst besiegt hat. Das ist der schmerzhafte und unbequeme Prozess der Selbstwerdung durch Selbstüberwindung. Es ist ein Kampf mit uns selbst um unsere eigentliche innere Wahrheit – vor der wir heute vielfach sogar Angst haben.

Paulo Coelho schreibt in seinem Buch auf dem Jakobsweg: „Der gute Kampf ist der, den wir im Namen unserer Träume führen. Wenn sie mit aller Macht in unserer Jugend aufflammen, haben wir zwar viel Mut, doch wir haben noch nicht zu kämpfen gelernt. Wenn wir aber unter vielen Mühen zu kämpfen gelernt haben, hat uns der Kampfesmut verlassen. Deshalb wenden wir uns gegen uns selber und werden zu unseren schlimmsten Feinden. Wir sagen, dass unsere Träume Kindereien, zu schwierig zu verwirklichen seien oder nur daher rührten, dass wir von den Realitäten des Lebens keine Ahnung hätten. Wir töten unsere Träume, weil wir Angst davor haben, den guten Kampf aufzunehmen“ (IN: PAULO COELHO, AUF DEM JAKOBSWEG, TAGEBUCH EINER PILGERREISE NACH SANTIAGO DE COMPOSTELA).

Damit bereiten wir der Krankheit und der Depression den Boden: „Die toten Träume beginnen in uns zu verwesen, und sie verseuchen, was uns umgibt. Wir beginnen grausam zu den Menschen um uns herum zu werden, und am Ende richten wir die Grausamkeit gegen uns selber. Dann tauchen Krankheiten und

Psychosen auf", lehrt Petrus, der spirituelle Führer, der Paulo Coelho auf dem Jakobsweg begleitet.

So wäre es – wenn wir Paulo Coelho folgen – für unser körperliches und seelisches Heil langfristig besser, unserem Traum von uns wagemutig zu folgen, als unsere Herzenswünsche fahren zu lassen und uns ganz und gar anzupassen an die standardisierten Erwartungen, die diese Gesellschaft an uns heranträgt.

Psychologen haben herausgefunden, dass unsere Lebensträume sich in der Kindheit oder in der frühen Jugend zeigen. „Irgendetwas, mit dem wir damals in Kontakt kamen, hat einen tiefen Eindruck in uns hinterlassen. Es kann ein Ereignis sein, das uns berührte. Vielleicht auch eine Frage, die uns zum Nachdenken brachte. Oder eine Situation, die immer wieder auftauchte. Ein Gegenstand, den wir nicht vergessen haben. Etwas, das sich in uns eingeprägt hat, wie ein Stempel" (in: Gerti Samel, Verwirkliche deinen Traum).

Etwas eben, das in unserer Seele einen solch starken Widerhall erzeugt, dass wir ihn zu hören vermögen – diesen inneren Ruf, der uns auf unsere Berufung hinweisen möchte. Meist vergessen wir diese Momente unserer Kindheit oder Jugend wieder. Häufig haben wir sie verdrängt ins Unterbewusste. Oft weichen wir unserer eigentlichen Berufung aus und versuchen unser Bedürfnis nach Sinn dann viele Erwachsenenjahre lang zu stillen anhand von Ersatzobjekten, von Status, Macht, Geld – was letztlich den Versuch darstellt uns selbst zu belügen. Dieser Versuch endet stets in der Frustration. Am Ende müssen wir unseren Irrtum erkennen, wir müssen umkehren, uns nach innen wenden, und dort nach unserer ganz persönlichen Berufung suchen: An ihr hängt die Erfüllung unseres Lebens, an ihr hängt unser Glück.

Peter Seewald urteilt in seinem Buch „Die Schule der Mönche": „Jedes Leben hat seine eigene Berufung. Keines ist nur ein Imitat, herausgestanzt aus dem platten Blech neben einer Riesenmenge anderer Exemplare aus dem gleichen Material. Und jeder Mensch, so sagen es die Mönche, braucht auch den schöpferischen Mut, sein Leben ganz zu leben und sich nicht zur Kopie eines anderen, zur Marionette der Mode zu machen. Dazu gehöre weniger die Frage nach den eigenen Wünschen, sondern die, zu was man gut sei und wo man etwas beitragen könne. Nicht in der Bequemlichkeit und im Sichtreibenlassen liege die Antwort. Christus fordere nicht die Gewohnheit, im Gegenteil. Er wolle den Aufbruch. Er fordere uns auf, das zu suchen, was uns in die Wirklichkeit unseres eigenen Seins hineinbringt. Nur wer sich herausfordern lässt, wer sich ‚dem Feuer aussetzt', einen Ruf in sich erkennt, eine Idee, der er genügen muss, wer einen Auftrag für das Ganze erkennt, dozierte mein Pater, der findet auch Erfüllung" (IN: PETER SEEWALD, DIE SCHULE DER MÖNCHE).

Wo liegt also jene Kraft, die uns innewohnt? Wo liegt unser einmaliges Talent – jene Fähigkeit, die wir entwickeln sollen, damit sie schließlich dem Ganzen zugute kommen kann? Dort wo unser Traum liegt von uns selbst vermutlich. – Lauschen wir unserem inneren Ruf. Flehen wir um ein Gesicht. Wie auch immer die Antwort im Einzelfall ausfällt, sie hat bei allen Menschen etwas gemeinsam: Diesem Traum von uns gehört unser Herz. Dort, wo wir den Ruf unserer Seele vernehmen, liegt unsere tiefste Liebe. Und deshalb liegt dort auch unser größtes Potential. Die Liebe verwandelt uns in das Allerbeste, was wir werden können. Sie trägt uns an unser Ziel: Nichts ist größer als sie, nichts mächtiger, nichts stärker. Von ihrer Kraft handelt das nächste Kapitel.

Die Liebe führt uns zu unseren höchsten Fähigkeiten

„Über alles zieht an die Liebe,
die da ist das Band der Vollkommenheit."
(Die Bibel, Kol 3,14)

„Was Gottes Namen angeht,
so ist dieser gleichgültig;
ist doch die Liebe
der eigentliche Gott der ganzen Welt."
Spruch der Apachen
(in: Sophy Burnham, Der Weg des Gebets)

Wie sie immer aussehen mag unsere Berufung, wo es immer liegen mag, unser Ziel; wichtig ist eins: unsere Liebe zu ihm. Die Liebe führt uns zu unseren höchsten Möglichkeiten. Sie ist es, die uns lebendig macht. Sie macht das Allerbeste aus uns, was wir werden können. Die Liebe steht über allem. „Liebe! – Und mach', was du willst", empfahl der heilige Augustinus. Das ist ein großartiger Satz. Ein gefährlicher Satz. Weil die Worte vom alten Kirchenvater stammen, dürfen wir mutmaßen, dass es sich nicht um die nachhaltige Aufforderung handelt, uns mit dem jeweils anderen Geschlecht sexuell zu vereinigen, sondern um etwas gänzlich anderes. Welche Art von Liebe meint Augustinus? Kam der Kirchenheilige aus Nordafrika zu demselben Schluss wie die Apachen in Amerika, die erklärten, die Liebe sei der eigentliche Gott der ganzen Welt?

Es gibt sie in vielfältigsten Formen: die Liebe. Wir finden sie in der Liebe des Mannes zu seiner Frau, in der Liebe der Mutter zu ihrem Kind, in der Liebe des Gärtners zu seinen Pflanzen, des Sportlers zu seinem Sport, des Komponisten zur Musik, des Heiligen zu Gott – die Liebe ist ein universelles Phänomen. Und sie ist etwas ganz anderes als sexuelle Anziehungskraft, denn wäre sie an diese gebunden, so wäre weder die Liebe einer Mutter zu ihrem Kind denkbar, noch die Liebe eines Blumenzüchters zu seinen Orchideen. Zur Liebe kann eine sexuelle Komponente hinzu kommen, ähnlich wie zum Sex vielleicht in manchen Fällen die Liebe hinzu kommt – aber dabei haben wir es mit einer Sonderform der Liebe zu tun, die man die erotisch aufgeladene Liebe nennen könnte. Um diese Art von Liebe wird heute so viel Aufhebens gemacht, dass wir immer sofort an sie denken, wenn von der Liebe die Rede ist. Wir betrachten dabei Liebe und Sexualität als eine unauflösbare Einheit. Aber das sind sie nicht. Liebe und Sexualität können unabhängig voneinander existieren. Es sind zwei verschiedene Phänomene. Es existiert die Sexualität, die ohne Liebe auskommen kann, wie sämtliche Pornofilme belegen – und es existiert die Liebe an sich, die fern jeder sexuellen Regung bleibt, ja die durch eine sexuelle Regung gar zerstört würde, wenn wir an die Liebe einer Mutter oder eines Vaters zu seinem Kind denken.

Um herauszufinden, was nun die Art von Liebe ist, die Augustinus gemeint haben könnte, müssen wir die griechische Philosophie zu Rate ziehen. Sie unterscheidet drei Arten von Liebe: Eros, Philia und die Agape.

Eros oder die erotische Liebe basiert auf der Attraktivität ihres Gegenstandes. Diese Liebe meint einen inneren Drang des Liebenden, ein Entflammtsein für etwas. Dabei kann es sich um das Entflammtsein eines Mannes für eine Frau handeln, also um die Verliebtheit im alltäglichen Sinne. Aber Eros meint auch das Entflammtsein des Menschen für ein Ziel: zum Beispiel seinen inneren Drang, zur geistigen Erkenntnis aufzusteigen. Oder beispielsweise den inneren Wunsch eines Jungen, später einmal so zu werden wie sein bewundertes Vorbild. Erliegen wir der Faszination eines Gegenstandes, einer Person oder einer Tätigkeit und diese löst in uns ein inneres Streben aus zu diesem Gegenstand, dieser Person, dieser Tätigkeit hin, dann haben wir es mit einer Form der erotischen Liebe zu tun. Sie ist gekennzeichnet durch unsere Begeisterung für jemanden oder etwas. Wenn wir uns ein Ziel wählen im Leben, ist gewöhnlich Eros mit im Spiel. Eros ist unsere Faszination für unser Ziel, unsere Begeisterung, unser lebendiges Interesse für unsere Aufgabe. Auf diese Weise befeuert uns Eros, der kleine Gott der Liebe mit dem Pfeil im Köcher. Er lässt uns nach etwas streben mit der Hitze unseres Blutes. Er haucht uns Lebendigkeit ein. Er bringt eine innere Saite in uns zum klingen. Kurz: Er gewährt uns die Hochgefühle der erotischen Liebe.

Die zweite Art der Liebe ist die Philia – jene Liebe, die auf Gegenseitigkeit beruht und an Bedingungen geknüpft ist. Wir finden diese eher an ein gegenseitiges Geschäft erinnernde Form der Liebe häufig im Alltag zwischen Eltern und Kindern oder auch zwischen Ehepartnern. Die Formel, auf der sie basiert, lautet: Solange du so bist und dich so verhältst, wie ich mir das vorstelle oder wie mir das passt, liebe ich dich. Und solltest du anderes im Sinne haben und Dinge tun, die mir nicht gefallen, dann entziehe ich dir meine Liebe. Philia ist eine Form der

Liebe, die uns manipuliert: Verhalten wir uns nicht so, wie der andere das von uns erwartet, droht er uns mit dem Entzug seiner Liebe. So geraten wir in einen Konflikt. Auf der einen Seite steht unser Wunsch nach der freien Entfaltung unserer Persönlichkeit und auf der anderen kann genau dieser Wunsch sehr leicht kollidieren mit den Anforderungen, die der andere an uns stellt. Sind wir nun von seiner Liebe abhängig oder auf sie angewiesen – wie beispielsweise Kinder auf die Liebe ihrer Eltern – so geraten wir sehr leicht in Versuchung unsere Individualität und deren Entwicklung zurückzustellen zugunsten der Erwartungen des anderen. Wir beginnen uns selbst zu verleugnen und werden so zum Opfer von Manipulation (SIEHE KAPITEL 12: SEID VOLLKOMMEN UNBRAUCHBAR).

Die dritte Art der Liebe ist die Agape. Sie ist nicht sexuell motiviert. Sie handelt nicht aus Faszination für etwas. Sie ist an keine Bedingungen geknüpft. Die Agape ist un-bedingt. Sie ist wie die Liebe mancher Mutter zu ihrem Kind. Das Kind darf sich ihrer Liebe sicher sein, sie ist immer da, sie wird immer da sein – auch wenn sich das Kind entgegen ihrer Erwartungen verhält, wird sie dies akzeptieren als eine Notwendigkeit, die der Wachstumsprozess zu einer autonomen Persönlichkeit mit sich bringt. Scott M. Peck berichtet zum Beispiel wie er mit 13 Jahren ins Internat kam an die Phillips Exeter Academy, die einen ausgezeichneten Ruf genoss. Dennoch war er dort vom ersten Tag an entsetzlich unglücklich. Drei Jahre dauerte es, bis der Junge verzweifelt genug war. In den Ferien erklärte er seinen Eltern, er werde um keinen Preis mehr an diese Schule zurückkehren. Sein Vater hielt ihm vor, das sei die beste Ausbildung, die man für Geld kaufen könne, er müsse verrückt sein, sie wegzuwerfen. Sein Vater hielt ihm obendrein das Beispiel des älteren Bruders vor: Der habe sich auch in Exeter angepasst. Nachdem alle Gardinenpredigten nichts fruchteten, schickten die Eltern den Schulverweigerer Scott M. Peck schließlich zum Psychiater. Der diagnostizierte eine Depression und riet zu einem Klinikaufenthalt von einem Monat. Dem 16-jährigen Scott gab er genau einen Tag Bedenkzeit, ob er das wollte oder nicht. Es sei ein Tag der Angst gewesen, ein Tag voller Sorgen und Verzweiflung, sogar an Selbstmord habe er damals gedacht, berichtet Scott M. Peck. Aber am nächsten Morgen ging er zu dem Psychiater und erklärte ihm: Er sei zwar bereit, einen Monat in die Klinik zu gehen, aber nach Exeter würde er nie mehr zurückkehren. Der Junge hatte unwiderruflich eine Entscheidung getroffen gegen den Druck von außen und gegen den erklärten Willen seiner Eltern. „Selbst wenn es bedeutete, verrückt zu sein und den Anschluss an alles zu verlieren, was heilig zu sein schien, ich hatte beschlossen, ich selbst zu sein. Ich hatte den Sprung ins Unbekannte getan. Ich hatte mein

Schicksal in meine eigenen Hände genommen", schreibt Scott M. Peck. Ja, mit dem Abgang von der Schule habe er gleichzeitig ein ganzes Lebensmuster und die Werte, nach denen er erzogen wurde, verlassen.

So verweigert sich Scott M. Peck allen Erfolgsmaßstäben, die ihm die Welt vorgibt. Er wagt seinen eigenen Weg. Und nun kommt die Agape ins Spiel, die Liebe zu dem anderen, die eben nicht davon abhängt, dass dieser die an ihn herangetragenen Erwartungen erfüllt. Diese Art der Liebe durch die Eltern habe ihm letztendlich den Schritt in die Selbstständigkeit erst ermöglicht, indem sie ihm den Mut gab, seine Einzigartigkeit zu leben und sich damit gegen den Willen seiner Eltern zu stellen, sagt Scott M. Peck. „Indem ich es wagte, anders zu sein, selbst wenn es bedeutete, verrückt zu sein, reagierte ich auf frühere, liebevolle Botschaften meiner Eltern, auf Hunderte solcher Botschaften, die lauteten: ‚Du bist ein schönes Individuum, und wirst geliebt. Es ist gut, dass du du selbst bist. Wir werden dich lieben, ganz gleich, was du tust, solange du du selbst bleibst'" (VGL: SCOTT M. PECK, DER WUNDERBARE WEG). Von solcher Art ist die Agape. Sie ist eine weise, überschauende, geistige Liebe, die – ohne dabei schwach zu sein – von sich selbst absieht, sich tief in den anderen hineinfühlen kann und sein Wohl im Auge hat. Sie glaubt an den anderen. Sie hofft für ihn. Sie liebt ihn. Glaube, Hoffnung, Liebe – das sind die drei theologischen Tugenden: „Die größte aber von diesen ist die Liebe", schreibt der Apostel Paulus im ersten Brief an die Korinther (PAULUS, 1. KORINTHER, 13,13).

Wie Augustinus so spricht auch Paulus nicht von der erotischen Liebe, nicht von jener auf Gegenseitigkeit beruhenden Beziehung namens Philia, sondern seine Worte zielen auf die Agape, die höchste Form der Liebe. Das griechische Wort „Agape" ist abgeleitet von dem Verb „agapan", das unter anderem bedeutet: „jemanden mit Achtung behandeln, ihn bevorzugen". Genau das tun wir, wenn wir jemanden oder etwas lieben: Wir behandeln ihn oder es mit Achtung. Wir nehmen uns Zeit und wenden uns jener Person oder Sache zu mit konzentrierter Aufmerksamkeit. Diese Aufmerksamkeit, diese Wachheit für den oder das andere, ist die anstrengende Arbeit der Liebe. Und die Liebe selbst könnte man als unseren Versuch bezeichnen, den Dingen durch unsere Aufmerksamkeit wirklich nahe zu kommen, uns mit ihnen zu verbinden und sie in ihrem eigenen Sein zu erfassen. Darin liegt eine Ursehnsucht des Menschen: Er will aus seiner eigenen Welt heraus. Er will hinüber gehen zu dem anderen und in wirklichen lebendigen Kontakt mit ihm und mit den Gegenständen der Welt treten. – Die Liebe ist so ein Bedürfnis nach Selbsterweiterung und Verschmelzung, sie ist ein Bedürfnis nach Nähe und nach Wachstum über sich selbst hinaus. Die Liebe will unsere Grenzen sprengen. Sie entspricht damit genau dem, was wir als Ziel der menschlichen Entwicklung definiert haben.

Gewöhnlich ist unsere Liebe zunächst erotisch motiviert, weil unsere Zuneigung sich in der Regel daran entzündet, dass wir jemanden oder etwas attraktiv und faszinierend finden. Aber diese erotische gefühlsmäßige verführerische Komponente, die uns am Anfang die Liebe schmackhaft zu machen pflegt, wird vergehen. Unser eigenes Hochgefühl, unsere Begeisterung, allzu schnell werden sie uns verlassen. Und wenn dann die Liebe bleiben soll, so muss sie sich verwandeln in etwas Tieferes, Beständigeres, Mächtigeres.

Jeder, der einmal verliebt war, jeder, der einmal fasziniert war von einem Sport oder einer Tätigkeit, weiß, dass sich der Kick verflüchtigt. Die Emotionen versiegen früher oder später. Und dann – wenn unsere Liebe uns nicht mehr leicht fällt, weil sie nicht mehr getragen wird von unserer inneren Euphorie für das Objekt unserer Wahl – dann ist das Ende der Liebe zu unserem Partner oder zu unserem Sport oder zu unserem im Leben gewählten Ziel nahe, falls uns nicht ein sehr schwieriger, auf den ersten Blick tief mysteriöser Schritt gelingt. Wir müssen unsere gefühlsbasierte, noch oberflächliche erotische Liebe umwandeln in die Agape. Das ist ein schwieriger Prozess, weil die Agape im Grunde das Gegenteil dieser erotischen schwärmerischen Liebe ist. Die Agape verlangt, dass wir uns verabschieden von unserer Engherzigkeit, indem wir wirklich von uns selbst und unserer Gier nach Befriedigung absehen. Die Agape erst ist wirkliches Hingehen zum Anderen. Sie erst ist die Liebe im eigentlichen tiefsten Sinn. Die Agape ist Geben – statt nehmen. Aber sie ist auch Empfangen: Was wir geben, es kommt zurück – irgendwann, ohne dass wir es fordern oder erwarten.

Die erotische Liebe liebt ihren Gegenstand, weil sich die eigenen Gefühle daran entzünden. Wir lieben unseren Sport, weil wir den Kick dabei empfinden. Wir lieben also, weil wir im Gegenzug etwas erhalten wollen für unsere eigene Gefühlswelt – das entspricht jenem geschäftsmäßigen Aspekt der Liebe namens Philia. Und wenn der geliebte Gegenstand – oder Mensch – diese Gefühle nicht mehr in uns wachzurufen vermag, wenn wir also nichts mehr erhalten durch ihn, was unseren Eigennutz befriedigt, dann erlischt in der Regel auch unsere Liebe für ihn.

Wir sehen unschwer: Diese Form der Liebe ist sprunghaft. Sie sucht ihren gefühlsmäßigen Nutzen. Springt keiner mehr heraus, dann ist es mit der Liebe vorbei. Im Prinzip ist diese Form der Liebe immer an ein egoistisches Motiv gekoppelt – und damit ist sie gar keine Liebe: Denn sie strebt nicht wirklich hin zum anderen, sie strebt nicht nach der Erweiterung des eigenen Bewusstseinshorizontes, sondern sie strebt nach Selbstbefriedigung. Sie ist lediglich eine gut getarnte Form der subjektiven Bereicherung am anderen. Sie liebt ihn nicht um seiner selbst willen, sondern sie liebt ihn, damit er ihr schöne Gefühle verursachen soll. Eine solche Liebe bleibt ganz in den alten engen Grenzen der egoistischen Persönlichkeit und ermöglicht ihr keinerlei Wachstum über diese Grenzen hinweg. Sie bleibt eingekapselt. Sie gelangt nicht wirklich hinüber zum anderen. Sie wächst nicht in ihrer Erkenntnis. Deshalb führt die erotische Liebe in die Stagnation und erlischt früher oder später, egal ob sie einem Menschen gilt oder einem Gegenstand. Sie scheitert an jener unsichtbaren Grenze, an der schon unser Liebhaber fernöstlicher Disziplinen aus dem vierten Kapitel gescheitert ist. Wir erinnern uns: Riesigen Enthusiasmus brachte er mit für den Yoga – aber nach einem oder zwei Semestern war es vorbei mit seiner Liebe zu dieser Disziplin. „Der Yoga gibt mir nichts mehr," verkündete er wie ein enttäuschter Liebhaber und kündigte seinen umgehenden Wechsel zur buddhistischen Zenmeditation an, von dem er sich nun wirklich Tiefgreifenderes erhoffe. Aber nach drei Monaten schon gelangte unser Liebhaber fernöstlicher Disziplinen zu der Erkenntnis, der Buddhismus sei auch nur ein ziemlich ödes Herumgehocke: Solch fruchtlose Selbstkasteiung habe ihm nichts weiter zu geben. Also eilte er weiter zum nächsten Kursangebot über den Sufismus.

Unser sprunghafter Liebhaber fernöstlicher Disziplinen wird immer scheitern – egal wo er sich hinwenden mag, weil er es nicht versteht, seine anfängliche erotische Begeisterung umzuwandeln in die Agape. Er findet nicht den Weg der wirklichen Liebe. Das liegt an seiner grundsätzlichen Geisteshaltung. Er erwartet und er verlangt im Inneren, der Buddhismus oder der Yoga hätten ihm etwas zu geben. Sie hätten ihm ihre Weisheit zu offenbaren, damit sein eigenes Leben reicher werde oder zufriedener. Diese in der Regel mit einer großen Anfangsbegeisterung gekoppelte Anspruchshaltung ist häufig zu finden. Es ist die Haltung eines Konsumenten, der sagt: „Ich gebe etwas und jetzt oder zumindest in sehr kurzer Zeit will ich etwas dafür bekommen." Eine solche Haltung stößt schnell an ihre Grenzen: Zwar wird der Buddhismus zunächst sicher so freundlich sein, uns fürs Erste eine schöne neu gewonnene Ruhe zu schenken und ein paar hübsche Einsichten dazu. Und genauso freundlich ist auch eine neue Sportart, die uns ein paar schnelle Anfangserfolge gönnt und verbunden damit ein paar gute Gefühle schenkt. Aber diese allen Anfängern auf nahezu allen Gebieten zuteil werdenden schnellen Anfangserfolge und inneren Belohnungen erschöpfen sich schnell. Danach gelangen wir stets an den Punkt, wo wir nichts mehr erhalten – gar nichts mehr. Wo wir nicht mehr mühelos weiter vordringen in die Geheimnisse des Buddhismus. Wo wir stagnieren in unserem Sport und statt guter Gefühle nur Qual ernten oder Langeweile. Oder wo plötzlich das Getragensein der Verliebtheit wie weggeblasen ist, und wir uns schmerzhaft mit jenem realen, vielleicht gerade ziemlich schlecht gelaunten Menschen auseinandersetzen müssen, mit dem wir gestern noch händchenhaltend Wolke sieben teilten.

Das ist dann der Punkt, an dem wir nicht mehr weiterkommen. Wenigstens so lange nicht, wie es uns nicht gelingt, unsere eigenen Ansprüche und Erwartungen zurück zu lassen und wirkliche Liebe zu entwickeln, die ja immer zuerst ein Geben ist, ein Hergeben. Wenn wir tiefer vordringen wollen, müssen wir uns von dem Anspruch lösen, der Buddhismus, oder unser Sport, oder die Partnerin von der gestrigen Wolke sieben müssten uns etwas geben, sie hätten uns irgendeinen Nutzen, ein Wohlgefühl oder irgendwelche Erkenntnisse zu bescheren. Über diese Erwartungshaltung gilt es hinwegzuschreiten, wir müssen sie transzendieren. Denn der Weg der Liebe führt in die entgegengesetzte Richtung. Nicht wir nehmen den Buddhismus für uns, sondern umgekehrt: Wir müssen uns dem Buddhismus geben – und einfach alle egoistischen Erwartungen beiseite lassen. Dann erst beschäftigen wir uns mit dem Buddhismus, wenn wir es um seiner selbst willen tun. In dem Moment gehen wir wirklich hinüber zum Buddhismus, in diesem Moment nehmen wir Kontakt auf mit ihm, wir beginnen in genau diesem Moment den Buddhismus zu lieben – statt uns selber. Und in diesem Moment der vollkommenen Aufmerksamkeit, die nichts für sich persönlich fordert, beginnen wir seine Schönheit, seinen Geist, seine Weisheit erstmals zu spüren und dringen in eine noch nie gesehene Tiefe vor, weil er sie uns mitteilt.

Das ist der Weg der Liebe. Sie gibt zuerst. Und indem sie gibt, wird sie fähig, ihre eigenen Grenzen wirklich zu sprengen und zum Anderen vorzudringen. Durch diesen Akt des Gebens, der ja zunächst ein Opfer des Ego ist, erfüllt sie sich ihre eigene Sehnsucht nach Verschmelzung und Erweiterung ihrer begrenzten Persönlichkeit. In dieser Erweiterung und der mit ihr verbundenen tieferen Erkenntnis kommt das ursprüngliche Opfer, das die Liebe bringt, als Bereicherung wieder zu uns zurück.

Diesen Prozess müssen wir etwas genauer erläutern, damit er verständlich wird. Die Arbeit der Liebe ist es zunächst, sich einer Sache oder einem Menschen mit ganzer Aufmerksamkeit zuzuwenden. Das heißt, sich auf ihn oder sie zu konzentrieren. Wenn wir uns dem anderen auf diese Weise zuwenden, dann nehmen wir ihn vollkommen in unser Bewusstsein herein, um ihm in seinem wahren Wesen möglichst nahe zu kommen. Darin liegt das Ziel der Liebe, das wir definiert haben: Wir wollen zum anderen und seiner Wirklichkeit hinübergelangen.

Beispielsweise können wir das versuchen, indem wir ihm mit ungeteilter Aufmerksamkeit zuhören. Dabei werden wir feststellen, dass alle unsere eigenen Bewegungen – wie beispielsweise unsere eigene Ungeduld wegen der umständlichen Formulierungen des anderen oder unsere aufsteigende Wut über seine in unseren Augen verquere Weltsicht – diesen liebenden Akt der Aufmerksamkeit stören. Es gelingt uns nur, den anderen mit unserem Bewusstsein wirklich zu erfassen und ihn dort festzuhalten, wenn wir dabei über die Aufwallungen des eigenen Wesens hinweg schreiten und sie als etwas Nebensächliches betrachten. Dazu benötigen wir jene vollkommene Konzentration, die wir als die Abwesenheit alles Störenden und das völlige Verweilen bei der Aufgabe definiert haben. Und was ist das Störende in diesem Fall der liebenden Hinwendung? Die Antwort lautet: Wir selbst sind es. Unsere inneren Impulse lenken uns ab. Diese Eigenregungen, die unser Gemüt bewegen, es zur sympathischen Zustimmung gegenüber dem anderen veranlassen oder es in Wut über ihn geraten lassen, diese Eigenregungen, die wir als direkte und spontane Äußerungen unseres eigenen Wesens wahrnehmen, machen folgendes: Sie ziehen uns von der Wirklichkeit des anderen weg. Sie stören unsere Wahrnehmung des anderen und führen uns immer wieder hinein in unsere eigene subjektive Vorstellungswelt. Folgen wir unserer Ungeduld über die umständlichen und weitschweifigen Formulierungen des anderen, dann sind wir sofort genervt. Wir beginnen uns über den anderen zu ärgern, weil er uns unsere Zeit stiehlt. Wir fangen an, ihn unsympathisch zu finden. Wir werden ihn als Nervensäge oder als Trottel einstufen. Mit einer solchen aus unseren Gemütskräften hervorwachsenden Anschauungsweise können wir demnach weder einen anderen Menschen, noch irgendeinen anderen Gegenstand in seinem eigenen Wesen erfassen. Wir sehen nur unser eigenes Bild von ihm – unsere Projektion, unser Vorurteil.

„Wahrnehmungen sind auch Ausdruck unserer persönlichen Schwierigkeiten und Probleme, sie können beeinflusst sein von Gier und Unwissenheit, von Ärger, falschen Ansichten und Vorurteilen“, schreibt der Zenmeister Thich Nhat Hanh und fährt fort: „Deine Vorstellung oder Wahrnehmung von der Wirklichkeit entspricht nicht der Wirklichkeit. Bleibst du in deinen Wahrnehmungen und Vorstellungen verfangen, so kommt dir die Wirklichkeit abhanden“ (IN: THICH NHAT HANH, DAS HERZ VON BUDDHAS LEHRE).

Sitzt uns da also tatsächlich ein Trottel gegenüber, eine bloße Nervensäge, die sich wichtig machen will durch die umständliche Weitschweifigkeit ihres Vortrages? Oder fehlt unserem Gegenüber die Grundintelligenz für eine geraffte Darstellung, und seine weitschweifigen Ausführungen zeigen an, dass er sich innerhalb seiner geringen geistigen Möglichkeiten unheimlich viel Mühe gibt, uns etwas ganz genau zu schildern, damit wir es auch wirklich begreifen sollen? Dasselbe Faktum also – die Umständlichkeit der Formulierungen unseres Gegenübers – kann grundverschiedene Bedeutungen in sich tragen. Wir könnten es mit einem eitlen Menschen zu tun haben, der durch künstliche Umständlichkeit gerne sein eigenes Ego aufbläht, um anderen und besonders natürlich sich selbst seine eigene Bedeutung vor Augen zu führen. – In diesem Fall würden wir als Zuhörer missbraucht von einem Mann mit einem Minderwertigkeitskomplex.

Wir könnten es bei unserem weitschweifigen Gegenüber aber auch mit jemandem zu tun haben, der zwar nicht von hoher Intelligenz ist, uns aber dafür sehr, sehr gern mag und sich deshalb der ungeheuren intellektuellen Anstrengung unterzieht, uns alles ganz genau zu schildern bei seinem Vortrag. In diesem Fall würden wir unser Gegenüber sehr ungerecht und sehr lieblos behandeln, wenn wir es, verleitet durch unsere Ungeduld, als bloß lästige Nervensäge abqualifizierten. Wir sähen damit diesen Menschen nicht in seinen subjektiven menschlichen Motiven. Wir würden nicht erkennen, wie er wirklich ist. Wir würden nicht einmal bemerken, wie sehr er uns mag. Wir sähen ihn nur in jenem verfälschenden Licht, das unsere Psyche auf ihn wirft. Wir sähen nur jenes Trugbild, das wir selbst entworfen haben:

„Ich schaute und schaute, und was nahm ich wahr?
Was ich für dich, für dich hielt, war in Wirklichkeit ich und ich."

Solange wir also nicht wirklich schauen, sondern in unseren vom Gemüt eingefärbten Anschauungen hängen bleiben, haben wir wahrhaft den biblischen Balken vor Augen und können nicht hineinwachsen in die Erkenntnis der Wirklichkeit, sondern projizieren nur den Schatten unserer Psyche nach außen. Damit sind unserer Erkenntnis enge Grenzen gesetzt: Wir bleiben Gefangene innerhalb dieser Grenzen, statt uns darüber hinaus zu entwickeln. Damit verfehlen wir den Auftrag, den das Leben für uns bereit hält: Wir sollen uns entwickeln. Wir sollen unsere alten Grenzen sprengen. Wir sollen uns ein immer weiteres Bewusstsein schaffen. Und das geht nur, wenn wir uns eben nicht über den Splitter im Auge unseres Bruders aufregen, sondern den Balken vor unserem Auge wegnehmen, um in einen lebendigen Kontakt mit der Welt und unseren Mitmenschen zu gelangen.

Um nun dieser Wirklichkeit des anderen Menschen so nahe zu kommen, dass wir ihn in seinem wahren Wesen berühren können, ist es notwendig, unsere Betrachtungsweise zu ändern. Wir müssen üben, ihn wirklich wahr zu nehmen. Das heißt: Erstens müssen wir ihn anschauen mit vollkommener Wachheit und Aufmerksamkeit – und zweitens sind wir dazu nur in der Lage, wenn wir dabei die Impulse unseres eigenen Selbst ausklammern. Und zwar sämtliche: die Sympathie, die Antipathie, unsere Vorstellung vom anderen, unsere Meinung über ihn, unser Urteil. All das sind Projektionen unserer Innenwelt. Sie verstellen uns den Blick auf die Wirklichkeit des anderen. Das ist der Balken vor unserer Stirn.

Nehmen wir mal ein typisches Beispiel: Viele Ehemänner mussten ja schon eines schönen Tages feststellen, dass ihre Frau, der sie sich vollkommen sicher wähnten, sie Knall auf Fall verlassen hatte. Plötzlich sei sie weg gewesen. Wie der Blitz aus heiterem Himmel, schwört mancher Gemahl, habe ihn dieser Schicksalsschlag ereilt. Das ist natürlich Unfug: Auch wenn Frauen gelegentlich zur Sprunghaftigkeit tendieren sollen, so packen sie in der Regel dennoch nicht aufgrund irgendeiner mysteriösen und spontanen Eingebung ihre Koffer und verduften. Dem geht normalerweise ein längerer Prozess der inneren Auseinandersetzung und Qual voraus. – Nur die vom Auszug völlig überraschten Männer haben diesen Prozess nicht bemerkt. Sie haben die Veränderungen an ihrer Frau nicht wahrgenommen. Sie waren vielleicht jeden Tag zuhause, aber sie haben ihre Frau gar nicht gesehen. Da liegt das Problem. Solche Männer – und das sind wir alle – tragen eine Vorstellung von ihrer Frau im Kopf. Sie tragen ein Bild in sich, das heißt: „Meine Frau". Dieses Bild nehmen sie wahr. Sie verwechseln dieses tote gedankliche Muster in ihrem Gehirn, das die Bezeichnung „Frau" trägt, mit der Wirklichkeit. Aber dieses Gedankenmuster ist nur ein Gespenst. Es ist Gehirnkino – ein über die Jahre eingeprägtes Vorurteil, das wir mit uns herumschleppen. Es ist eine Vorstellung aus dem Totenreich, aber niemals wird es der Frau in ihrer lebendigen Existenz gerecht. Die wirkliche Frau hat sich verändert über Wochen, über Monate, vielleicht über Jahre – bis sie dann eines Tages weg war. Und hätte sie ihr Mann nur einmal oder zweimal in ihrem wirklichen Jetzt aufgesucht – statt bei ihrem Anblick nur das Gedankenmuster „Frau" in seinem Kopf zu aktivieren – so hätte ihn ihr Auszug sicher nicht überraschen können.

Wollen wir dem anderen in seiner Wirklichkeit begegnen – statt lediglich unseren eigenen Vorstellungs- und Gefühlswelten – so müssen wir genau diese Vorstellungs- und Gefühlswelten opfern. Auf unsere Wut über die weitschweifigen Formulierungen unseres Gegenübers gehen wir beispielsweise gar nicht ein. Unseren Hang, uns gleich ein Urteil über ihn zu bilden, ignorieren wir. Alle derartigen eigenen Impulse stellen wir als unerheblich zurück, zugunsten einer umfassenden Konzentration auf den anderen und einer direkten vorurteilslosen Anschauung, die nicht wertet und nicht urteilt, sondern den anderen einfach ganz wach und aufmerksam im Hier und Jetzt wahr nimmt, ohne ihn mit Begriffen zu etikettieren. Das ist die schwere Arbeit der Liebe. Sie wählt den Weg von sich selbst weg. Sie übt Enthaltsamkeit (Askese), indem sie sich des eigenen Selbst enthält. Sie nimmt die Impulse des eigenen Ego nicht wichtig, um aufmerksam sein zu können im Hier und Jetzt für die lebendige Wirklichkeit von etwas anderem oder jemandem anderen. Die Liebe wird ganz und gar zu einem wachen, urteils- und begriffslosen Schauen, Betrachten und Wahrnehmen. Sie erhebt uns zu vollkommener Präsenz für den anderen.

Scott M. Peck schreibt: „Wirkliches Zuhören, völlige Konzentration auf den anderen ist immer eine Manifestation von Liebe. Ein wesentlicher Bestandteil wirklichen Zuhörens ist die Disziplin des Ausklammerns, das zeitweilige Aufgeben oder Beiseitestellen der eigenen Vorurteile, Bezugsrahmen und Wünsche, damit man die Welt des Sprechers so weit wie möglich von innen her erleben kann, sozusagen in seine Haut schlüpft. Diese Vereinigung von Sprecher und Zuhörer ist tatsächlich eine Ausdehnung und Erweiterung unserer selbst und bringt immer neue Erkenntnisse. Da wahres Zuhören ein Ausklammern, ein Beiseitestellen des Selbst beinhaltet, bringt es vorübergehend auch ein totales Akzeptieren des anderen mit sich“ (IN: SCOTT M. PECK, DER WUNDERBARE WEG).

Je weiter wir auf diese Weise von uns selbst weggehen, desto näher gelangen wir zu dem anderen hin. Das ist ein Weg des Opfers, eine Art innerer Reinigung unseres Bewusstseins vom Schmutz des Ego. Wenn wir uns das Bewusstsein wie eine Glasscheibe vorstellen, dann verdrecken die Impulse des Ego unseren Blick durch diese Scheibe, und wir erkennen die Welt dahinter demzufolge nur schemenhaft: Wir setzen sie uns mit Hilfe unserer Begriffe, unserer Gefühle und unserer Urteile als eine Art Ahnung zusammen, wir machen sie zu einer ungefähren und virtuellen Konstruktion unseres Geistes, statt uns jenseits unserer Gefühlswelt zu begeben und jenseits unserer Welt der Begriffe, um sie genau, direkt und vorbehaltlos ansehen zu können – so wie kleine Kinder das beispielsweise tun. Nur wenn wir von den eigenen Impulsen unabhängig werden, kann unser Bewusstsein in jener weiten reinen und unberührten Klarheit schauen, die alles um es herum genau erfasst und scharf zeichnet – es leuchtet dann die Welt aus wie die Sonne an einem lichten und kalten Frühlingstag, und wir fangen an, den anderen wirklich zu sehen.

Nicht mehr unsere Vorstellung von ihm prägt unser Bild von seiner Seinswirklichkeit, sondern seine Individualität beginnt für uns sichtbar zu werden. Wir sind in seine tatsächliche Seinswirklichkeit vorgedrungen. Wir erlauschen ihn nun in seiner spezifischen Ausdrucksform und Lebendigkeit mit allen uns zur Verfügung stehenden Sinnen: mit den Ohren, den Augen, dem Herzen, mit all unserer Aufmerksamkeit und Konzentration. Und wir vermeiden es dabei, uns ein Urteil zu bilden. Wir üben nur dieses präzise Hinhören und warten geduldig, solange bis sich uns langsam die Konturen dieser anderen Seinswirklichkeit preisgeben.

Intuitiv und jenseits der Worte und subjektiven Vorstellungen, die wir uns bislang gemacht haben, fangen wir mit der Zeit an, den anderen von innen her zu verstehen. Wir beginnen zu ahnen, wie sich die Welt für ihn anfühlt. Wir nehmen sein wirkliches Wesen in uns auf. Das ist das Mysterium der Liebe. Sie macht uns fähig, über die illusionären Trugbilder unseres Ego hinauszugelangen und uns mit der Wirklichkeit des anderen – oder auch der Wirklichkeit des Seins schlechthin – zu verbinden. Damit erkennen wir diese Wirklichkeit in ihrer eigentlichen Beschaffenheit. Unser Bewusstsein hat sich zu ihr hin erweitert. Wir erhalten neue und nunmehr wahre Einsichten in die Beschaffenheit der Dinge. Und aus diesem neuen Wissen heraus entwickeln wir gleichzeitig neue und tiefere Fähigkeiten. – Das ist das große Werk der Liebe.

Nehmen wir beispielsweise einen guten Pädagogen und stellen uns die Frage, was ihn auszeichnet? Es ist seine Fähigkeit tief in die Geisteswelt des jeweiligen Kindes einzudringen. Um das Kind wirklich erziehen zu können, um ihm etwas beizubringen, muss der Pädagoge das Kind im Herzen ansprechen. Das gelingt ihm nur, wenn er lernt, die Welt durch die Augen dieses Kindes zu betrachten. Um die subjektive Seinswirklichkeit des Kindes nachzuvollziehen, muss er sich in hohem Maße die Fähigkeit antrainieren, gewissermaßen in die Haut des Kindes zu schlüpfen. Das erfordert jahrelange Übung, verbunden mit Phasen vollkommener und vorbehaltloser Konzentration auf das Kind. Irgendwann aber wird dem Pädagogen innerlich aufleuchten, wie das Kind tickt. Er wird es erkennen in seinem Wesen, weil er in seinem Bewusstsein versucht hat, zu jenem Kind zu werden, das er erziehen will. Auf diesem Weg hat er ein konkretes und sicheres Wissen über das Kind gesammelt, das nun nicht mehr auf theoretischen Annahmen und Spekulationen beruht, sondern auf der Erkenntnis der Wirklichkeit dieses einen Kindes. Aus dieser Erkenntnis heraus kann unser Pädagoge nun das Kind mit sicherer Hand erziehen. Er weiß, wie das Herz dieses Kindes schlägt. Er weiß, wie er das Kind im Sinne von dessen bestmöglicher Entwicklung zu behandeln hat. Er kann sich sicher sein: Es ist richtig für dieses Kind, was ich tue. Ein solcher Pädagoge hat wahre Könnerschaft entwickelt. Deren eigentliche Quelle aber war seine Liebe zu den Kindern. Sie hat ihm über Jahre die Kraft gegeben zu einer vorurteilslosen und intensiven Hinwendung. Durch die Liebe ist es ihm letztlich möglich geworden, sich selbst ganz beiseite zu nehmen und sein Bewusstsein in einem Prozess tiefer Konzentration mit dem des jeweiligen Kindes zu verschmelzen.

Eine solche Verschmelzung gelingt nicht nur bei Menschen, sondern auch bei Tätigkeiten, auf die wir unsere vollkommene Aufmerksamkeit richten. Genauso wie unser Pädagoge zu dem Kind werden kann, das er erzieht, so wird – auch wenn sich das nun etwas eigenartig anhören mag – ein guter Läufer zum Laufen, indem er wie Edwin Moses alles andere aus seinem Bewusstsein eliminiert. Und ein guter Schwimmer wird eben zum Schwimmen. Sein Bewusstsein bleibt nicht gefangen in Theorien oder Vorstellungen über das Schwimmen, sondern es verschmilzt durch vollkommene Aufmerksamkeit mit seiner Tätigkeit.

Betrachten wir den Schwimmer: Tag für Tag steigt er ins Becken, zieht Bahn um Bahn, jahrein und jahraus. Jeden Armzug übt er zig Millionen Mal. Und jedes Mal findet er eine Winzigkeit verbesserungswürdig. Jeder Armzug sagt ihm, dass er das Schwimmen noch immer nicht endgültig begriffen hat. Aber er will es begreifen. Er strebt danach es zu lernen. Weil er das Wasser liebt, die Anmut der Bewegung, die Eleganz des Dahingleitens – er liebt das Schwimmen um seiner selbst willen. Er gibt sich dem Schwimmen hin und erforscht mit all seiner Aufmerksamkeit den optimalen Armzug. Am Ende, nach langen Jahren des Übens und der ungeteilten Konzentration, wird er zu dieser Kraul-Bewegung. Er hat sie automatisiert, er hat sie vervollkommnet. Er selbst wird, wenn er ins Becken steigt, ganz und gar zu dieser harmonischen Bewegung, in der sein gesamtes Bewusstsein lebt. Das Bewusstsein des Schwimmers ist – so könnte man es vielleicht ausdrücken – vollkommen in diese Bewegung hineingekrochen. Es hat sie mit der Kraft seiner Hingabe, mit all seiner Aufmerksamkeit und Liebe vollkommen erfasst und ist auf diesem Wege mit ihr eins geworden. Die Liebe hat, indem sie die Verschmelzung seines Bewusstseins mit seinem Tun beförderte, den Schwimmer zu einem Meister seines Faches gemacht – genau wie den Pädagogen.

Dem Wesen nach ist das, was unser Schwimmer und unser Pädagoge betreiben, eine Konzentrationsübung, die die Menschheit seit mehreren tausend Jahren kennt. Im indischen Raja-Yoga, dem königlichen Weg des Yoga, wird die ununterbrochene und ausschließliche Ausrichtung der Aufmerksamkeit auf ein Objekt der Konzentration „Dharana“ genannt. Wer „Dharana“ immer wieder übt, der gelangt schließlich zu „Dhyana", der Verschmelzung mit dem Objekt seiner Aufmerksamkeit. Und daraus resultiert „Samadhi", das Überbewusstsein, in dem die Unterscheidung zwischen Subjekt und Objekt verschwindet, und das Bewusstsein des Individuums sich nicht mehr getrennt fühlt vom Rest der Welt oder vom anderen. Diese Einung des Bewusstseins mit dem Objekt seiner Aufmerksamkeit, dieses völlige Überschreiten der Ich-Grenzen, das man genauso Liebe nennen kann, zeitigt mehrere Ergebnisse.

Erstens: die Erkenntnis des Objektes der Aufmerksamkeit. Der Schwimmer versteht dadurch umfassend wie das Schwimmen wirklich funktioniert und gelangt deshalb zur höchstmöglichen Perfektion. Aus dem Prozess der Verschmelzung erwächst das Verständnis der Dinge. Und aus diesem Verstehen resultiert der Ausbau der eigenen Fähigkeiten bis zur wahren Könnerschaft. So hilft uns die Liebe ganz praktisch, das Allerbeste aus uns zu machen, was wir werden können. Wir erinnern uns an den berühmten Psychologen Abraham Maslow? Er hat uns gesagt, wir würden zweifelsohne unglücklich, wenn wir nicht im Leben das Allerbeste aus uns machen, was wir werden können. Dabei können wir auf die Liebe schwer verzichten.

Zweitens: Aus dem Verstehen und Erkennen der Dinge, so wie sie wirklich sind, erwächst uns ein sicherer Standpunkt. Wir sind nicht mehr auf theoretische Modelle oder ein bloßes Für-Wahr-Halten angewiesen, sondern wir haben nunmehr wie unser Pädagoge oder unser Schwimmer ein tiefes Wissen aus eigener Erfahrung und Anschauung. Dieses Wissen ist unbestreitbar, weil es unser eigenes, persönlich erfahrenes und zweifelsfrei aus der Wirklichkeit selbst geschöpftes Wissen ist. Damit haben wir einen eigenen archimedischen Punkt gefunden und sind nicht mehr weiterhin manipulierbar durch andere, die uns ihre Ideologien, Theorien, Spekulationen als Wahrheit verkaufen wollen. Das trägt zu unserer Selbstsicherheit bei und ermöglicht es uns, unsere ureigenen Urteile zu bilden und unsere ureigenen Entscheidungen zu treffen. Auf diese Weise werden wir mehr und mehr ein Original. Wir prägen unsere ureigenste Position aus zur Welt. Wir werden ganz wir selbst. Erinnern wir uns noch einmal an Thomas Merton? „Heil werden heißt, man selber werden", hat er gesagt. Die Liebe macht uns heil, indem sie uns scheinbar von uns selbst weg führt ganz hinüber zum anderen oder zu einer Tätigkeit, und am Ende landen wir durch genau diesen Prozess ganz bei uns selbst.

Drittens: Die Liebe sprengt die Grenzen unserer Vereinzelung. Sie erweitert nicht nur unsere Erkenntnisse und unser Bewusstsein, sondern sie trägt uns über unsere alten Illusionen, Vorurteile, Projektionen und Vorstellungen hinaus direkt in die Wirklichkeit des Seins. Unser Bewusstsein schraubt sich höher und höher, es wird weiter und weiter – die Liebe öffnet uns diese neue Dimension der Erkenntnis. Sie beginnt uns mit der Seinswirklichkeit aller Dinge um uns herum zu verschmelzen und erfüllt damit obendrein die innerste Sehnsucht unseres Herzens nach tiefem und innigem Kontakt mit dem Leben.

Viertens: Die Liebe zu einer Sache macht es uns leicht, uns dieser Sache wieder und wieder zuzuwenden, solange wie es erforderlich ist, um darin wahre Könnerschaft zu erwerben. Insofern hilft uns die Liebe, jene Disziplin zu üben, die unverzichtbar ist für den Erwerb großer Fähigkeiten. Sie hilft uns hinweg über unseren Hang zur Entropie und unterstützt uns in der Entwicklung jener Kerntugenden (Ausdauer, Disziplin, Selbstbeschränkung), die wir brauchen, um Ziele im Leben zu erreichen.

Und fünftens: Der beschriebene Prozess der Konzentration, der im Grunde nichts anderes ist als angewandte Liebe, führt uns ins Glück. Indem wir über die inneren Impulse unseres Ego und über seine Krisen hinausschreiten – wie es unser kleiner Turmspringer getan hat mit seiner Angst, wie es unser Marathonläufer getan hat, mit seinem Drang aufzugeben – indem wir diese Impulse unserer Natur durch ein immer waches Bewusstsein überwinden und sie opfern, gelangen wir in einen Zustand des Glücks. Wir kommen hinter die alte Grenze und machen dabei – wie unser Marathonläufer im Ziel – eine Erfahrung, die gekennzeichnet ist durch stille Seligkeit. Mihaly Csikszentmihalyi hat solchen Erfahrungen die Bezeichnung „Flow“ gegeben. Er bezeichnet sie als „optimale Erfahrung“.

„Flow“-Erfahrungen werden erleichtert durch eine starke, aber unseren Möglichkeiten angemessene Herausforderung, auf die wir unser Bewusstsein ausrichten. Sie erfordern eine hohe Konzentration und auch ein Gefühl von Kontrolle, so dass keine Angst, wir würden die Herausforderung nicht bestehen, unsere psychische Energie abzieht und unsere Konzentration zunichte macht. Sind diese Voraussetzungen erfüllt, so geraten wir leicht in den „Flow“, einen Zustand des Fließens, in dem wir voll präsent sind und gleichzeitig gar nicht anwesend: So wie ein Kind, das tief versunken spielt und sich selbst und die Zeit dabei vergisst. So wie ein Bergsteiger, der voll konzentriert einen Griff nach dem anderen setzt, und in dessen Bewusstsein nichts mehr existiert außer ihm und der Wand. So wie ein Bastler, der voller Liebe ein Motorrad restauriert, und darüber seinen Hunger und seinen Durst vergisst. So wie unser Pädagoge, der seine Kinder beobachtet. So wie unser Schwimmer, der seinen Armzug übt. Oder so wie ein voll konzentrierter Hürdenläufer namens Edwin Moses, wenn er Weltklasserennen gewinnt. Sie alle sind gleichermaßen vollkommen anwesend in ihrem aktuellen Tun und vollkommen abwesend, weil sie sich selbst dabei vergessen. Sie alle werden, was sie tun. Sie verschmelzen mit ihrer geliebten Tätigkeit und sind vollkommen hingegeben an das Objekt ihrer Aufmerksamkeit. Man könnte sagen: Sie werden zu reinem Bewusstsein – zu reiner und vollkommener Präsenz im Hier und Jetzt.

Csikszentmihalyi schreibt: „Wir haben in unseren Studien herausgefunden, dass jede „Flow“-Aktivität, ob dazu eine Wettbewerbssituation oder eine andere Dimension der Erfahrung gehört, etwas gemeinsam hatte: Es wird ein Gefühl der Entdeckung geschaffen, ein kreatives Gefühl, das das Individuum in eine andere Realität versetzt. Es treibt die Person zu höherer Leistung an und führt zu einem vorher ungeahnten Zustand des Bewusstseins. Kurz: Es verändert das Selbst und macht es komplexer. Dieses Wachstum des Selbst stellt den Schlüssel zu ‚Flow‘-Aktivitäten dar“ (VGL: FLOW, DAS GEHEIMNIS DES GLÜCKS, MIHALY CSIKSZENTMIHALYI).

Damit haben wir den Beleg dafür, dass unsere optimale Entwicklung dann eintritt, wenn wir so auf ein Ziel konzentriert sind, dass wir allen Druck der Welt und auch noch uns selbst vollkommen vergessen dabei. Wie bei den indischen Raja-Yogis wird in solchen Momenten der Versunkenheit, die Subjekt-Objekt-Unterscheidung aufgehoben. Wir wachsen dabei über uns selbst hinaus und treten gleichzeitig in eine neue, bislang nicht erfahrbare Dimension des Bewusstseins ein. Diese Dimension können wir nun „Flow“ nennen oder - wie die Yogis - das „Überbewusstsein“. Wir können sie auch das „Himmelreich“ nennen, denn in dieser Erfahrung sind wir vollkommen geborgen. Wir sind so sehr darin aufgehoben, dass wir uns selbst gar nicht mehr wahrnehmen. Wir sind gleichzeitig vollkommen glücklich und gar nicht da. „Sat-Chi-d'Ananda“ haben die Inder diesen Zustand getauft, was so viel heißt wie „Sein-Wissen-Glücksseligkeit“. Und die Buddhisten nennen es „Nirvana“. Als Christen würden wir sagen, der „Heilige Geist“ kommt auf uns nieder, und wir treten durch völlige Hingabe und Konzentration für ein paar Stunden, Minuten oder Sekunden ein in die zeitlose ewige Geborgenheit des Himmelreiches.

Wie auch immer wir es nennen wollen, es ist ein paradoxes Phänomen. Wir entwickeln uns bestmöglich, indem wir unser Ego vollkommen in liebender Aufmerksamkeit an etwas hingeben. Wir sind vollkommen glücklich und registrieren es gar nicht bewusst, solange wir so glücklich sind. Wir sind ganz außerhalb von uns selbst und doch ganz bei uns selbst. Wir sind gleichzeitig ganz und gar da und ganz und gar nicht da. Unser Ego zerfließt, es schmilzt: Es wird kleiner, als es jemals war, und gleichzeitig wachsen wir dabei zu nie gekannter Größe und ungeahnten Fähigkeiten. Dieser Prozess ist das tiefste Mysterium des Seins. In ihm liegt vermutlich auch die Antwort auf unsere Ausgangsfrage, was im Tod mit uns geschieht, wenn wir unser Ego vollkommen loslassen müssen. Der Tod ähnelt auffällig dem Weg der Liebe. Wir sterben durch sie in unseren kleinlichen Eigenimpulsen und gehen im selben Atemzug ganz und gar nach außen – hinüber in die lebendige Wirklichkeit des Lebens. Eben dadurch erstehen wir wieder auf als etwas Größeres, allem Sein tief Verbundenes. Wir sind dann nicht mehr getrennt, sondern wir erkennen uns als eins mit allem.

Der Dichter Khalil Gibran hat in seinem Buch „Der Prophet" diesen – manchmal auch sehr schmerzhaften – Prozess des Wachstums, der von uns selbst wegführt, über uns selbst hinaus und gleichzeitig doch wieder zu uns selbst als etwas Größerem, in wunderbaren Worten beschrieben. In seinem prophetischen Gesang über die Liebe heißt es:

„Denn so, wie die Liebe dich krönt, kreuzigt sie dich.
So wie sie dich wachsen lässt, beschneidet sie dich.
So wie sie emporsteigt zu deinen Höhen
und die zartesten Zweige liebkost, die in der Sonne zittern,
steigt sie hinab zu deinen Wurzeln
und erschüttert sie in ihrer Erdgebundenheit.
Wie Korngarben sammelt sie dich um sich.
Sie drischt dich, um dich nackt zu machen.
Sie siebt dich, um dich von deiner Spreu zu befreien.
Sie mahlt dich, bis du weiß bist.
Sie knetet dich, bis du geschmeidig bist;
Und dann weiht sie dich ihrem heiligen Feuer,
damit du heiliges Brot wirst für Gottes heiliges Mahl.
All dies wird die Liebe mit dir machen,
damit du die Geheimnisse deines Herzens kennen lernst
und in diesem Wissen ein Teil vom Herzen des Lebens wirst."

Der Manipulation entgehen: „Seid vollkommen unbrauchbar"

„Mein Onkel lächelte. ‚Weißt du, was ich glaube?
Ich glaube, du solltest damit den Anfang machen,
dass du über die einfachsten Dinge nachdenkst,
und dich von da aus weiter vorarbeiten.
Du könntest dich zum Beispiel irgendwo
an eine Straßenecke stellen und dir tagein, tagaus
die Leute ansehen, die da vorbeigehen.
Du bist nicht in Eile,
irgendwelche Entscheidungen zu treffen.
Es mag dich hart ankommen, aber manchmal
musst du einfach innehalten und dir Zeit nehmen.
Du sollst dich darin üben, die Dinge
mit deinen eigenen Augen zu betrachten,
bis sich etwas herausschält…'"
Haruki Murakami
(Haruki Murakami, Mister Aufziehvogel)

Selbst wenn wir das Ziel haben, ganz und gar zu jenem unverwechselbaren und eigenständigen Menschen zu werden, der wir unserem Wesen nach sind, so werden wir dabei immer auf hartnäckige Widerstände stoßen. Zwar sind wir als Menschen ein eigenständiges Ganzes, ein unabhängiges Individuum mit einer ureigenen Seele, aber immer sind wir gleichzeitig auch Teil eines größeren Ganzen, einer Familie, einer Sippe, eines Gesellschaftssystems mit seinen Werten und seiner spezifischen Sicht der Wirklichkeit. Als ein soziales Wesen stehen wir in Wechselwirkung mit unserer Umwelt. Einerseits werden wir durch sie beeinflusst und andererseits nehmen wir unsererseits Einfluss auf sie. Deswegen haben wir uns in unserem Bestreben nach der Entfaltung unserer Person nicht nur mit unserer eigenen Seelenwelt auseinander zu setzen, sondern darüber hinaus mit einer Außenwelt, deren Bestreben es ist, uns in ihrem Sinn zu formen. Insofern ist unser Streben nach Selbstverwirklichung nicht nur eine zutiefst persönliche Angelegenheit, die wir im stillen Kämmerlein unseres Herzens mit uns selbst ausfechten, sondern dieses Streben wird uns unweigerlich auch in Konflikte mit unserem Umfeld führen, das einen Anspruch auf uns und unser Wohlverhalten (in seinem Sinne) erhebt. So treffen wir stets und immer und an jeder Ecke in unserem Leben jemanden, der angeblich besser weiß als wir selbst, wie wir die Welt zu betrachten haben und was wir zu tun und zu lassen hätten. Wir stoßen stets auf Menschen, die auf unseren Geist und unsere Psyche einwirken mit dem Ziel, unser Handeln zu bestimmen. Dieser Vorgang nennt sich Manipulation.

In den seltensten Fällen zeigt sich unser Umfeld erfreut darüber, wenn wir plötzlich kraft unserer eigenen Erkenntnisse und Entschlüsse auch unsere eigenen Wege einschlagen wollen. Denn das bedeutet, dass unser Umfeld die Herrschaft über uns einbüßt. Wir sind nicht mehr steuerbar, wenn wir unser eigenes Bild von der Wirklichkeit haben und demzufolge auch unseren eigenen Weg wählen. Soviel Selbständigkeit ist selten erwünscht – jedenfalls nicht in diesen Zeiten, wo der Mensch an seiner wirtschaftlichen und politischen Verwertbarkeit gemessen wird. Die Anpassung an das definierte Wertesystem sowie die Erfüllung seiner Leistungsnormen werden zur obersten Bürgerpflicht erhoben – eigenständige Individuen, die sich dieser Erwartung entziehen, sind nicht erwünscht, weil schwer steuerbar. Sie sind schlicht unbequem. Allzu schnell werden sie zu Störfaktoren im Getriebe einer gleichgeschalteten Welt, deshalb ist und war man an den Hebeln der Macht meist nach Kräften darum bemüht, die Selbstwerdung des Menschen zu verhindern.

Heute sind wir als Konsumenten gefragt, als anspruchslose Lieferanten von Arbeitsleistung, als angepasste Untertanen, aber als Individuen, die auf ihr Menschenrecht pochen, ihr Leben gemäß ihrer ureigenen Maßstäbe zu gestalten, sind wir nicht besonders beliebt. Möglichst sollen wir Marionetten bleiben, die dirigiert werden an den durchsichtigen Fäden mächtiger Manipulatoren.

Unsere Kultur züchte förmlich Anpassungsleistungen, urteilt der renommierte Psychoanalytiker Arno Gruen (ARNO GRUEN, DER VERRAT AM SELBST). Und der mit dem Nobelpreis dekorierte Verhaltensforscher Konrad Lorenz schreibt: „Die Machthabenden Amerikas, Chinas und der Sowjetunion sind heute durchaus gleicher Meinung, dass unbegrenzte Konditionierbarkeit des Menschen in höchstem Grade wünschenswert sei." Dem kapitalistischen Großproduzenten wie dem sowjetischen Funktionär müsse gleicherweise daran gelegen sein, „die Menschen zu möglichst uniformen, ideal widerstandslosen Untertanen zu konditionieren" (IN: KONRAD LORENZ, DIE ACHT TODSÜNDEN DER ZIVILISIERTEN MENSCHHEIT). Auch wenn inzwischen das kommunistische Sowjetreich zusammengebrochen ist, dürfen wir doch aufgrund unserer Alltagserfahrung in der globalisierten Welt davon ausgehen, dass Lorenz Urteil weiterhin uneingeschränkte Gültigkeit besitzt.

Betrachten wir einmal die vorgegebene neoliberale Sicht auf das Leben im globalen Dorf namens Erde, so hat sie große Ähnlichkeit mit den Wettspielen, die in den Unterhaltungssendungen rund um den Globus veranstaltet werden, um das Publikum zu ergötzen – oder zu manipulieren? Verschiedene Mannschaften oder Parteien treten dort gegeneinander an, und ihre Mitglieder müssen in möglichst kurzer Zeit möglichst viele Punkte zu sammeln, indem sie diverse Aufgaben erledigen. Unterdessen verrinnt unerbittlich Zeit. Die Uhr läuft ab. Wenn wir das Leben von einer solchen Warte aus betrachten, dann wird es von zwei Faktoren bestimmt: Erstens von dem Gefühl, dass wir uns verausgaben müssen, weil uns die anderen immer im Nacken sitzen, und zweitens von dem Empfinden einer immerwährenden Zeitknappheit. Wir müssen den anderen unbedingt zuvorkommen, wir müssen schneller sein als sie, sonst können wir nichts gewinnen. Das Leben wird wie ein Selbstbedienungsladen, in dem sich alle möglichst rücksichtslos möglichst viel greifen müssen, weil immer kurz vor Torschluss ist, und was der eine bekommt, ist eben für den nächsten nicht mehr verfügbar. Wer zuerst kommt, mahlt zuerst. Und wer zuletzt kommt, den bestraft das Leben. Eine hektische Jagd macht sich breit, in die alle verwickelt werden.

Für die Mitglieder der Mannschaften in unserem Spiel des Lebens wird es vor diesem Hintergrund äußerst wichtig, möglichst perfekt zu funktionieren und sich dabei nach Kräften zu verausgaben, weil davon ihr persönlicher Erfolg abhängt und der Erfolg ihrer Mannschaft. Wer am perfektesten funktioniert und wer seine Kräfte dabei maximal einsetzt, sammelt viele Punkte und erntet Anerkennung. Also mühen sich alle ab, die Ersten zu sein. So wird das Leben – kraft der vorgegebenen Spielregeln – zu einem atemlosen Konkurrenzkampf umgestaltet, dem sich scheinbar niemand entziehen kann. Unser eigenes Handeln wird dadurch – anstatt einer selbstbestimmten Tat – eine bloße Reaktion auf die Vorgaben und das Tempo der anderen. Und unsere Reaktion wiederum, unsere Geschwindigkeit, erzeugt ihrerseits Konkurrenzdruck auf die anderen und treibt sie vorwärts zu noch höherer Leistung in noch kürzerer Zeit. Das ist der Teufelskreis, in dem wir uns gegenseitig zu Tode hetzen.

Niemand kommt dabei zur Besinnung auf sich selbst und kann kraft der Hoheit seines Geistes seine eigenen Maßstäbe setzen. Aber – und das ist das Problem – wo wir nur noch als Reaktion auf den jeweils anderen existieren, verlieren wir gleichzeitig die Herrschaft über unser Leben. Wir entwickeln keine eigene Seinsweise und setzen in unserem Leben keinen Sinn mehr gemäß unserer eigenen Seinsdefinitionen, sondern wir sind komplett fremdgesteuert. Damit werden wir zu einem bloßen Reflex auf die Verhältnisse. Wir fühlen uns – zu Recht – nur noch als getriebene Opfer der Umstände. Das geht dem kleinen Arbeiter am Fließband so und dem großen Manager, den seine Aktionäre und die Konkurrenz nicht zu Atem kommen lassen. Sie sind Rädchen im Getriebe, deren immerwährende Bewegung und stets steigende Geschwindigkeit von den anderen Rädchen vorgegeben wird. Damit büßen sie die Gestaltungsmacht über ihr Leben ein und verlieren dabei ihre Einzigartigkeit und ihre Würde.

Diese Inszenierung des Lebens als immerwährende Konkurrenz und der damit verbundene Verlust von Autonomie ist charakteristisch für die kapitalistischen Gesellschaften im Zeitalter der Globalisierung. Sie definieren den Menschen zunehmend als Hochleistungsmaschine, deren wichtigste Daseinsberechtigung in ihrer reibungslosen Funktion besteht. Sie soll möglichst viel Leistung bringen, möglichst wenig Betriebsmittel (Lohn) verbrauchen und sich nach Kräften rund um die Uhr verausgaben. Dass die Hochleistungsmaschine eines schönen Morgens erklärt, all das sei ihr zuwider, sie sehe darin keinen Sinn, sie erhebe den Anspruch nunmehr wie ein lebendiges Wesen behandelt zu werden, so etwas ist im System nicht vorgesehen. Ein solcher Funktionsausfall verstößt gegen die Norm. Er kommt einer Betriebsstörung gleich, die umgehend zu beseitigen ist.

Unser von Fabriken, Maschinen und Computern dominiertes Zeitalter mustert den Menschen mit dem Blick eines Ingenieurs. Jeder soll in gleicher Weise funktionieren wie alle anderen. Unsere wirtschaftsdominierte Epoche installiert mehr und mehr eine Norm, an der alle Menschen gemessen werden. Ein einmaliger Körper mit einem ganz individuellen Bio-Rhythmus wird dem Menschen so wenig zugebilligt wie eine einmalige Seele mit individuellen Bedürfnissen und einer ganz eigenen Entwicklungs- und Arbeitsgeschwindigkeit. Unsere Zeit neigt dazu, die äußeren Elemente, die ihre Welt prägen, in den Menschen hinein zu projizieren. Sie verlangt von ihm Qualitäten maschineller Art. Viele Wissenschaftler vertreten eine solche Ansicht vom Menschen als bloßer Maschine komplexer Bauart. Behaviorismus nennt sich diese mechanistische Lehre, die zum Ende des 20. Jahrhunderts in der Welt der Wissenschaft eine ungeheure Popularität gewonnen hat. Der Behaviorismus in seiner Reinform besagt, dass der Mensch als ein unbeschriebenes Blatt geboren werde und dass alles, was er denkt, fühlt, weiß und glaubt, Resultat seiner Konditionierung sei (vgl. Konrad Lorenz, Die acht Todsünden der Menschheit).

Gemäß dieser Definition wäre unser Leben gerade das Gegenteil jenes sich ständig weiter entwickelnden Bewusstseins, das wir als die eigentliche Aufgabe und das eigentliche Abenteuer unseres Seins definiert haben. Vor dem Hintergrund der modernen behavioristischen Sicht funktionieren wir lediglich nach einem eingegebenen Programm, das wir im Sinne der Interessen unserer Manipulatoren möglichst störungsfrei abzuspulen haben. Demnach wären wir tatsächlich vergleichbar mit einem besseren Handy, oder einem Computer, oder – sagen wir mal – mit einem Auto: Was man reinbaut in der Entwicklungsabteilung, kommt am Ende auch raus. Baut man Motor, Fahrwerk und Chassis eines Sportwagens rein, kommt ein Sportwagen raus. Baut man Lkw-Teile ein, kommt ein Lkw raus. Ein bestimmter Input erzeugt einen vorhersagbaren Output, ein bestimmter Reiz eine bestimmte Reaktion – das ist das mechanistische Grundprinzip der behavioristischen Lehre, die unsere Zeit geprägt hat. Es ist die passende wissenschaftliche Gebrauchsanweisung zur Menschen-Marionette. Damit erscheint der Mensch tatsächlich handhabbar. Man kann ihn sich so heran-(er)ziehen, wie man ihn gerne haben möchte – und daran arbeiten viele Kräfte in unserer Zeit sehr eifrig, gar nicht viel anders, als Aldous Huxley das einst in seinem schauerlichen Zukunftsroman „The brave new world" prophezeit hat. Mihaly Czikszentmihalyi stellt fest: „Praktisch jeder Trieb, der zum Teil der menschlichen Natur geworden ist, von der Sexualität bis zur Aggression, von der Sehnsucht nach Sicherheit bis zur Empfänglichkeit für Veränderung, wurde von Politikern, Kirchen, Firmen und Werbeagenturen als eine Basis für soziale Kontrolle ausgenutzt" (IN: MIHALY CSIKSZENTMIHALYI, FLOW).

Diesem Bestreben nach Kontrolle durch Konditionierung unserer Gedanken- und Gefühlswelt kommt es durchaus gelegen, das Leben als ein Spiel der Konkurrenz zu inszenieren, in dem nur jener gewinnen kann, der die größte Leistung bringt und damit am besten funktioniert. Ein solches Weltbild wurde einst dem Sowjetmenschen eingehämmert mittels der allgegenwärtigen Spruchbänder, die ihn mahnten, gefälligst ohne Ansehen der eigenen Person zum Sieg seiner sozialistischen Gesellschaftsordnung beizutragen. Ein solches Weltbild wird uns in kleinen, aber permanent verabreichten Dosen eingeträufelt durch die allgegenwärtigen Statements unserer Politiker und Wirtschaftsführer, die uns stets einreden, die anderen hätten einen Vorsprung, sie seien besser als wir, sie würden zudem weniger klagen und obendrein für viel billigeren Lohn arbeiten. Wir sollten deshalb endlich weniger jammern und mehr Leistung zeigen, damit es mit uns als Einzelnen sowie als Gesellschaft wieder bergauf gehen könne – statt bergab.

Mittels solcher Botschaften wird der Mensch systematisch manipuliert. Erstens wird ihm die Angst eingepflanzt vor dem persönlichen Abstieg und dem seines gesellschaftlichen Umfeldes.

Zweitens wird ihm eingeredet, diesen Abstieg selbst zu verschulden. Ihm wird – obwohl er bemerkenswerte Leistungen bringt – schlicht eingeredet, er sei prinzipiell unzureichend (zu faul, zu schlecht, zu teuer, zu wenig). So wird ihm systematisch sein Selbstvertrauen geraubt, damit er abhängig wird vom Urteil derjenigen, die ihm einreden, er sei zu schlecht. Eine bessere Methode, über einen Menschen zu herrschen, als ihm ständig zu suggerieren, er sei unzureichend, gibt es nicht.

Drittens wird dem heutigen Menschen diese konkurrierende Weltordnung als quasi gottgefügt vor Augen geführt. Er soll glauben, dass er ihr schicksalhaft ausgeliefert ist und sich ihren quasi natürlichen Gesetzen zu fügen hat. Damit er nicht zum Nachdenken kommt über die Bedingungen seiner Existenz wird ihm mit Verweis auf alle anderen, seine Konkurrenten, ein Zustand permanenter Zeitnot suggeriert. Sollte er etwa auf die Idee verfallen, sich erst einmal zurückzulehnen und in Ruhe darüber nachdenken zu wollen, was er eigentlich tut und wo er eigentlich hin will, so wäre das für ihn fatal, wird ihm erklärt, denn gerade diese Zeit würden die anderen, jene ohnehin Besseren, gnadenlos nutzen, um uneinholbar zu enteilen.

Durch den gezielten Großeinsatz solcher manipulativen Mätzchen werden wir getrieben in den Zeiten der Globalisierung. Und wehe dem, der widerspricht. Oder aussteigen will aus diesem Spiel ohne Ziel. Er muss mit schweren Sanktionen seiner Mannschaftskameraden rechnen, die dieses vorgegebene Spielmodell der Welt gar nicht als Manipulation erkennen, sondern es tatsächlich für die natürliche und gottgefügte Ordnung der Dinge halten. Dadurch fallen wir viertens auch noch der zusätzlichen Angst vor dem Urteil der anderen anheim. – Schüler beispielsweise machen diese Erfahrung, wenn sie gehänselt, verspottet, abgewertet werden von ihren Klassenkameraden, weil sie keine teuren Markenklamotten tragen. Dank gekonnter Manipulation gelten solche Klamotten bei der Masse der Teenager als der Marke gewordene Inbegriff von Freiheit, Individualität und Erfolg, obwohl sie in China oder Vietnam von de facto entrechteten Arbeitern unter unwürdigsten Bedingungen der Ausbeutung produziert werden. Aber das spielt in den Köpfen der meisten keine Rolle. Sie haben ungeprüft jene Weltanschauung übernommen, die ihnen von ihren Manipulatoren eingeimpft wurde, und stufen diese unter menschenunwürdigen Umständen produzierten Klamotten als „hip", „chic" und „in" ein (VGL: NAOMI KLEIN, NO LOGO!). Sollten wir es unter solchen Umständen wagen, anders sein zu wollen als die anderen, sollten wir aller Konkurrenz zum Trotz auf unser Recht einer eigenständigen und ungestörten Entwicklungs-, Arbeits- und Lebensgeschwindigkeit pochen, so werden wir – wie so viele Schüler in den Klassenzimmern der westlichen Welt – ganz schnell „die Hölle des modernen Menschen" entdecken. Der Philosoph Pascal Bruckner hat sie mit einem Satz beschrieben: „Ich bin den anderen gegenüber schuldig, allen anderen, denen ich Rechenschaft schulde" (IN: PASCAL BRUCKNER, ICH LEIDE ALSO BIN ICH).

Das ist der Punkt, an dem unser Streben nach Selbstverwirklichung unter Druck gerät. Die Überzeugung der Masse steht gegen die unsere. Damit wird es schwer, seine eigene Überzeugung gegen die der Masse aufrecht zu erhalten. Es ist, als ströme eine ungeheure Menschenmenge in einer Richtung durch eine viel zu enge Gasse, und wir als Einzige beschlössen nun, stehen zu bleiben, umzukehren und uns gegen diesen Strom in die andere Richtung durchzuschlagen. Sollen wir das riskieren? Dabei holen wir uns nicht nur ein paar blaue Flecken.

Vor diesem Schritt scheut jeder Mensch zurück. Wir wollen gerne in Ruhe gelassen werden. In uns herrscht eine Sehnsucht nach Frieden. Deshalb sind wir stets geneigt, uns anzupassen. Wir sind in der Regel bestrebt, Konflikten aus dem Weg zu gehen. Gleichzeitig aber ringt jede Menschenseele um Selbstwerdung – das ist ihre innerste Bestimmung und ihr tiefster Antrieb. Deswegen werden wir stets verstrickt in einen Kampf. Weichen wir durch Anpassung den Konflikten im Äußeren aus und schwimmen im Strom der Menge, so geraten wir leicht früher oder später in Konflikte mit uns selbst, weil unsere Seele uns mahnt, auf dem Weg unserer Selbstverwirklichung fortzuschreiten. Wir können ihn nicht ignorieren, diesen Ruf unserer Seele. Wir können – selbst wenn wir das immer wieder versuchen – nicht unser Glück im Konformismus finden und in der bloßen Nachahmung der anderen. Denn Nachahmung, Ralph Waldo Emerson sagt es kurz und präzise, ist tödlich. Auf diesem Wege finden wir niemals eine eigene Identität. Emerson schreibt: „Wer ein Mensch sein will, der muss Nonkonformist sein" (IN: RALPH WALDO EMERSON, ESSAYS). Kein Kampf „wurzelt so tief wie derjenige, der zwischen dem Individuum und allem tobt, was seiner Selbstverwirklichung im Wege steht" (IN: JOHN COWPER POWYS, DIE KUNST DES GLÜCKLICHSEINS). Wenn wir es nicht wagen, in der vollen Gasse umzukehren gegen die Laufrichtung der großen Masse, wenn wir nicht riskieren, diesen Kampf um unsere innere Unabhängigkeit zu führen gegen die Horde der Konformisten, dann verlagert er sich als Leiden in unser eigenes Inneres. Er wird zur Unzufriedenheit mit uns selbst, er äußert sich als Depression über unser ungelebtes Leben oder – wenn wir den eigenen Mangel nach außen projizieren – als Unterdrückung allen Lebens um uns herum.

Wir stehen also vor einer ausweglosen Situation: Wir müssen diesen Kampf annehmen, ob wir wollen oder nicht. Denn dieser Konflikt – zwischen dem Wunsch nach Anpassung auf der einen Seite und unserem Streben nach Selbstverwirklichung auf der anderen Seite, dieses Ringen zwischen Selbstverleugnung und Selbstwerdung – stellt die Lebensaufgabe und gleichermaßen das Drama des einzelnen Menschen dar. – Und es ist gleichzeitig die Aufgabe und die Tragödie der ganzen Menschheit. Unsere individuelle Freiheit muss wie unsere kollektive Freiheit immer erst erkämpft werden gegen starke innere und äußere Mächte, die uns auf den bequemen Weg des Konformismus führen wollen. Sie wollen uns dazu bringen, unser eigenes Ich zu verraten. Der Grundstein dafür wird gewöhnlich in der Kindheit gelegt.

Der Psychoanalytiker Arno Gruen hat in seinem Buch mit dem vielsagenden Titel „Der Verrat am Selbst" jenen Mechanismus der Manipulation beschrieben, der uns zur Übernahme fremder Weltanschauungen bringt und in die Anpassung treibt, während er gleichzeitig unsere Entwicklung zu einem eigenständigen Menschen mit einer eigenen Position im Leben blockiert. Gruen zeigt, welch ungeheuerliche Konsequenzen dieser Verrat am Selbst hat. Er schreibt: „Wir sehnen uns zwar alle nach Freiheit, sind aber gleichzeitig auf vielfältige Art an die Macht gebunden, von der wir Anerkennung und Lob verlangen. Das verurteilt uns zur ewigen Suche nach Bestätigung ausgerechnet bei denjenigen, die unsere wirklichen Bedürfnisse verneinen. Wir haben, wie schon erwähnt, in frühester Kindheit gelernt, den Forderungen jener Menschen nachzugeben, von deren ‚Liebe' wir abhängig waren. Ohne darüber nachdenken zu können, haben wir gelernt, Freisein mit Ungehorsam gleichzusetzen. So empfinden wir Freiheit mit Angst und Furcht. Der tiefere Grund von Prousts Beobachtung, wonach der Mensch das Bedürfnis hat, seine Leiden von denen gelindert zu wissen, die ihn zum Leiden gebracht haben, muss hier seine Wurzeln haben. Wenn in früher Kindheit Eltern die Lebendigkeit und Lebenslust ihrer Kinder als störend oder gar bedrohlich empfinden, werden diese bald von Unruhe und Angst erfüllt" (IN: ARNO GRUEN, DER VERRAT AM SELBST).

Das Kind, das in einem stark manipulativen oder sehr autoritären Umfeld aufwächst, macht in seiner Hilflosigkeit folgendes: Es erlebt die autonomen Impulse seines eigenen Selbst, aus denen sich seine freie Persönlichkeit heranbilden soll, als etwas Unerwünschtes, Verdammenswertes oder schlicht Ohnmächtiges. Autonomes Verhalten, das nicht mit dem Willen seiner Eltern oder der Erzieher übereinstimmt, gilt bei denen als Ungehorsam, der Missachtung oder gar Strafe nach sich zieht. Angepasstes Verhalten dagegen, also der Verrat seiner tiefsten eigenen Impulse, führt zur Akzeptanz. Das Kind erntet für den Verrat seiner selbst die Liebe und das Wohlwollen jener, von denen es vollkommen abhängig ist. Dadurch kommt es zu einem verheerenden Perspektivenwechsel in der Psyche des Kindes. Es hält sein eigenes Selbst für einen Feind. Es empfindet das Innerste seiner Seele als unwert und beginnt es abzuspalten. Das Kind lernt, sich selbst zu verleugnen und übernimmt den Willen seines Umfeldes. Es erhebt die Ideologie seiner Peiniger zu seinem eigenen Selbst. Es füllt sein Inneres mit einem fremden Willen und identifiziert sich mit ihm. Komplett übernimmt es eine andere Weltanschauung und setzt sie an die Stelle des eigenen Ich. Die ursprüngliche eigene Persönlichkeit und ihr eigener Wille wird auf diese Weise tief ins Unterbewusste verdrängt zugunsten einer Scheinpersönlichkeit, die aus der totalen Übernahme und der totalen Identifizierung mit einem fremden äußeren Muster besteht.

Auf diese Weise werden Konformisten geboren. Auf diese Weise werden sogar Monster erzeugt. Denn überall, wo diesem Kind später in seinem Erwachsenenleben die Freiheit gegenübertritt in Gestalt eines authentischen mit sich selbst verbundenen Menschen, dort wird es diese Freiheit im anderen hassen, weil es auf einer unbewussten Ebene durch den anderen daran erinnert wird, dass in genau dieser Freiheit seine eigene tiefste Bestimmung lag, die es verraten hat. Für diesen Verrat wird sich das Kind nunmehr hassen – auf einer unbewussten Ebene. Aber weil wir unseren Hass nicht gegen uns selbst richten können, hassen wir stellvertretend für uns selbst den anderen, jenen freien Menschen, durch den wir an unseren Verrat erinnert werden. Die Folge davon ist: Wir bekämpfen den anderen. Wir bekämpfen seine Lebendigkeit, seine Authentizität, seine persönliche Freiheit, um unser eigenes deformiertes Ich zu erheben in den Rang des allein Gültigen und Richtigen.

Arno Gruen belegt die Folgen dieses Verrats am eigenen Ich an einem eindrucksvollen Beispiel. Er zitiert Klaus Barbie, der als Gestapochef von Lyon einen der größten Helden des französischen Widerstandes, Jean Moulin, zu Tode folterte. Später erklärte Barbie in einem Interview: „Als ich Jean Moulin vernahm, fühlte ich, dass er ich selber war.“ Je mehr Barbie sein abgespaltenes Selbst in Moulin sah, desto mehr musste er ihn hassen und schließlich töten, folgert Arno Gruen. Jean Moulin wurden übrigens in wochenlangen Verhören beide Arme, beide Beine und die meisten Rippen gebrochen. Er gab dennoch nichts preis von seinem Wissen um die französische Resistance. In Frankreich sind viele Schulen und unzählige Straßen nach ihm benannt (VGL: ARNO GRUEN, DER VERRAT AM SELBST).

Das Beispiel von Klaus Barbie zeigt, bis zu welchem Grad an Entmenschlichung uns der Verrat am eigenen Selbst führen kann. Wer dieses Selbst in der Kindheit verraten hat oder aufgrund einer permanenten Manipulation nicht ausprägen konnte, dem fehlt das eigene unabhängige Ich. Weil er ein solches Ich nicht entwickelt hat, fehlt ihm seine ureigene Position gegenüber der Welt und ihm fehlt sein eigener Wert. Deshalb übernimmt er die Position und das Weltbild anderer und macht sie sich in einem extremen Maße zu eigen. Das fehlende Ich wird durch eine Ideologie ersetzt. Je straffer diese Ideologie die Welt in gut und böse, richtig und falsch einteilt, desto stärker fühlt sich nun das schwache Ich, weil es scheinbar das erhält, was ihm im tiefsten Inneren fehlt: eine klare eigene Position. Das ist das Geschenk, das die Ideologie einem schwachen Menschen macht. Sie schenkt ihm scheinbar eine eigene Position und damit schenkt sie ihm Sicherheit gegenüber der Welt. Das schwache Ich glaubt nunmehr zu wissen, was richtig und falsch ist, zumal es viele andere gibt, die seine Überzeugung teilen und sie im wechselseitigen Austausch verstärken. In einem ideologisch dominierten System empfindet sich das schwache Ich gerade durch seine überragende Fähigkeit des Selbstverrates und der Anpassung als stark. Seine größte und fundamentalste Schwäche wird zu seiner größten Fähigkeit. Es fühlt sich ganz und gar geborgen in einer kollektiven und scheinbar unerschütterlichen Überzeugung, die ihm – egal ob es nun ein Parteiabzeichen trägt oder eine Uniform oder Markenklamotten – die allumfassende Bestätigung zu liefern scheint für die Richtigkeit seines deformierten Daseins. Und deshalb, weil sie ihm Fülle vorgaukelt, wo eigentlich totale Leere herrscht, weil sie ihm Sicherheit bietet, wo Unsicherheit herrscht, weil sie das Vakuum in seinem Inneren füllt, wo die eigentliche Persönlichkeit in ihrer Entwicklung versagt hat, deshalb ist ein solcher Mensch bereit, diese Überzeugung als die einzig Gültige brutal nach außen zu verteidigen gegen jene, die sie nicht teilen.

So radikalisieren sich Menschen, so radikalisieren sich Parteien, so werden Schulhöfe zu Orten der Intoleranz. Auf diese Weise entstehen Diktaturen, auf diesem Weg werden die Ich-Schwachen zu den Mächtigen, am Ende werden so fanatische Überzeugungstäter, herzlose Wirtschaftsführer, gewissenlose Politiker und seelenlose Apparatschiks geboren, die bestrebt sind – in ihren Firmen, ihren Ländern, ihren Parteien – eine einheitliche Weltanschauung durchzusetzen und alles individuelle und freie Leben zertreten. Sie verlangen Selbstverleugnung, weil sie sich selbst verleugnet haben. Sie fordern Anpassung, weil sie sich selbst angepasst haben. Sie wollen alles Leben ins Korsett ihres ideologischen Konzeptes pressen, damit es nicht mehr atmen kann und stirbt. Die individuelle Freiheit soll ihr Haupt nicht mehr erheben, damit sie nicht erinnert werden an den Verrat an ihrem eigenen Selbst.

Dergestalt deformierte Menschen erzeugen um sich herum wiederum Deformation. Manipuliert in ihrer Kindheit manipulieren sie selbst und unterdrücken alle Autonomie. Sie können mit ihrem Hass auf alles Lebendige und Individuelle ganze Gesellschaften dominieren und sie über Jahrzehnte in starre, totenähnliche Gebilde verwandeln. „Jeder Bewusstseinsstruktur sind alle höheren Strukturen ein Dorn im Auge, denn sie sind zwar als Anlage in ihr selbst schon vorhanden, aber die Entfaltung dieser Anlage verlangt einen Tod, den niemand gern stirbt, und eine Wiedergeburt“, schreibt Ken Wilber. „Gesellschaften, glaube ich, kann man auf einer Skala der Toleranz gegenüber Bewusstseinsstrukturen anordnen, die höher sind als die durchschnittliche Bewusstseinsstruktur der betreffenden Gesellschaft“ (IN: KEN WILBER, EROS, KOSMOS, LOGOS).

Eine in hohem Maße manipulierte Gesellschaft – beispielsweise die des deutschen Nationalsozialismus – kann solche Toleranz nicht entwickeln, sondern bekämpft stattdessen höhere unabhängigere Bewusstseinstrukturen. Sie befördert einen allumfassenden Konformismus, eine brutale Gleichmacherei, die den Einzelnen nicht mehr als Individuum gelten lässt, sondern nur noch als Teil eines wirtschaftlichen oder politischen Systems definiert, in dem er konditioniert werden soll gemäß der vorherrschenden Weltanschauung, um programmgemäß zu funktionieren.

Durch Erziehung – ob sie nun im Elternhaus stattfindet, in der Schule, vor der Glotze, in der Jugendorganisation einer Partei – erleiden wir immer in stärkerem oder schwächeren Ausmaß eine solche Deformation, die uns dazu auffordert, uns anzupassen und andere Weltanschauungen zu übernehmen. Wir sollen fremde Gesetze zu unseren eigenen machen und uns damit identifizieren. Diesem deformierenden Prozess erliegen alle Menschen und demzufolge begegnen wir überall in unserem Leben solchen deformierten Persönlichkeiten, die Anpassung an die herrschenden Leitbilder von uns fordern und selbst stets angepasst und gehorsam nach oben sind. Sie übertragen ihre Sicht des Lebens auf uns. Solche Menschen begegnen uns beispielsweise als Lehrer, die ihrem Schuldirektor nicht zu widersprechen vermögen; als Schuldirektoren, die auch die dümmste Anweisung ihres Kultusministeriums kritiklos schlucken; als Abteilungsleiter, die jede noch so hanebüchene Vorgabe der Geschäftsführung ausführen ungeachtet des Wohlergehens ihrer Untergebenen. Wir begegnen ihnen aber auch in der Gestalt von berühmten

Sportlern, die nicht mehr formulieren wie Menschen aus Fleisch und Blut, sondern als manipulierte hochbezahlte und damit brav funktionierende Werbeträger nur noch ein Image zur Schau tragen, das sich auf die Marke übertragen soll, für die sie werben. Wir begegnen solchen Menschen in Gestalt von Politikern, die im Brustton der Überzeugung Reformen fordern zum angeblichen Wohl ihrer Völker und dabei doch nichts anderes sind, als die manipulierten Werkzeuge von Konzernen und deren Interessen. Solche Menschen sind allesamt gesteuert durch eine fremde Autorität. Sie leben keine geistige Autonomie.

Auch im privaten Kreis entdecken wir diese deformierten unfreien Menschen. Beispielsweise finden wir sie in Gestalt der jungen Mutter, die ihr Kind – obwohl es ihr das Herz fast zerreißt – schreien lässt, weil sie von ihrer eigenen Mutter gehört hat, Kinder müsse man auch mal plärren lassen, sonst würden sie zu vereinnahmend. Eine solche junge Mutter ist das Opfer der Ideologie ihrer eigenen Mutter. Sie folgt nicht dem Verlangen ihrer eigenen Seele und nimmt ihr Kind in die Arme. Sie prägt keine eigene Weltanschauung aus, auf der sie ihr Handeln begründet. Sie sucht nicht ihre eigene Position. Sie entwickelt nicht ihr eigenes unabhängiges Ich, das die Welt selbst beurteilt nach seinen eigenen Maßstäben. Genau dadurch fügt sie ihrem Kind Schaden zu. Sie tut ihm dasselbe an, was ihr schon von ihrer eigenen Mutter angetan wurde. Sie kommt nicht, wenn das Kind sie ruft. Sie verweigert ihm ihre Liebe. Sie lässt es allein und sorgt so dafür, dass das Kind kein Vertrauen in die Welt und die Macht seiner Handlungen findet. So gibt sie ihr eigenes Defizit an das Kind weiter und sorgt im negativen Sinn dafür, dass sich ihrer beider Leben nicht entwickelt. Damit verfehlt dieses Leben sein Ziel: Es gelangt nicht zu einer eigenen Lebendigkeit, es wächst nicht über die alten Grenzen hinaus, sondern es wird mumifiziert über Generationen. Es erstarrt in dieser Familie genauso wie in einem totalitären Staat in einem alten falschen Muster. Das ist das Resultat von Manipulation. Wir stärken menschenfeindliche Positionen und betonieren sie über Generationen.

Wie im zweiten Buch Mose prophezeit, erben wir auf diese Weise – egal ob in der Gesellschaft oder in unserem ganz privaten Zuhause – die Sünden und Irrtümer unserer Väter und Mütter und leiden unter ihnen. Solange bis einer den Mut findet, sie endlich in Frage zu stellen, indem er sie entschieden auf den Prüfstand seines eigenen Ich hebt und die alte Weltanschauung nicht mehr übernimmt, sondern selbst die Welt anschaut, um zu einem ganz eigenen Urteil zu finden. Sobald wir es wagen, unser Ich-Selbst wirklich zu leben; sobald wir es wagen, ihm alle Autorität zuzubilligen; sobald wir es zur allein verantwortlichen Größe in unserem Leben erheben und damit die vollkommene Hoheit über unser Sein übernehmen, tun wir den Schritt aus der Manipulation heraus: Wir prüfen nun die uns vererbten, suggerierten, untergejubelten Einstellungen und Prägungen auf dem Messtisch unseres eigenen Geistes und werfen sie im Bedarfsfall – selbst wenn wir damit gegen die Überzeugungen unseres gesamten Umfeldes verstoßen – kraft unserer eigenen Entscheidung über Bord als Irrlehre, die nicht länger Gültigkeit für uns besitzt. Das ist Selbstwerdung – jener große Schritt der Befreiung aus der Manipulation, der in der Lebensmitte ansteht, wo wir zu einer unabhängigen Persönlichkeit werden sollen, die ganz aus ihrem eigenen Geist heraus lebt und ihre tiefste Verantwortung findet in der Lauterkeit gegenüber der eigenen Seele, weshalb sie auch ihre Entscheidungen ausschließlich fällt aufgrund ihrer eigenen Anschauung der Dinge.

Oft ist dieser Schritt aus dem Schatten der anderen heraus und hinein in eine völlige Eigenverantwortung so schwierig, weil wir damit Konflikte riskieren. Nicht nur mit einer Gesellschaft, die uns steuern und manipulieren will zum Beispiel im Sinne ihrer neoliberalen Ideologie, sondern auch mit Menschen, an denen unser Herz sehr hängt: beispielsweise mit unseren Eltern. Als wir jung waren, haben sie für uns alles Wissen der Welt verkörpert, wir hielten sie für erleuchtete Seelen mit einem umfassenden Verständnis aller Dinge. Später irgendwann müssen wir erkennen, dass wir es auch bei ihnen nur mit Menschen zu tun haben, die ihrerseits in ihren Prägungen gefangen sind und sehr wohl schwere seelische Defizite aufweisen können. Diese Defizite projizieren sie auf uns Kinder in Form von Erwartungen und indem sie das tun, lassen sie uns nicht frei unser Leben führen, sondern machen uns innerlich zu ihren Gefangenen. Irgendwann dürfen wir das nicht mehr zulassen und müssen die Fesseln, die uns ihr Unterbewusstsein anlegt, abstreifen.

Eine klare Unterscheidung ist dafür notwendig, eine eindeutige Trennung zwischen unserem Ich und dem des anderen. Wir ziehen eine klare Trennlinie zwischen uns und dem Rest der Welt: Was ist der andere? Und was bin ich? In dieser Unterscheidung liegt der notwendige Akt der Selbstbewahrung. Diese Unterscheidung verleiht uns die Fähigkeit, allen Manipulationsversuchen zu widerstehen, egal ob sie nun durch die Werbung, durch die Politik, durch unsere Lehrer, unsere Vorgesetzten, unsere Eltern oder unsere Ehefrauen versucht werden und egal wie geschickt sie vorgetragen werden. Was ist der andere? – Und was bin ich?

Müssen wir es uns wirklich zu Herzen nehmen, wenn uns in einer Konkurrenzgesellschaft vermittelt wird, wir seien zu faul, zu schlecht, zu langsam, oder finden wir die innere Unabhängigkeit und Urteilskraft, um jene Manipulatoren als das zu sehen, was sie sind: als ihrerseits deformierte, oft geldgierige und interessengeleitete Persönlichkeiten, die uns bewusst oder unbewusst aufgrund der in ihrer jeweiligen Gruppe verbreiteten Weltanschauung unter Druck setzen wollen.

Der Mönch und spirituelle Lehrer Anthony Mello hat diesen radikalen Prozess der Unterscheidung zwischen uns selbst und den anderen in einem sehr eindringlichen Beispiel dargestellt: „Wenn sich früher ihre Mutter über sie ärgerte, sagte sie nicht, dass etwas mit ihr nicht stimme, sondern dass etwas mit Ihnen nicht stimmte, sonst würde sie sich ja nicht über sie ärgern. ‚Also, ich habe die große Erfahrung gemacht, dass wenn du dich ärgerst Mutter, etwas mit dir nicht stimmt. Deshalb solltest du dich lieber mit deinem Ärger befassen. Verweile bei ihm, und befasse dich mit ihm, es ist nicht mein Ärger. Ob etwas mit mir stimmt oder nicht stimmt, werde ich unabhängig von deinem Ärger herausfinden. Ich werde mich nicht von deinem Ärger beeinflussen lassen.'" Nur ein Mensch mit viel Bewusstheit könne sich weigern, die Schuld und den Ärger auf sich zu beziehen, schreibt de Mello, und folgendes sagen: „Du hast einen Wutanfall. Zu schade. Ich verspüre nicht den leisesten Wunsch, dich irgendwie zu retten, und ich weigere mich, mich schuldig zu fühlen" (IN: ANTHONY DE MELLO, DER SPRINGENDE PUNKT).

Manipulation versucht immer unser Ich zu schwächen. Entweder indem sie dieses Ich verführt durch Schmeicheleien oder indem sie ihm Schuld zuweist. Das macht die Mutter in unserem genannten Beispiel, das tun genauso die professionellen Manipulatoren einer Konkurrenzgesellschaft, wenn sie uns für zu langsam, zu schlecht, für unfähig und für viel zu anspruchsvoll erklären. Das machen Teenager, die ihren Klassenkameraden die Schuld an ihrer sozialen Isolation auferlegen, weil sie keine Markenklamotten tragen, und genauso machen es häufig Eltern im fortgeschrittenen Alter, wenn sie ihren Kindern Undankbarkeit vorwerfen, weil diese ihrer eigenen Wege gehen und sich angeblich nicht genug um sie kümmern.

Die Zuweisung von Schuld, dieser Vorwurf an den anderen, ist eines der tückischsten Instrumente der Manipulation. Wenn wir uns nicht hinreichend davon distanzieren können und zu erkennen vermögen, wann das eigentliche Defizit bei dem liegt, der solche Vorwürfe ausspricht, so dringen seine Worte in unser Herz. Sie verletzen tief unser Selbstvertrauen und wir wünschen ihm umso mehr zu beweisen, dass wir doch etwas wert sind. Wir fühlen uns genötigt, ihm unseren eigenen Wert zu beweisen. Dadurch geraten wir psychisch in die vollkommene Abhängigkeit von seinem Urteil und seiner Bestätigung. Wir begeben uns unbewusst in die Fänge unserer Peiniger und wollen, wie Proust es treffend beobachtet hat, unsere Leiden tatsächlich von denen gemildert wissen, die uns zum Leiden gebracht haben. Wir suchen die Anerkennung jener, die uns verletzen. Die Hölle, das sind dann wahrlich die anderen. – Aber wir haben ihnen auch erlaubt, es zu werden.

Der Verrat an unserem Selbst bleibt nicht allein ein psychisches Problem, das unser Selbstvertrauen pulverisiert, oder ein soziales Problem, das unsere Gesellschaften in Diktaturen verwandeln kann, er wird darüber hinaus für jeden Einzelnen zu einer Frage von Leben und Tod, von Gesundheit und Krankheit. Bei der Entstehung von Krankheit sei der Mangel an Individualität, das heißt das Zulassen von Eingriffen in unsere Persönlichkeit, von größter Bedeutung, mahnt der englische Arzt Edward Bach. Auch Bach betrachtet den Kampf gegen die Manipulation und das Ringen um Selbstwerdung als die zentrale Aufgabe im Leben jedes Menschen. „Man mag sich auch daran erinnern, dass wir nach hier unten in diese Welt kommen, um Kämpfe zu gewinnen, um Stärke gegen jene zu erlangen, die uns beherrschen wollen, und um zu jenem Stadium voranzuschreiten, wo wir durch das Leben und unsere Aufgaben ruhig und friedvoll erfüllt, von keinem lebenden Wesen abgelenkt oder beeinflusst, immer ruhig geführt werden durch die Stimme unseres höheren Selbst.“ Unsere einzige Pflicht sei es, den Geboten unseres eigenen Gewissens zu gehorchen, folgert Edward Bach (VGL: EDWARD BACH, BLUMEN DIE DURCH DIE SEELE HEILEN).

Und Ralph Waldo Emerson versichert, es sei das wahre Zeichen menschlicher Größe, eine solche Stufe der Unbeeinflussbarkeit zu erreichen: „Leicht ist es“, schreibt er, „auf der Welt nach der Meinung der Welt zu leben; leicht lässt es sich in der Abgeschiedenheit der eigenen gemäß leben; groß aber ist der, welcher inmitten der Menge mit vollkommener Klarheit die Unabhängigkeit und Abgeschiedenheit wahrt“ (IN: RALPH WALDO EMERSON, ESSAYS).

Lasst euch also nicht beeinflussen. Lasst Euch nicht manipulieren. Lasst Euch nicht zu problemlos funktionierenden Rädchen im Getriebe machen, sondern ringt um eure Unabhängigkeit, lautet die Aufforderung dieser großen Geister. – Wer bin ich? Was ist der andere und welches sind seine Motive? Durch diese Unterscheidung erst und durch die genaue konzentrierte Beobachtung des anderen, leiten wir einen Erkenntnisprozess ein, der uns schließlich so weit bringt, den anderen in seiner eigenen Seinswirklichkeit zu erkennen (VGL. KAPITEL 11: NUR DIE LIEBE FÜHRT UNS ZU UNSEREN HÖCHSTEN FÄHIGKEITEN). Wir nehmen seine innere Verkrüppelung wahr, sein eigenes Defizit, das ihn dazu drängt, uns beherrschen zu wollen durch

Manipulation. Indem wir den anderen nun erblicken in seiner eigenen Mangelhaftigkeit, wird er als Instanz untauglich von der wir Lob oder Tadel annehmen. Er wird kleiner. Er verliert die Macht, uns unseren Wert zuzusprechen oder abzusprechen. Er verliert die Macht über unser Herz. Damit sind wir frei. Der andere hat nicht mehr das Format, unser Peiniger zu sein.

Unser eigener Erkenntnisprozess hat ihn schrumpfen lassen auf seine wahre Größe – oder Kleinheit. Und nunmehr können wir seine Versuche, uns zu manipulieren, lächelnd, aber in unnachgiebiger Konsequenz, zurückweisen. Wir demonstrieren ihm seine Machtlosigkeit. Wir vereiteln sein Streben nach Herrschaft. Wir werfen ihn auf sich selbst zurück und fügen ihm dadurch – falls es ein uns nahestehender Mensch ist – oberflächlich gesehen durchaus Leid zu. Tiefer betrachtet allerdings behandeln wir ihn sogar mit Liebe: Denn wir tun das Richtige für ihn und seine Entwicklung. Indem wir seine unbewussten und untergründigen Manipulationsversuche zurückweisen, führen wir ihn mit seiner Art anderen Menschen gegenüberzutreten in ein Scheitern. Wir führen ihn letztlich in einen Schmerz, der ihn auffordert, seine falsche und manipulative Art des Umgangs mit anderen zu korrigieren. Durch unsere unnachgiebige Haltung verschaffen wir ihm die Chance zu wachsen und wirklich in Kontakt zu kommen mit seinen Mitmenschen auf einer reineren Ebene.

Unsere Zurückweisung manipulativer Persönlichkeiten mag hart aussehen, aber von einem tieferen Standpunkt aus betrachtet ist sie nicht anderes als ein Akt der Liebe. Sie wird sogar zu einem Akt christlicher Feindesliebe. Denn wenn wir unsere Manipulatoren erkennen in der Kleinheit ihres eigenen Seins, wenn wir unsere Peiniger wirklich wahrnehmen in der Deformation, die sie ihrerseits erlitten haben, dann verlieren sie durch diesen Erkenntnisprozess nicht nur die Macht über uns, sondern wir selbst entwickeln auch ein gewisses Mitleiden mit ihnen, weil uns klar wird, in welchen verkrüppelten psychischen Strukturen sie gefangen sind. Wir prägen durch die Kraft dieser Erkenntnis eine Art höheren Mitleids aus, das geboren wird aus dem Verstehen der Wesensstruktur des anderen. Wir kommen ihm nah und weisen ihn gleichzeitig zurück in seinen ungerechtfertigten Ansprüchen an uns.

So können wir uns durch einen selbstbewussten Unterscheidungsprozess vor allen schützen, die versuchen uns in unserem Leben zu manipulieren. Je mehr wir sie in ihrer Seinswirklichkeit erkennen, desto weniger erreichen ihre Vorhaltungen unser Herz. Wir werden vollkommen unbrauchbar für ihre Zwecke. Wir werden wir selber.

Von Laotse, dem chinesischen Weisen, gibt es eine wundervolle Parabel, die diesen Prozess beschreibt. Sie soll das Ende dieses Kapitels über die Manipulation krönen. Laotse, so lautet die Geschichte, zog mit seinen Anhängern über Land und gelangte eines Tages zu einem Wald. Arbeiter waren dabei, alle Bäume zu fällen. Laotse sah, dass nur ein Baum verschont blieb. Unter seiner mächtigen Krone konnte eine ganze Viehherde Deckung finden. Verwundert fragten die Jünger, weshalb nicht auch dieser Baum gefällt werde. Die Arbeiter antworteten: „Er ist völlig unbrauchbar, seine Äste sind so krumm und knotig, dass man weder Boote noch Särge daraus machen kann; nicht einmal als Feuerholz taugen sie. Dieser Baum ist nicht der Mühe wert, die Axt an ihn zu legen." Laotse lachte und sagte zu seinen Schülern: „Seid wie dieser Baum: Wenn ihr euch nützlich zeigt, werdet ihr abgesägt. Seid ihr schön, wird man euch auf dem Marktplatz verkaufen und ihr werdet zur Ware. Seid wie dieser Baum, völlig unbrauchbar. Dann werdet ihr in die Höhe und Breite wachsen, und Tausende werden unter euch Schatten finden" (ZITIERT NACH: HOLGER KALWEIT, NATURTHERAPIE).

Bringt keinen Nutzen, den andere definieren, wollte Laotse damit sagen. Legt selbst fest, wer ihr sein und was ihr wie tun möchtet. Denn in dem Moment, wo wir in den Augen anderer schön erscheinen wollen oder auch kompetent und nützlich, fangen wir an, uns ihrer Macht zu unterwerfen. Wir fangen an zu funktionieren. Wir werden manipuliert und entfernen uns Meter für Meter von uns selbst. Damit beginnt die Lebendigkeit des Lebens in uns zu versiegen. Seid deshalb – insbesondere in diesen Zeiten, wo der Mensch fast ausschließlich auf wirtschaftliche Verwertbarkeit konditioniert wird – „völlig unbrauchbar!"

Wie funktionieren wir überhaupt?

„Hast du je dieses Gefühl gehabt -
dass du an einen anderen Ort gehen
und jemand vollkommen anderes
werden möchtest?"
„Klar", sagte May Kasahara.
„Das Gefühl hab' ich andauernd."
Haruki Murakami
(Haruki Murakami, Mister Aufziehvogel)

Wir Menschen sind wie die Zwiebeln, viele Schalen gruppieren sich um unseren eigentlichen Kern. Um nun zur Wahrheit unseres Seins vorzudringen, müssen wir Schale um Schale abtragen, die das Innere unseres Bewusstseins umhüllt und unseren Blick auf seine wahre Beschaffenheit verhindert. Wir können uns beim Menschen diese Schalen als bewegt vorstellen. Auf ihnen rotieren unsere Prägungen, unsere Ängste, alle Gedanken, alle Gefühle, alle Einflüsse, denen wir unterliegen. In der Regel bestimmen diese Kräfte unser Handeln. Wir folgen ihnen. Wir identifizieren uns mit ihnen in der Ansicht, diese Gedanken, Gefühle, Prägungen, das seien wir selbst. Aber das ist ein Trugschluss: Denn diese inneren Impulse sind vorübergehend. Sie kommen und sie gehen wieder. Was uns gestern furchtbar wichtig erschien, wirkt übermorgen banal. Was uns gestern furchtbar aufregte, ist übermorgen schon vergessen. Auf unseren Schalen finden wir nichts als die beständige Bewegung unserer Gemütskräfte: unsere Wünsche, unsere Ängste, unsere Habgier, unser Zorn – sie alle wohnen dort. Einerseits arbeiten sie ohnehin beständig in uns und an uns, andererseits können sie durch Reize von außen zusätzlich angestachelt werden, so dass sie in noch stärkere Bewegung kommen und noch machtvoller wirken. Das ist die Arbeit unserer Manipulatoren. Die Werbung zum Beispiel ist eines der Instrumente, die uns immer wieder neue Produkte vor die Nase hält, mit deren Erwerb sie uns Freiheit verspricht oder Sicherheit. Sie heizt unsere Wünsche an, sie weckt unsere Gier, sie verspricht uns Glück. Sie nutzt dabei schamlos unsere genetisch-biologische Programmierung aus und stachelt jene ursprünglichen Sehnsüchte und Triebe an, die

– wie beispielsweise das Bedürfnis nach Sicherheit – tief in unserem Wesen verwurzelt sind. Diese Sehnsüchte, diese Wünsche geraten dann in starke Bewegung auf den Schalen unseres Bewusstseins und beginnen unser Handeln zu dominieren. Wir leasen also ein viel zu teures Auto, weil wir uns haben einreden lassen, damit in eine neue Freiheit duchzustarten, oder wir kaufen uns – wie unser im Kapitel über die Selbstbeschränkung erwähnter Familienvater – ein Traumhaus, um unserer Familienglück perfekt zu machen. Bei solchen Aktionen erweist sich unser Wunsch häufig als mächtiger als unsere rationalen Gedanken. Die Gedanken werden durch diese Wünsche eingefärbt, wir biegen sie uns wunschgemäß zurecht – und am Ende kaufen wir das Traumhaus wirklich: Wir reden uns dabei ein, es sei die einzig richtige Entscheidung. Wir rechtfertigen sie vor uns selbst. Und im selben Atemzug, in dem wir den Kaufvertrag unterzeichnen, ruinieren wir genau jenes Glück, das wir uns davon erhoffen, weil wir die nächsten 30 Jahre als von Sorgen gemarterte Sklaven unserer Bank dahinvegetieren. Jeden Abend, wenn wir uns fortan schlaflos im Bett wälzen und an den Kontostand denken, fragen wir uns: Wie konntest du nur so bescheuert sein, dich dermaßen zu verschulden? Wie konntest du nur diesen Wünschen nach einem Traumhaus folgen? Warum also warst du dieser machtvollen Gemütsbewegung auf einer Schale deines Bewusstseins unterlegen, die dich in dieses Unglück geführt hat? Was hast du dir nur dabei gedacht?

So beginnt der Prozess der Selbsterforschung. In seinem Zentrum steht die Frage: Was genau geht eigentlich in uns vor? Wie funktionieren wir überhaupt? Was treibt uns? Es ist die Frage nach der Beschaffenheit unseres Bewusstseins. Sie erwacht, wenn wir – wie unser bis zur Halskrause verschuldeter Familienvater – erkennen müssen, dass unsere inneren, von uns bislang als ganz natürlich zu unserem Wesen gehörig empfundenen Impulse, uns allzu leicht ins Unglück führen, wenn wir ihnen folgen. Diese Erfahrung teilt unser Familienvater mit unserem kleinen Turmspringer, der unglücklich wird und ein Feigling, wenn er seiner impulsiven Angst folgt und nicht vom Ein-Meter-Brett springt. Diese Erfahrung teilt unser Familienvater auch mit jenem Marathonläufer, der seinem inneren Impuls gehorchte und mit der schnelleren Truppe mithalten wollte. Irgendwann saß der Läufer ausgepumpt am Straßenrand: als ein Gescheiterter, ein Frustrierter, genau wie unser Familienvater oder wie unser Turmspringer, wenn er seine Angst nicht überwindet. Alle drei erliegen machtvollen inneren Kräften. Und alle drei machen dabei die Erfahrung, dass es ein Fehler war, diesen scheinbar ganz natürlichen Impulsen ihres Wesens zu folgen.

Durch ihr Scheitern beginnen sie langsam zwei große Wahrheiten zu begreifen. Erstens: Wir müssen dem Funktionsprinzip unseres eigenen Bewusstseins auf die Schliche kommen. Wir müssen studieren, wie es in uns arbeitet und was es mit uns macht. Und zweitens: Aus dieser Erfahrung heraus müssen wir unser Bewusstsein fortan kontrollieren, weil allein die Kontrolle dafür sorgt, dass wir uns nicht verschulden bis über beide Ohren wie unser Hausvater, dass wir nicht Scheitern beim Marathon oder dass wir es endlich fertig bringen, über unsere Angst hinweg zu springen in ein größeres Selbstvertrauen und größere Möglichkeiten hinein wie unser kleiner Turmspringer. Kurz und gut: Nur tiefe Kenntnis und eine daraus heranreifende Kontrolle unseres Bewusstseins bewahren uns vor Unglück. Sie sind entscheidend für die Qualität unseres Lebens.

An und für sich ist das überhaupt nichts Neues. Diese fundamentale Wahrheit ist seit Jahrtausenden bekannt – im Prinzip schon seit es menschliche Aufzeichnungen gibt, weil sie einer elementaren und universellen menschlichen Erfahrung entspricht. Nur unsere Sonderkultur der Jetztzeit hat diese Erkenntnis weitgehend ausgeblendet zugunsten der optimalen Manipulationsfähigkeit des Menschen. An die Stelle der Kontrolle des Bewusstseins hat sie die Leasingrate gesetzt. Prompte Wunscherfüllung bringt Glück, heißt die Kernthese der Verführungsgesellschaft: Folgt eurer Gier! Seid spontan! Lebt eure Launen! Jede Art von Erkenntnis, was die Mechanismen unseres Bewusstseins betrifft, würde unserem auf der Gier basierenden Wirtschafts- und Werbesystem zum Nachteil gereichen. Es braucht den Konsumenten, der seinen Impulsen unterworfen ist. Deswegen schafft es sich solche Konsumenten durch Manipulation. Sofortige Wunscherfüllung ist gleich höchstes Glück, lautet die Gleichung: Werdet wahre Individuen, indem ihr kauft, was alle anderen auch kaufen!

Dieses Programm ist eine Erziehung des Menschen zur Schwäche. Es entspricht einer Gebrauchsanweisung zur Schaffung totaler Abhängigkeit. Wir werden dadurch zu gemäß dem behavioristischen Reiz-Reaktionssystem funktionierenden Menschenbabys in Erwachsenengestalt konditioniert – wir werden vollkommen brauchbar, statt unbrauchbar. Sofern die Erkenntnis in uns keimt, dass das nicht sehr vorteilhaft für uns sein kann, bleibt uns wenig anderes übrig, als die Versandhauskataloge zuzuschlagen, die Glotze auszuschalten, und uns endlich auf die Suche zu machen nach uns selbst.

An die Stelle unserer Streifzüge durchs Fernsehprogramm oder den Shoppingcenter sollten Erkundungsreisen in unsere Seelenwelt treten. Diese Innenschau, das Studium seines Wesens durch jeden Einzelnen, die tiefe Kenntnis seiner selbst, wurde über Jahrtausende als zentrale Aufgabe des Menschen gesehen, weil wir erst durch sie die Hoheit erlangen können über unser eigenes Leben. „Das erste Gebot auf dem Weg der Befreiung lautete ‚kenne dich selbst'. Erst dann wird es uns gelingen, unser Lebensziel zu definieren", schreibt die indianische Schriftstellerin Annie Pazzogna (IN: INIPI - DAS LIED DER ERDE, ANNIE PAZZOGNA).

Ob wir nun die Indianer nehmen oder die Yogis im alten Indien, die Taoisten in China, die Zen-Buddhisten oder die christlichen Wüstenväter, sie alle versuchten – teilweise unter Extrembedingungen – ihr Bewusstsein zu durchdringen und zu kontrollieren, um es von den dominierenden Einflüssen äußerer Impulse zu befreien – seien sie biologischer oder gesellschaftlicher Natur (VGL. MIHALY CSIKSZENTMIHALYI, FLOW). Sie wollten der Manipulation entgehen und zu wahrhaft eigenständigen Wesen werden. Deshalb zogen sie allein in die Wälder zur Visionssuche, stiegen auf die Berge oder machten sich auf den Weg in die Wüste, um die Bewegungen auf den Zwiebelschalen ihres Bewusstseins herauszufordern und zu studieren. Sie kämpften dort draußen mit den Dämonen ihrer Ängste, ihrer Wünsche, ihrer Gemütsregungen, ihrer Triebe, um zu jener menschlichen Freiheit vorzudringen, die erst dahinter beginnt. Sie alle machten eins: Sie unternahmen Selbstversuche. In aller Entschlossenheit testeten sie aus, wie sie selbst funktionierten und versuchten dabei, die geistige Herrschaft zu wahren über ihr tobendes, ängstliches, von Wünschen und Sehnsüchten gebeuteltes Wesen. Dabei gewannen sie bekanntermaßen einen Grad der Einsicht in sich selbst und an Kontrolle über sich, der jeden von ihnen jederzeit dazu befähigt hätte, über den Wunsch nach einem Traumhaus, für das er sich lebenslänglich verschulden muss, nur müde zu lächeln. Ein Yogi, ein Mönch, ein Zen-Buddhist – sie sind der sichere Tod der Leasingrate und des Sonderangebotes, sie sind das sichere Ende des Konformismus und jeder Diktatur. Sie sind das leuchtende Gegenstück des manipulierten Menschen, weil sie die Prozesse, die in ihrem Bewusstsein wirken, klar zu erkennen vermögen. Sie werden nicht mehr aus dem Unterbewusstsein heraus geführt von ihren Impulsen, Gedanken und Gefühlen, sondern sie erschauen die Art und Weise, wie diese Gedanken und Gefühle in ihnen wirken. Sie haben durch ausdauerndes Selbststudium in der Bibliothek ihres Wesens, dessen verborgene Wirkweisen aus dem Dunkel des Unterbewusstseins hervorgezerrt ins Licht ihres Bewusstseins. Dadurch lernten sie schließlich, diese Prozesse zu steuern, statt ihnen ausgeliefert zu sein.

Diese Menschen funktionierten nicht mehr nach dem behavioristischen Reiz-Reaktionsmodell. Sie hatten sich der Konditionierbarkeit entzogen durch Erkenntnis ihres eigenen Innenlebens. Damit gelang ihnen der Entwicklungsschritt des Menschen über sich selbst als instinktgebundenes, kulturgeprägtes und manipulierbares Wesen hinaus. Sie erreichten eine höhere Stufe der Menschlichkeit. Nicht mehr Fleisch und Blut, nicht mehr Gier oder Angst, nicht mehr Tradition oder die konformistischen Überzeugungen der Masse steuerten ihr Handeln, sondern sie wurden noch einmal – um ein sprachliches Bild aus der Bibel zu benutzen – aus Wasser und Geist geboren.

Für uns Heutige mag sich der Werdegang dieser alten Yogis, dieser christlichen Mönche, die in die Wüste zogen, um zu meditieren, zu beten, zu hungern, ziemlich verrückt anfühlen. Wir sind leicht geneigt, sie für etwas irre zu halten, für Durchgeknallte aus einem Frühstadium der Zivilisation, die uns ziemlich merkwürdige Geschichten auftischen. Wir können ihren Gedanken und Schriften schlecht folgen. Wir verstehen ihre sprachlichen Bilder kaum. Ihr Menschsein scheint mit dem Unseren wenig gemein zu haben, zumal wir in der Regel Lichtjahre davon entfernt sind, auch nur zu ahnen, dass sie uns von den Qualitäten ihres Bewusstseins her hoch überlegen gewesen sein könnten. Im Gegenteil: Wir betrachten sie etwas von oben herab als „seltsame Heilige“ – ziemlich merkwürdige Gestalten mit einem absurden Welt- und Menschenbild.

Mit dieser Haltung gleichen wir allerdings einem Farbenblinden, dem ein Fremder berichtet, die Rose sei rot. „Keineswegs“, antwortet der Farbenblinde, „die Rose ist ebenso grün wie das Gras – vielleicht eine Spur dunkler. Ich sehe es doch mit eigenen Augen, erzähl' mir also keine Geschichten.“ Einem Farbenblinden kann man den Unterschied zwischen rot und grün eben schlecht erklären. Die Farbe rot wird ihm immer fremd bleiben. In seiner einseitig eingefärbten Welt erscheint sie irreal. Genauso ergeht es einem Menschen, der nie die Zwiebelschalen seines Bewusstseins abgetragen hat und sich nur auf dessen äußeren Hüllen bewegt. Ihm bleibt jene Innenwelt, jene befreite Stufe unseres Bewusstseins hinter den Zwiebelschalen, von der die alten Mönche oder die Yogis berichten, seltsam irreal. Aber – und das ist der Unterschied – diese alten Extremsportler des Geistes sind dorthin vorgedrungen. Sie haben die Farben gesehen – und wir nicht. Sie haben die langwierige Erkundungsreise nach innen auf sich genommen, und wir haben die Expedition zum Grund unserer Seele niemals angetreten.

Diesen Unterschied pflegen wir zu ignorieren, wenn wir ihre Berichte über die Befreiung des menschlichen Bewusstseins dem Reich der Merkwürdigkeiten und Absurditäten zuordnen. Wir gehen dabei von der leichtfertigen Annahme aus – falls diese alten Gurus, Weisen oder Mystiker wirklich etwas gewusst hätten über die tiefen Wahrheiten des Menschseins, dann hätte uns das im Zeitalter des scheinbar grenzenlosen Fortschritts keinesfalls verborgen bleiben können. Gewiss, so meinen wir, wäre uns ihr Wissen längst zugänglich gemacht worden in einer problemlos zu konsumierenden Form – mittels einiger Bücher, einiger Theorien oder Formeln, die wir schnell einmal auswendig hätten lernen können. Wir glauben, wir müssten auch auf diesem Gebiet unseres Geistes unweigerlich weiter fortgeschritten sein, wenn es denn einen solchen Fortschritt über unser derzeitiges Bewusstsein hinaus überhaupt jemals gegeben habe. Diese Annahme ist nicht nur leichtfertig, sie ist auch falsch. „Wenn es zutrifft, dass der Mensch schon seit Tausenden von Jahren weiß, was nötig ist, um frei zu werden und sein Leben zu kontrollieren, warum gab es in dieser Richtung keine weiteren Fortschritte? Warum sind wir ebenso hilflos oder noch hilfloser als unsere Vorfahren angesichts des Chaos, das unserem Glück im Wege steht“, fragt Mihaly Csikszentmihalyi (IN: MIHALY CSIKSZENTMIHALYI, FLOW). Und liefert die richtige Antwort gleich hinterher: Die Art von Wissen – oder Weisheit – die man braucht, um sein Bewusstsein zu befreien, ist nicht kumulativ. Sie lässt sich nicht in eine Formel gießen, sie lässt sich nicht auswendig lernen, sie ist keine bloß kognitive Fähigkeit. Sie lässt sich nicht erwerben wie profaner Wissensstoff, der aus Zahlen, Fakten, ein paar logischen Zusammenhängen besteht, und den man einpaukt.

Diese andere Art von Wissen – oder Weisheit – ist ein lebendiges Erfahrungswissen, das aus den Tiefen der menschlichen Seele geschöpft wird. Seine Wahrheiten lassen sich zwar überliefern in Schriften, Sprüchen und Lehrsätzen, aber den inneren Realitätsgehalt dieser Wahrheiten muss jedes Individuum erst in sich selbst zum Leben erwecken. Das gelingt ihm nur, wenn es zum Grund seiner eigenen Seele vordringt, um dort, in der Tiefe seines eigenen Seins, die Wahrheit jener Sprüche oder Lehrsätze zu entdecken. Ihrer tiefen Bedeutung und universellen Wahrheit werden wir uns erst bewusst, wenn wir dieser Wahrheit in uns selbst wieder begegnen. Erst in diesem Augenblick sind sie nicht länger Buchstabenwissen, sondern präziser Ausdruck einer bislang ungekannten und kaum für möglich gehaltenen Dimension des Lebens. Sie fangen an zu strahlen wie Leuchtfeuer, die die dunkle Nacht des Geistes erhellen.

Von solcher Qualität ist das Weisheitswissen der Menschheit. Nicht einmal der Vater kann es ohne weiteres an den Sohn weitergeben. Er kann ihm höchstens den Weg zeigen, aber entlang gehen muss der Sohn diesen Weg selbst. Für sich allein muss er noch einmal all das realisieren, was der Vater weiß. Keine der Krisen auf diesem Weg kann ihm der Vater ersparen. Keine Anstrengung kann er ihm abnehmen. Der Sohn muss selbst gehen, denn das tiefste Wissen der Menschheit erschließt sich nur, wenn es von einer inneren Veränderung und Reifung begleitet wird. Es fordert von jedem Individuum einen persönlichen und tiefgreifenden Prozess der Verwandlung, ein Überschreiten seiner alten Grenzen. Und es offenbart sich dem einzelnen Individuum in dem Maße, in dem dieser Prozess der Verwandlung voranschreitet.

Deshalb wird das Wissen zur Befreiung unseres Bewusstseins immer hermetisch bleiben. Es ist überliefert und kann dennoch verborgen bleiben über Generationen. Es ist Allgemeingut in Form von heiligen Büchern, und wir besitzen es dennoch nicht. Dieses Wissen kann man nicht übernehmen wie irgendeine Tradition, sondern es will erfahren werden durch den Blick in die eigene Seele. Durch Ausprobieren, durch Selbsterfahrung, durch Studium muss es jedes Individuum jeder Generation in sich selbst erst wieder lebendig machen – durch den Einsatz nicht nur seiner Intelligenz und seines Willens, sondern auch seiner Liebe zu diesem Weg. Csikszentmihalyi schreibt: „Es reicht nicht zu wissen, wie man es tut, man muss es tun, unaufhörlich, genau wie Sportler und Musiker immer wieder üben müssen, was sie theoretisch wissen."

Wollen wir also in die Tiefen unseres Bewusstseins vordringen und die Kontrolle darüber gewinnen – was, wie bereits erwähnt, entscheidend ist für unser Lebensglück – dann bleibt uns nichts anderes übrig, als tatsächlich einen vergleichbaren Weg einzuschlagen wie die alten Yogis, die Mönche oder Zen-Buddhisten. Falls wir nicht länger bleiben wollen wie die Farbenblinden, müssen wir in deren Fußstapfen treten und im übertragenen Sinne hinaufsteigen in die Einsamkeit der Berge, hineingehen in die Stille der Wüste. Wir müssen genau das auf uns nehmen, was den Menschen in unserer extrovertierten, reizüberfluteten und lauten Entertainment-Kultur am schwersten fällt: Wir müssen uns der Introversion, der Reizarmut und der Stille stellen. Der moderne Mensch, urteilt der Psychoanalytiker Roberto Assagioli, „ist überall zu Hause, nur nicht in sich selbst. Er ist in Wahrheit ‚ex-zentrisch', das heißt, er lebt außerhalb seines inneren Zentrums. Es ist daher dringend nötig, das äußere Leben durch ein entsprechendes inneres Leben auszugleichen. Wir müssen ‚in uns selbst zurückkehren.' Das Individuum muss seinen andauernden vielfältigen Ablenkungen entsagen und sich der Entdeckung dessen zuwenden, was in jüngerer Zeit als der ‚innere Raum' bezeichnet wird" (IN: ROBERTO ASSAGIOLI, PSYCHOSYNTHESE).

Und Albert Schweitzer fügt hinzu: „Es tut Not, dass wir wieder zur Einsicht kommen, dass nur das Weltanschauung ist, was in einem Nachdenken, in dem der Mensch mit der Welt und mit sich selbst allein ist, entsteht" (IN: ALBERT SCHWEITZER, DIE WELTANSCHAUUNG DER INDISCHEN DENKER).

Dorthin also müssen wir uns begeben – und sei es nur in unser Zimmer oder den Wald vor der Haustür, wo uns niemand mehr unterhält, und wo keine Ablenkung auf uns wartet. Das Abenteuer unseres Bewusstseins beginnt, wo wir auf uns selbst zurückgeworfen sind. Es beginnt mit dem Alleinsein. Über die stillen und steilen Pfade der Kontemplation führt die Reise zu unserer eigenen Seele. In der Einsamkeit treten wir in einen tiefen Austausch mit unserem Inneren, um das verlorene Wissen über unser eigenes Wesen wieder zu gewinnen und zu einer eigenen Anschauung der Welt und unserer selbst zu gelangen. Durch ein solches Vorgehen finden wir erstens die notwendige Zuflucht bei uns selbst, und zweitens werden wir heil dadurch. Heil werden – wir erinnern uns an Thomas Mertons Worte – heißt, ich selber werden.

Der Gott der Zeit frisst seine Kinder, folgsam hüpfen sie in seinen Rachen

„Da ist etwas Grandioses in uns:
Es beginnt seine Arbeit bereits im Mutterleib
und herrscht lebenslang
über unsere Handlungen und Gedanken,
unsere Kreativität und Intuition.
Ob wir in ein Land aufbrechen, einen
Menschen umarmen oder ein Auto steuern –
das Unbewusste lenkt."
Hania Luczak
(IN: GEO, 12/2004, DAS UNBEWUSSTE)

Im Gegensatz zu den Mönchen oder den Yogis weht das armselige Windchen unseres Lebens keineswegs, wo es will. Vielmehr werden wir vom Wind des Lebens herumgeblasen – meistens dorthin, wo wir nicht hinwollen. Spätestens zwei Stunden nach dem Frühstück liegt uns nichts mehr ferner als der Gedanke, wir seien die Herren über unser Schicksal. In der rauen Wirklichkeit unseres realen Seins schwant uns ganz anderes: So wie wir durch die Kante hetzen, um jenes Viel-zu-viel irgendwie hinter uns zu bringen, das auch dieser Tag uns wieder beschert, sind wir nicht Herren über unser Leben, sondern eher seine Opfer. Je mehr wir rennen, desto mehr scheint uns die Zeit abhanden zu kommen. In der Tat geraten uns die Tage zu Ungeheuern: ihr Stress, ihre Hektik, der ständige Termindruck – wenn es sich wieder einmal anfühlt, als würden sie uns verschlingen, dann ist Kronos am Werk, der Tyrann.

Wir kennen heute – wahrscheinlich ist das symptomatisch für unsere Gesellschaft – nur diesen schalen fabrikmäßigen Schmalspurbegriff jener „Zeit", die messbar ist und meist zu knapp bemessen. Unser Wortschatz markiert die Beschränktheit unseres Bewusstseins in Bezug auf die Zeit. Er erfasst Zeit lediglich als neutrale Qualität und legt keinen Wert auf ihre ungeheure Wirkung auf den Menschen oder den richtigen Umgang mit ihr. Die alten Griechen beispielsweise verfügten über ein weitaus bedeutsameres und differenzierteres Instrumentarium an Begriffen, was die scheinbar so schnöde Zeit anbetrifft. Deren eine Komponente wurde repräsentiert durch Kronos, den schrecklichen Gott, der seine Kinder verschlingt – und der besonders im 21. Jahrhundert einen gesegneten Appetit zu entwickeln scheint. „In der westlichen Welt herrscht immer mehr Kronos. Wir unterwerfen uns der messbaren Zeit. Wir machen minutengenaue Termine, schauen ständig auf die Uhr, ob der andere seinen Termin auch pünktlich einhält, und ob wir selbst zur vereinbarten Zeit eintreffen. Die messbare Zeit zwingt uns, unser Leben in ein enges Korsett zu zwängen. Der Gott Kronos ist ein Tyrann. Unter seiner Tyrannei leiden heute wohl die meisten Menschen. Doch die Herrschaft des Kronos führt nicht dazu, dass die Zeit effektiv genutzt wird. Sie erzeugt nur Druck und Angst, doch keine Fruchtbarkeit. Es wächst nichts Neues. Es entsteht nichts, was bleibt. Alles geht rasend weiter" (IN: ANSELM GRÜN, DAS ZEITMASS DER MÖNCHE).

Das ist unsere einseitige und scheinbar alternativlose Form des Umgangs mit der Zeit: Kronos hat seine Kinder heute fest am Wickel, und es besteht auch nicht der leiseste Zweifel daran, dass er Stunde um Stunde ein paar von ihnen verzehrt. Wenn man den Befund des Unternehmers und Lebensberaters Marco von Münchhausen zu Grunde legt, springen ihm seine Opfer sogar freiwillig ins offene Maul: „Es scheint eines der paradoxesten Phänomene des Arbeitslebens zu sein: Je mehr einer zu tun hat, desto weniger Pausen und Regenerationsgelegenheiten gönnt er sich. Das mag über eine kurze Zeit noch angehen, aber auf längere Sicht ist es das Unsinnigste, was man tun kann – sowohl hinsichtlich unserer Gesundheit, als auch bezüglich Qualität und Effektivität unserer Arbeitsleistung" (IN: MARCO VON MÜNCHHAUSEN, DIE VIER SÄULEN DER LEBENSBALANCE).

Wir stürzen uns also – ohne dass das einen tieferen Sinn ergäbe, weil wir ja kaum etwas zustande bringen – Kronos in den Rachen: Wir begehen reihenweise Selbstmord. Soviel unfreiwilliger Opfergeist verkörpert eher die Ausnahme in der Menschheitsgeschichte. Die ersten Fabrikarbeiter mussten mit Peitschenhieben an ihren Maschinen gehalten werden, weil sie für die messbare Zeit, verkörpert durch die Uhr, überhaupt kein Gefühl entwickelt hatten. Sie kannten den Tyrannen Kronos gar nicht: Zeit war für sie – bis sie in die Fabrik einrückten – keine Bewegung auf einer Achse in eine Richtung und deswegen konnte Zeit, nach ihren Vorstellungen, auch nicht knapp sein. Die ersten Arbeiter des aufkeimenden Industriezeitalters waren noch von jener über Jahrhunderte währenden Anschauung geprägt, die Zeit als eine immerwährende Kreisbewegung begriff, verkörpert durch den rhythmischen Wechsel von Tag und Nacht, Sommer und Winter, den uns die Natur vor Augen führt und den sie auch in uns – als einem Teil von ihr – verankert hat (VGL: FRITZ REHEIS, DIE KREATIVITÄT DER LANGSAMKEIT).

Wir wachen und wir schlafen. Wir unterliegen einem natürlichen Biorhythmus: Wenn unser Herz wegen einer besonderen Anstrengung oder einer psychischen Anspannung eine Weile sehr schnell schlagen muss, dann braucht es auch wieder Phasen der Ruhe, damit es nicht irgendwann aus dem Takt gerät. Neben dem Pumpmuskel in der Brust verfügen wir noch über ein Nervensystem, das – da unsere Kronos-Zeit ziemlich viel Angst, Druck, Hektik, Lärm und Verwirrung erzeugt – Schwerstarbeit leisten muss. Und darüber hinaus sind wir Eigentümer eines Gehirns, das den täglichen Stress beherrschen und sortieren muss – samt unserer Termine in Beruf, Freizeit und dem Fernsehprogramm am Abend. Kurz und gut: Unsere auf eine rhythmische Existenzweise hin ausgelegte Natur kann das nicht den lieben langen Tag lang aushalten. Sie braucht Pausen, damit sie sich nicht vorzeitig verschleißt. Wenn unser Leben in einem umfassenden Sinn körperlich und geistig gesund bleiben soll, benötigt es einen natürlichen Rhythmus von Aktion und Kontemplation, von Handlung und Rückzug, von Tätigkeit und Muße, von Aktion und Besinnung. Nur so lässt sich verhindern, dass wir Kronos zum Opfer fallen. Wir bedürfen noch eines anderen Gottes neben ihm, zu dem wir Zuflucht nehmen können.

Die Griechen nannten jenen anderen Gott der Zeit Kairos: Er verkörpert den rechten Augenblick. Kairos sagt uns, wann wir ablassen sollen, von unserem immerwährenden Treiben. Er weiß, wann es genug ist oder schon zuviel. Kairos verkörpert das rechte Maß: Er sorgt dafür, dass uns Kronos nicht auffrisst. Nur Kairos vermag uns zu beschützen vor dem schrecklichen Kronos. Leider ist Kairos ein sehr schüchterner Gott, ein Gott der Stille: Auf bildlichen Darstellungen nähert er sich auf Zehenspitzen, manchmal hat er auch Flügel an Füßen oder Schultern. Kairos schwebt unsichtbar im Raum unseres Geistes, und wenn wir ihm begegnen wollen, müssen wir hineinlauschen in die Stille unseres eigenen Geistes und ihn anrufen mit all unserer inneren Aufmerksamkeit.

Kronos verkörpert im Gegensatz dazu eine Macht, der wir unweigerlich begegnen: Wir können ihm nicht entrinnen: Er ist scheinbar allgegenwärtig. Mit Kronos – das muss man sich klar machen – verhält es sich so wie mit jenen unvermeidlichen Typen, die man auf jeder Feier trifft. Laut, lustig und selbstgewiss beherrschen sie den ganzen Tisch, und für den Rest des Abends kommt kein anderer mehr zu Wort. Wenn wir ihnen entrinnen wollen, um uns ein bisschen mit Kairos zu unterhalten, dann müssen wir sie einfach sitzen lassen, aufstehen und woanders hin gehen. Wir müssen diesem lästigen und scheinbar allgegenwärtigen Kronos absichtlich einen Korb geben, um uns dem leisen schüchternen Kairos, der sich unauffällig im Hintergrund hält, zuzuwenden. Das ist die erste Methode, die unverzichtbare Basis aller Bewusstseinskontrolle: Wir nehmen uns ganz bewusst heraus aus der Macht- und Einflusszone von Kronos. Um die Herrschaft über unser Bewusstsein und unser Leben zurückzugewinnen, kappen wir die chronologische Zeit, die uns am Wickel hat, indem sie uns in endlose Aktion verstricken will. Kronos hetzt uns immer weiter. Wir entwinden uns seinen mächtigen Armen, indem wir für eine Weile so tun, als existiere die Zeit gar nicht für uns. Bewusst nehmen wir uns heraus aus unserem immerwährenden Voranstreben, aus dem ständigen Rotieren unserer Gedanken und verordnen uns Phasen der kontemplativen Ruhe.

Damit folgen wir der Methode der Mönche: Sie zerteilten die Zeit des Tages und hielten sie jeweils an für eine kleine Ewigkeit, in der sie wieder zu sich selbst kommen wollten. Sie wussten: Das ist die einzige Methode um Kronos, den unbarmherzigen Antreiber, zu entmachten. Der Tag der Benediktiner zum Beispiel ist durchsetzt mit sieben Gebetszeiten, den sogenannten Horen. Zur Terz um 9 Uhr, zur Sext um 12 Uhr, zur neunten Stunde, der Non, um 15 Uhr, zur Abendhore um 18 Uhr unterbrechen sie ihre Tätigkeit, um sich dem Gebet zuzuwenden. Sie trennen sich für gewisse Phasen am Tag vorsätzlich von allen irdischen und scheinbar so drängenden Belangen, um Ruhe und Frieden bei Gott zu suchen. In dieser stillen Zeit richten sich die Mönche neu aus. Sie ordnen, indem sie sich herausnehmen aus dem Drängen der Welt, ihr Innenleben, um wieder eine ruhige Klarheit in ihr Bewusstsein zu bringen. Die Hore hilft ihnen, die rechten Maßstäbe wieder zu finden. Indem die Mönche das Getriebensein durch die Gefühle und Gedanken des Tages unterbrechen, entmachten sie diese Gefühle und Gedanken, die ja wie ein Strom sind, der uns immer weiter fortreißt. Wir selbst verlieren dabei jeden Überblick über unsere Lage. Wir sind ihr nicht mehr Herr.

Die Mönche holen sich in den ruhigen Minuten der Hore den souveränen Überblick zurück und damit die Steuerung und Kontrolle ihres Bewusstseins. Die rhythmischen Pausen in ihrem Tagesablauf, diese Zeiten eines bewussten weltfernen Atemholens, diese Phasen der erneuten geistigen Einordnung, diese im Stundentakt wiederkehrende Hinwendung zum Himmelreich und seiner stillen unberührten Weite sorgen dafür, dass sie nicht fortgerissen werden von den atemlosen Geschäften der Welt, sondern sich ihnen mit neuer Souveränität über ihr eigenes Handeln stellen können.

Nun hat es leider der moderne Mensch viel schwerer als die Mönche, wenn er solche Phasen in seinen Tag einbauen will: Ihm bimmelt kein Glöckchen, das ihn zur Umkehr ruft, wenn die erste Stresswelle des Tages sein Bewusstsein flutet und ihn mit sich reißt. Kronos ist ein heimtückischer Gegner. Er schlägt aus dem Hinterhalt zu. Er raubt uns das Bewusstsein für die Gefahr, in der wir uns befinden. Wir rennen und rennen, wir hetzen und hetzen, wir wollen alles noch erledigen mit fliegenden Fingern und kurzen Atemstößen – und realisieren gar nicht, dass Kronos uns gerade aufzehrt.

Um ihm auf die Spur zu kommen, müssen wir wie bei jedem gut getarnten Fiesling die Methode seines Vorgehens analysieren: Name? – bereits bekannt. Wohnort? – ein besonders elegant gewähltes Versteck. Kronos nimmt Wohnstatt in jenem weitverzweigten Kellergewölbe unseres Gehirns, das man das Unbewusste nennt. Dort legt er sich gemütlich auf den Rücken, schiebt einen langen und zierlichen Strohhalm durch eine der Mauerspalten im Gewölbe nach oben in unser Bewusstsein und saugt es aus. Das heißt: Er braucht nicht zu saugen, die Götterspeise fließt von allein in seinen Rachen. Unser Bewusstsein nämlich weist eine fatale Eigenschaft auf, die er sich zunutze macht: Es tendiert dazu, uns zu verlassen. Wie das Wasser aus der Küchenspüle strebt es immer in die finsteren Bereiche, nach unten, Richtung Kellergeschoss, Richtung Unterbewusstsein.

Nach den aktuellen wissenschaftlichen Erkenntnissen der Gehirn- und Bewusstseinsforschung lernen wir aus Erfahrung. Alles, was wir hinreichend gelernt und geübt haben, automatisiert sich und steigt die Kellertreppe hinunter, ins Reich des Unbewussten. Dies ist eine an und für sich sehr segensreiche Einrichtung. Ihr haben wir es zu verdanken, dass wir beispielsweise mühelos autofahren können und dabei das Gehirn frei haben, um gleichzeitig den Tag im Büro zu planen. Ihr haben wir es zu verdanken, dass wir beim Sprechen nicht bei jedem Satz neu nachdenken müssen über die vertrackte Konstruktion des Konjunktivs oder die Zusammensetzung und Bedeutung der einzelnen Wörter. Dank unseres Unterbewusstseins können wir frisch und frei sprechen und uns währenddessen Gedanken darüber machen, was wir denn unserem Gegenüber mitteilen wollen. Der Mechanismus, der einmal Erworbenes nach unten durchreicht, lässt unser Leben zur Routine werden. Das erleichtert uns vieles ungeheuer, ohne diesen Mechanismus wären wir nicht alltagstauglich. Und trotzdem: Er hat eine dunkle Seite.

Wir speichern nämlich auch durch Erfahrung oder Erziehung erworbene Reaktionsstrategien und Verhaltensmuster, um sie im Kellergewölbe des Unbewussten abzulegen, bis – auf eine gewisse Anforderung hin – ihr Abruf erfolgt. Besteht die Anforderung nun aus einem Schreibtisch voller Arbeit, aus einem drängelnden Chef, aus einer untergründigen Angst um unseren Job – also aus Stress, dann werden wir diese Dinge zwar hassen, aber gleichzeitig wird unser Unbewusstes das in langen Jahren standardisierte Programm für die Bewältigung solcher Anforderungen abrufen. Wir werden demzufolge bei dem Signal „Stress" einen Teufel tun, uns zurückzulehnen und Kronos mitzuteilen, dass wir nun gewillt seien, erst einmal unsere private Hore zu nehmen, um uns einen souveränen Überblick über die Situation und unseren eigenen Geisteszustand zu verschaffen. Nein, so werden wir nicht handeln: Stattdessen wird der in unserem Unbewussten standardisierte und über Jahre verfestigte Reaktionsmechanismus greifen. Wir werden kurzatmig, der Blutdruck steigt, wir fangen an zu hetzen, um alles, was auf uns einprasselt, irgendwie schnellstmöglich zu schaffen. Das ist die klassische Reaktion auf Stress: tausende von Malen einstudiert, tief im Unterbewusstsein verankert. Wir verlieren dabei zwar die Hoheit über die souveräne Gestaltung unseres Tages, wir werden herumgeblasen von den Winden des Lebens und sind am Ende des Tages völlig geschafft, wir haben das korrekte Gefühl vollends Opfer der Umstände geworden zu sein – aber irgendwie haben wir auch diesen Tag bewältigt ohne den finalen Nervenzusammenbruch oder Herzinfarkt. Es hat also funktioniert – und so werden wir, wie immer wenn etwas funktioniert, derselben Anforderung in der Zukunft auch wieder mit derselben Reaktionsweise begegnen, dank unseres Unbewussten. Solange wir es mit wiederkehrenden Situationen zu tun haben, funktionieren wir im Alltag „wie perfekt programmierte Zombies" (IN: GEO, DAS UNBEWUSSTE, 12. DEZEMBER 2004).

Die Menschenmaschine läuft ohne Rücksicht auf eigene Verluste. Wir gönnen uns, wie es Marco von Münchhausen festgestellt hat, je mehr Arbeit vor uns liegt, desto weniger Regenerationspausen. Das scheinbar so schizophrene Verhalten wird erst durch die Programmautomatik unseres Bewusstseins einleuchtend. Wir gehen unserem eigenen Unterbewusstsein in die Falle und registrieren es nicht. Wir spulen – zum umfassenden Nachteil für unsere körperliche und geistige Gesundheit – jene Konditionierung ab, die wir erworben haben in jener kurzatmigen, orientierungslosen, einem namenlosen Fortschritt hinterherhechelnden Kronos-Kultur, die Marc Twain mit seinem berühmten Bonmot so treffend charakterisiert hat: „Als wir das Ziel aus den Augen verloren, verdoppelten wir unsere Anstrengung." Die Sinnlosigkeit eines solchen Vorgehens ist nicht nur offensichtlich, sie ist auch wissenschaftlich belegt. Wissenschaftler haben herausgefunden, dass unser Gehirn bei größtmöglicher Gelassenheit am besten arbeitet. In unserem Oberstübchen herrschen verschiedene Frequenzen der Gehirnströme. „Im normalen Alltag überwiegen die sogenannten Beta-Frequenzen von 15 bis 45 Hertz. In der Regel herrschen in unserem Gehirn 20 bis 22 Hertz, doch je stressiger unsere Arbeit, umso höher die Frequenz – und das Tragische: je höher die Frequenz, desto schlechter unsere Arbeitsfähigkeit“ (IN: MARCO VON MÜNCHHAUSEN, DIE VIER SÄULEN DER LEBENSBALANCE).

Die optimale Konzentrations- und Aufnahmefähigkeit haben wir in der Alpha-Frequenz von 8 bis 14 Hertz. Sie entspricht einem wachen und entspannten Zustand – Alpha-Wellen werden zum Beispiel erzeugt durch gewisse ruhig-harmonische Musikstücke von Händel, Bach oder Vivaldi. Wir können aber diese Alpha-Wellen auch ohne äußere Hilfsmittel herstellen, indem wir für gewisse Zeiten des Tages uns von aller Hektik trennen und bewusst zur Ruhe kommen: Wir lassen das Getöse der Welt hinter uns, wir verweigern uns ihren Wichtigkeiten und verweilen für einige Minuten ganz wach und still im gegenwärtigen Augenblick. Wir schenken unserem Gehirn eine Alphaphase und je länger wir diese gelassene ruhige Aufmerksamkeit, die wir in jener Pause ausprägen, dann mit hinübernehmen in unser Tagesgeschäft, desto besser, konzentrierter und müheloser werden wir arbeiten.

Aber hat solches in diesem Land schon einmal ein Chef seinen Mitarbeitern empfohlen? Hat eigentlich in diesem Land schon einmal ein Lehrer seinen Schülern vor einer Schulaufgabe folgendes gesagt: „Lehnt euch zurück. Lasst alles Müssen hinter euch. Die Anforderungen dieser Welt sind keineswegs das Maß aller Dinge, sondern euer persönlicher Wert bleibt von Gelingen oder Misslingen unberührt. Seid also ohne Sorge: Tut einfach in aller Ruhe und Gelassenheit euer Bestes, denn mehr kann ein Mensch nicht tun.“ Nein – so redet kein Lehrer. So werden wir nicht eingestimmt auf unser Dasein in dieser Welt. Wir werden ganz und gar nicht so geprägt – weder in der Schule, noch im Elternhaus, noch im Beruf. Die vorherrschenden Merkmale, die sich in unser Unterbewusstsein eingravieren sind ganz andere: Aufgeregtheit gehört dazu, eine fast allgegenwärtige Nervosität, der Zwang des Sich-Selbst-Beweisen-Müssens, der Notendruck, der Druck der Eltern, der Druck des Arbeitsmarktes und über allem die unerbittlich verrinnende und stets zu knappe Zeit: Wir können keine Ruhe herstellen, nicht in unseren Gedanken, nicht in unseren Gefühlen, nicht in unserem Tun: Kronos regiert – schon in den Schulen, in den Betrieben erst recht, am offensichtlichsten regiert er auf unseren Straßen und Autobahnen.

Wenn ein solcher Gott eine Gesellschaft beherrscht, dann dominiert er zwangsweise auch das Unterbewusstsein einer Vielzahl ihrer Einzelexemplare. Diese Vielen beeinflussen durch ihr Verhalten wiederum das aller anderen. Und wenn alle rasen, wird der Ruhige und Besonnene zum Hindernis, das man – beispielsweise mit der Lichthupe – nachdrücklich dazu auffordert, sein abnormales Verhalten endlich zu korrigieren. Wir haben es, wenn wir Kronos finsteres Werk vor diesem Hintergrund beleuchten, mit der hoch ansteckenden Seuche der sinnlosen Raserei in allen Bereichen zu tun, die sich über die ganze westliche Hemisphäre breitet und schließlich ein einheitliches Krankheitsbild bei allen erzeugt: einen hochgradigen Aktionismus gepaart mit außergewöhnlicher Nervosität bei relativer Unklarheit über das eigentliche Ziel. Der in Europa lebende Zen-Meister Thich Nhat Hanh stellt folgende Diagnose: „Die Ursache für unsere Aufgeregtheit liegt nicht allein in uns. Wenn wir genau hinschauen, erkennen wir, dass sie das Erbe ist, das uns unsere Gesellschaft und Generationen von Vorfahren hinterlassen haben. Individuelles Bewusstsein wächst aus kollektivem Bewusstsein, und kollektives Bewusstsein bildet sich aus einer Vielzahl von individuellem Bewusstsein. Beides kann nicht voneinander getrennt werden. Schauen wir tief in unser Individualbewusstsein, so berühren wir das kollektive Bewusstsein“ (IN: THICH NHAT HANH, DAS HERZ VON BUDDHAS LEHRE).

Der Zen-Meister stuft unser Krankheitsbild als tief sitzend und über Generationen bestehend ein. Demzufolge sind wir chronisch, also ständig, krank – und zwar ausnahmslos. Damit entsteht ein riesiges Problem für unser Bewusstsein: Die Krankheit, an der wir selbst und alle anderen auch leiden, die fällt uns nämlich gar nicht auf. Sie erscheint als der Normalfall, als die Regel. Die Krankheit erhält somit den Status des Natürlichen. Unsere hektische Aktivität, unsere umfassende Nervosität, unsere Ruhelosigkeit, mit der ein tiefer Mangel an Konzentration einhergeht – sie wirken plötzlich auf uns wie ein Teil unserer menschlichen Natur. Sie machen den Eindruck eines selbstverständlichen und unveränderlichen Wesenszuges, den alle Menschen haben. Damit können wir unsere eigene Krankheit nicht mehr identifizieren als Krankheit. Wir halten uns für ganz normal – wie alle anderen eben auch.

Lediglich hin und wieder, in kurzen Augenblicken der Erschöpfung durch das Viel-zu-viel und Viel-zu-schnell, beschleicht uns, kurz bevor wir weitereilen zum Fernsehprogramm oder zum allwöchentlichen Whiskyabend mit Freunden, die subtile Ahnung, das, was wir treiben und wie wir es betreiben, könnte möglicherweise nicht die Krönung der menschlichen Existenz darstellen. Aber dieser Gedanke, der da in uns heraufdämmern will, ist ein ungeliebter Gedanke. Er bedroht unsere Lebensgewohnheiten. Wir registrieren, dass er bei intensiver Auseinandersetzung imstande wäre, uns zu quälen. Zudem müssten wir für eine lange Weile stillhalten, um ihm konzentriert hinterher zu sinnen. – Das würde Energie kosten, das würde uns Mühe bereiten, es erzeugt von vornherein unseren Unwillen. Außerdem ruft das Fernsehprogramm, der Whiskyabend, man will schließlich nichts verpassen im Leben. So reißen uns unsere inneren Impulse schnell wieder weg von uns selbst. Kronos saugt an unserem Gehirn: Wir wollen jenem anstrengenden Augenblick der Stille, in dem wir in Form einer subtilen Ahnung kurz auf uns selbst geblickt haben, entkommen. Und wir stürzen uns ins Leben, dem Whiskyabend entgegen, in Kronos Arme: Freizeitstress – die Raserei geht weiter. Nur für den Wimpernschlag eines Gedankens war Kairos bei uns, dann hat er sich wieder auf Zehenspitzen davongemacht.

Um den unbewussten Mechanismus verständlich zu machen, der den Menschen stets fortreißt, erzählt der Zen-Buddhismus die sehr eindringliche Geschichte von einem Mann und seinem Pferd: Der Reiter sitzt auf seinem dahinfliegenden Pferd, und es hat den Anschein, als müsse er ganz schnell zu einer dringenden Verabredung. Am Wegrand steht ein Mann. Der ruft: „Wohin des Weges?" Worauf der Reiter antwortet: „Keine Ahnung! Frag das Pferd!"

Dies ist die Geschichte unserer unbewussten Impulse, unserer Gewohnheiten, der eingeschliffenen Reaktionsweisen unseres Unterbewusstseins. Sie tragen uns mit sich fort. Je nervöser wir sind, desto stärker sind auch diese Impulse und desto schneller galoppieren sie mit uns davon. „Wir sind wie der Reiter auf dem Pferd: Wir wissen nicht, wohin es geht, und können nicht anhalten, sondern eilen weiter und weiter. Das Pferd ist mit der uns zur Gewohnheit gewordenen Energie zu vergleichen, die uns vorwärts treibt und gegen die wir nicht ankommen" (IN: THICH NHAT HANH, DAS HERZ VON BUDDHAS LEHRE).

Das Pferd verkörpert unser Unterbewusstsein, das uns dirigiert. Wir merken gemeinhin nicht einmal, dass wir die Zügel nicht in der Hand halten. „Das Gehirn funktioniert aufgrund seiner Geschichte, der wir kaum entfliehen können – sie ist uns nicht bewusst", schreibt Hania Luczak in ihrem Geo-Artikel, der den Stand der Bewusstseinsforschung erörtert (IN: GEO, 12/2004, DAS UNBEWUSSTE).

Für alles, was Gewohnheit ist oder Routine, hat der Organismus Netzwerke angelegt, die das Unterbewusstsein mühelos und ungefragt aktiviert. Was dort abgespeichert ist, wirkt vertraut und angenehm. Automatisch greifen wir darauf zurück – und entscheiden uns scheinbar frei für den Whiskyabend mit den Freunden, statt die einsame Kontemplation zu wagen, sie ist unvertraut, unangenehm, mühevoll.

Das Zur-Ruhe-Kommen im stillen Kämmerlein haben wir Menschen des Kronos-Zeitalters nie geübt. Wir haben es nie angefangen, nie wiederholt, wir haben nie irgendwelche Strukturen in unserem Unterbewusstsein dafür angelegt. Für alles aber, was unsere Routine gedanklich übersteigt, für all das, was wirklich ein ganz bewusstes neues andersartiges Tun ist in unserem Leben, benötigt unser Organismus ungeheure Energien. Er muss dafür neue Netzwerke anlegen, Botenstoffe, Signalkaskaden, Rezeptoren in Sekundenschnelle hochfahren und andere Körperfunktionen drosseln. 80 Prozent unserer Energie im Gehirn verschlingt unser Bewusstsein, und unser Unterbewusstsein nur 20 Prozent. Obwohl das Unterbewusstsein ein riesiger Speicher ist: Man kann es vergleichen mit einem gigantischen Eisberg im Meer, und das Bewusstsein ist nicht, wie früher angenommen, jene kleine Spitze des Eisberges, die über die Meeresoberfläche hinausragt, sondern das Bewusstsein ist lediglich ein winziger Schneeball, der auf der Spitze des Eisbergs liegt. Dieser winzige Schneeball frisst 80 Prozent unserer Energie. – Weswegen unser Gehirn, so oft es kann, auf Autopilot schaltet. Das Unbewusste ist der Energiespargang (VGL. GEO, 12/2004, DAS UNBEWUSSTE).

So sind wir im Teufelskreis unserer eigenen Bewusstseinsnatur gefangen: Wenn wir zum Whiskyabend gehen, fällt uns das leicht. Das Unterbewusstsein empfiehlt es uns sozusagen als hartnäckige Gewohnheit. Es kostet uns fast keine Energie, das Pferd rennen zu lassen und uns darauf zu setzen. Verharren wir dagegen still in unserer Kammer, nehmen wir unsere Hore, dann kostet uns diese neue, nie geübte Verhaltensweise eine ungeheure Anstrengung. Wir müssen uns furchtbar zusammenreißen. Aller Voraussicht nach wird es der heutige Durchschnittsmensch zunächst als schreckliche Plackerei empfinden. Weil wir selbst – genau wie diese von Kronos regierte Gesellschaft im Ganzen – niemals die Kontemplation geübt und niemals ihren Wert eingesehen haben, sind entsprechende Strukturen dafür in unserem Unterbewusstsein nicht angelegt. Uns fehlt die Basis. Deshalb fällt es uns so schwer zur Ruhe zu kommen und die Einsicht zu entwickeln, dass diese Ruhe unendlich heilsam ist für unsere geistige und körperliche Gesundheit. Die notwendige Bedingung für diese Einsicht nämlich wäre die Ruhe, in der wir uns selbst betrachten lernen. Wenn wir es aber nicht schaffen, diese Ruhe herzustellen, weil wir immer weiter getrieben werden, dann kann auch diese Einsicht nicht reifen. Statt heil zu werden, bleiben wir getriebene Opfer des Lebens.

Dem heutigen Menschen der westlichen Hemisphäre steht demzufolge nur ein Weg offen, wenn er nicht vom rauen Wind des Lebens herumgewirbelt werden will wie ein welkes Blatt: Will er ernsthaft die Herrschaft über sein Bewusstsein erringen, so muss er sich – entgegen seiner eigenen Impulse und entgegen der verfestigten Gewohnheiten fast der gesamten Gesellschaft – zur kontemplativen

Betrachtung seiner selbst zwingen, in dem schlichten und für ihn noch höchst spekulativen Glauben, sie möge ihm helfen, die Hoheit über sein Leben zurückzugewinnen. Er muss das Pferd zügeln und endlich Halt machen.

Die buddhistische Meditation hat zwei Aspekte: „shamatha" und „vipashyana". „Shamatha" bedeutet in der ersten Stufe „Halt machen" oder „aufhören" und anschließend in der zweiten Stufe „zur Ruhe kommen", „ruhen", „heilen". Und „vipashyana" bedeutet ein „tiefes Schauen", das uns zur Einsicht verhilft.

Der Stillstand, jene kleine Ewigkeit der Besinnung, die auch die Mönche immer wieder aus ihrem Tag herausschneiden, ist die erste und unabdingbare Voraussetzung, um erstens unseren Tag zu gestalten und zweitens wahrzunehmen, was mit uns selbst passiert. Alle Einsicht in die Prozesse, die unser Wesen bewegen, und jede Kontrolle über unser Bewusstsein ist an dieses ruhige Schauenkönnen auf sich selbst geknüpft. „Wir müssen", schreibt Thich Nhat Hanh, „das Pferd zum Stehenbleiben bringen, um unsere Freiheit wiederzuerlangen."

Wir müssen der Aktion die Kontemplation gegenüberstellen, wir müssen aus dem Bereich der Betawellen in den Bereich der Alphawellen wechseln. Man kann es auch ganz anders ausdrücken: Ohne Zweifel müssen wir – wie die Mönche – von Zeit zu Zeit Schätze in den stillen Weiten des Himmels sammeln, statt ununterbrochen irdischen Gütern hinterher zu jagen. Vor allem sollten wir den Gedanken beerdigen, solch stilles Verweilen bei sich selbst sei fruchtlos. Im Gegenteil: Aus der Ruhe unseres Geistes heraus wird jene Qualität geboren, die wir als Ziel des menschlichen Lebens definiert haben. Aus der konzentrierten wachen Ruhe wird unser inneres Wachstum geboren. Sie ist die Grundlage für unsere bestmögliche Entwicklung. Denken wir einmal zurück an den Weltklasseläufer Edwin Moses oder an die Skispringerlegende Jens Weißflog: Beide stellten – ähnlich wie die Mönche – vollkommene Unberührtheit her und wuchsen so (in aller Ruhe gewissermaßen) über ihre Konkurrenten hinaus.

Als weiteren prominenten Zeugen für die segensreichen Effekte unberührter Kontemplation könnten wir am Ende noch den Dichter Henry David Thoreau anführen, der lange allein im Wald lebte: „An manchem Sommermorgen saß ich, nachdem ich mein gewohntes Bad genommen hatte, von Sonnenaufgang bis Mittag in Träumerei versunken, auf meiner sonnenbeschienenen Türschwelle in ungestörter Einsamkeit und Stille, während die Vögel ringsumher sangen oder leise durch das Haus flatterten, bis ich durch an das westliche Fenster fallende Sonnenstrahlen oder durch Wagengerassel auf der Landstraße daran erinnert wurde, dass die Zeit vergeht. In solchen Stunden wuchs ich wie das Korn in der Nacht;

sie waren viel besser, als irgendwelches Werk meiner Hände gewesen wäre. Es war keine meinem Leben abgezogene, sondern um soviel dreingegebene Zeit (IN: HENRY DAVID THOREAU, WALDEN ODER LEBEN IN DEN WÄLDERN).

Vom Bewusstsein zum bewussten Sein: der Pfad der Achtsamkeit

„Millionen sind wach genug für physische Arbeit;
Aber nur einer unter der Million ist wach genug
zu wirksamer geistiger Anstrengung,
nur ein einziger unter hundert Millionen
zu seinem poetischen, göttlichen Leben.
Wachsein heißt leben.
Noch nie habe ich einen Menschen getroffen,
der ganz wach gewesen wäre.
Wie hätte ich ihm ins Gesicht sehen können!"
Henry David Thoreau
(IN: HENRY DAVID THOREAU, WALDEN)

Wenn wir die Kontrolle über unser Bewusstsein beanspruchen, so müssen wir zunächst in uns ein Bewusstsein erzeugen für die weitgehende „Bewusstlosigkeit", in der wir gewöhnlich unser Leben zubringen. Wir glauben ja, wir führten ein bewusstes Leben. Das ist unzutreffend: Wir sind zwar wach. Wir handeln zwar. Wir führen ganz offensichtlich ein Dasein, aber das ist in seinen überwiegenden Teilen abwesend, abgelenkt und unaufmerksam: Es ist alles andere als ein bewusstes Sein. Den größten Teil unserer Zeit stolpern wir – wie die Schlafwandler – durchs Leben, geführt von der Hand des eigenen Unterbewusstsein. „Nur bei seltenen wichtigen Belangen hebt das bewusste ‚Ich' gewissermaßen den Kopf und schreitet ein, wenn Gefahr droht oder das ‚Es' keinen Rat weiß," schreibt Hania Luczak (IN: GEO, 12/2004, DAS UNBEWUSSTE).

Aufgrund seiner gigantischen Speicherqualität weiß unser Unterbewusstsein in 99 Prozent aller Fälle Rat. Es greift auf vorhandene Reaktionsmechanismen zurück und ruft somit Standardlösungen für die normalen Alltagsanforderungen ab: Es sorgt einerseits dafür, dass wir irgendwie zurechtkommen mit unserem Leben, andererseits aber lässt es uns wieder und wieder innerhalb unserer gewohnten Schemata agieren. Das hat folgenden Nachteil: Wir stagnieren. Der ehemalige amerikanische Präsident Abraham Lincoln fasste diese Erkenntnis in einem schlichten Satz zusammen: „Wenn du stets das tust, was du immer getan hast, dann wirst du auch stets dasjenige erhalten, was du bislang immer erhalten hast." Unser Unterbewusstsein bevorzugt diese Vorgehensweise. Es fliegt auf Autopilot und unser Ich hat selten etwas dagegen einzuwenden. – Auch wenn wir uns gemeinhin einbilden, das Ich säße am Steuerknüppel, in Wahrheit ist es im Alltag weitgehend abgemeldet. Das Ich – schon Sigmund Freud hat es festgestellt – ist nicht Herr im eigenen Haus. Meistens pennt es.

Das Unterbewusstsein ist mit einer raffinierten Machtfülle ausgestattet. Wann immer es möglich ist, macht es sich selbständig. Wann immer wir für einen Moment nicht achtsam sind, greift es nach dem Steuer, und schon haben wir die Kontrolle über unser Geschick verloren. Ohne uns recht darüber klar zu werden, haben wir schon wieder ein Stückchen Schokolade aus dem Kühlschrank genascht, schon wieder eine Zigarette geraucht, unserem Kind schon wieder so eine unüberlegte Entweder-du-tust-das-jetzt-oder-Drohung an den Kopf geworfen, die nun ihre negative Dynamik entfaltet und uns in Zugzwang bringt. Wollten wir das eigentlich? Wollten wir jetzt rauchen? Wollten wir naschen? Wollten wir so mit unserem Kind umspringen? – Eigentlich nicht. Wir haben alles einfach irgendwie getan. Irgendwie automatisch. Irgendwie aus Gewohnheit. Irgendwie wie immer, haben wir es getan. Wo waren wir eigentlich mit unseren Gedanken? Warum haben wir die Drohung unserem Kind gegenüber nicht bewusst vermieden? Wo war es, unser Bewusstsein? Unter Zuhilfenahme solcher Fragen erkennen wir uns als eine Art Roboter: Das Unbewusste sitzt fröhlich am Joystick der Fernbedienung und lässt uns wie die Hampelmänner zum Kühlschrank marschieren – oder nach der Kippenpackung greifen. Aus dem Kellergeschoss unseres Geistes werden wir dirigiert, zumindest was die scheinbaren Routineangelegenheiten betrifft: Wir werfen unserer Frau eine schnoddrige Antwort hin, sie mault zurück, wir geben ordentlich Contra und schon hat sich die Situation verselbständigt: Wie von unsichtbarer Hand gesteuert, kommt der schönste Streit in Gang und erklimmt munter neue Höhen auf der Eskalationsskala. Später wundern sich dann alle Beteiligten, wie es aus derart nichtigem Anlass – was war es eigentlich? – so weit hatte kommen können.

Jenes bewusste Sein, das man Bewusstsein nennt, steht nicht einfach zu unserer Verfügung, sondern Bewusstsein müssen wir erst aus uns selbst hervorbringen. Dieses hohe Gut müssen wir tatsächlich produzieren. Darin liegt die wichtigste Aufgabe des starken und das Leben wirklich steuernden Ich: Es stellt Bewusstsein her – in möglichst großer Menge, in möglichst vielen Situationen. Statt die eigene Frau aus einem momentanen Ärger heraus zu verletzen mit unbedacht hervorgestoßenen Worten, überlegt sich ein sein Bewusstsein steuerndes Ich, bevor es spricht, ob sein Ärger nicht seiner schlechten Laune oder irgendwelchen unsinnigen Ansprüchen an den anderen entspringt. Falls diese Prüfung positiv ausfällt, schweigt dieses Ich und wundert sich fortan darüber, wie so kurzfristige Impulse wie ein kleiner innerer Ärger, die Menschen in einen Riesenkrach verwickeln können, der ihnen das Leben für Stunden oder Tage zur Hölle macht. Wollen wir solche Verwicklungen vermeiden, so sollten wir in uns ein tieferes, überschauenderes, kontrollierteres Bewusstsein erzeugen. Diese Produktion von Bewusstsein ist eine konkrete geistige Arbeit an uns selbst: Sie entspricht einem mehrstufigen Prozess, der stets dieselben Rohstoffe erfordert: Aufmerksamkeit, ruhige Beobachtung, Präsenz im Hier und Jetzt, Verweilen bei einer Sache, gerichtetes Denken.

Erstens benötigen wir Aufmerksamkeit für unsere Seinswirklichkeit im Hier und Jetzt. Zunächst einmal sollte uns auffallen, dass wir zum Kühlschrank gehen und Schokolade holen. Wir sollten registrieren, dass wir am Frühstückstisch sitzen, aber lediglich körperlich anwesend sind für unsere Familie, weil unsere Gedanken längst irgendwo auf der Arbeit herumschweifen. Wir müssen also unsere Handlungen im Hier und Jetzt betrachten und dann klären, wie wir gerade zu dieser Situation stehen. Das gelingt, indem wir uns etwa folgende Fragen beantworten: Wo befindest du dich? Was ist gerade jetzt die Wirklichkeit, die dich umgibt? Wo sind deine Gedanken und Gefühle? Was tust du gerade und welches Ziel genau verfolgst du dabei?

Wir könnten nun einwenden, wir wüssten doch, dass wir zu Hause beim Frühstück säßen mit unserer Familie. Allerdings – aber wir wissen es ungefähr ebenso gut, wie wir wissen, dass wir unseren Autoschlüssel gestern Abend irgendwo hingelegt haben und nun können wir ihn nicht mehr finden. Wir wissen solche Dinge, aber das heißt noch lange nicht, dass wir ein Bewusstsein haben dafür. Dieses Bewusstsein müssen wir, besonders wenn es sich um gewohnte Dinge handelt, willentlich erzeugen. Hätten wir beispielsweise unseren Autoschlüssel abgelegt und inwendig zu uns gesagt: „Du legst den Autoschlüssel jetzt an diese Stelle." Hätten wir uns mit einem Blick noch ganz deutlich jene kleine Holzschale auf dem Sideboard in unserem Flur eingeprägt, dann fänden wir, weil wir Bewusstsein erzeugt haben für unser eigenes Tun, am nächsten Tag den Schlüssel problemlos wieder (vgl: Rudolf Steiner, Nervosität und Ichheit).

Die Grundlage aller Herrschaft über unser Bewusstsein, unsere Tage und unser Leben besteht in der Entwicklung jener Qualität, die im Buddhismus eine herausragende Rolle spielt: Sie heißt Achtsamkeit. „Achtsamkeit bedeutet, sich jeglichen

Tuns im Alltag voll bewusst zu sein. Achtsamkeit ist wie eine Art von Licht, das all unsere Gedanken, all unsere Gefühle, all unser Tun und all unsere Worte beleuchtet. Achtsamkeit ist der Buddha. Achtsamkeit ist das Äquivalent zum Heiligen Geist, der Energie Gottes" (IN: THICH NHAT HANH, DIALOG DER LIEBE SEITE).

Niemand ist von dieser göttlichen Energie weiter entfernt als ein moderner Mensch. Achtsamkeit erfordert eine vollkommene Präsenz mit allen Sinnen und der gesamten Konzentration – ein vollkommenes Verweilen im Hier und Jetzt. Der Mensch der Kronos-Zeit tut genau das Gegenteil: Er ist nie richtig da, sondern immer schon beim Nächsten oder Übernächsten. Er kommt nie an in seiner eigenen Wirklichkeit. Wenn er beim Frühstück sitzt mit seiner Familie, ist er in Gedanken längst im Büro. Während er sein Marmeladebrötchen verschlingt, hüpfen seine Gedanken zu den alarmierend sinkenden Aktienkursen, die vorhin in den Nachrichten gemeldet wurden. Während er seinem Sohn eine schnelle Antwort hinwirft auf eine Frage, die er beinahe überhört hätte, überlegt er, wie er sein Aktiendepot umschichten muss. Während er sich von seiner Frau verabschiedet, überlegt er schon, wo eigentlich der Autoschlüssel liegt.

Ein solcher Mensch wird das Opfer jener Spielchen, die sein Bewusstsein mit ihm treibt. Wie an einem Nasenring führt es ihn durch die Arena des Lebens. Das Bewusstsein kontrolliert und steuert ihn, statt umgekehrt – wie es richtig und sinnvoll wäre – er sein Bewusstsein steuern würde. Rudolf Steiner, der Begründer der Waldorfpädagogik, bewertete diese Sprunghaftigkeit der Gedanken, diese permanente Abgelenktheit, die Unfähigkeit einen Gedanken selbst zu wählen, als sehr schädlich. Diese „Hast des seelischen Lebens" sei letztlich eine Form von Nervosität, die den Menschen schwäche. Schon Steiner – der von 1861 bis 1925 lebte – machte die Nervosität als ein umfassendes Phänomen seiner Zeit aus: „Überall ist etwas wie diese Nervosität vorhanden." Und er war sich sicher, in Zukunft werde es noch schlimmer kommen: „Nun wird das gewiss in den nächsten Zeiten für die Menschen nicht besser, sondern immer schlechter und schlechter werden. Gute Aussichten für die Zukunft, wenn die Menschen so bleiben, wie sie jetzt sind, können keineswegs irgendwie gegeben werden. Denn es gibt verschiedene Schädlichkeiten, die unser gegenwärtiges Leben in einer ganz außerordentlichen Weise beeinflussen und die sich, man möchte sagen epidemisch, von einem Menschen auf den anderen übertragen, so dass nicht nur der, der in dieser Richtung ein wenig krankhaft ist, sondern dass auch andere angesteckt werden, die vielleicht nur schwach, aber sonst gesund sind" (IN: RUDOLF STEINER, NERVOSITÄT UND ICHHEIT).

Würde der Begründer der Anthroposophie heute aus seinem Grab aufstehen, er würde wahrscheinlich in tiefe Verzweiflung darüber geraten, in welchem Ausmaß er Recht gehabt hat mit seiner Prophezeiung. Der Mensch des beginnenden dritten Jahrtausends ist vermutlich sprunghafter in seinem Wesen als jede Generation zuvor. Er ist in erster Linie ein Zappelphilipp. Sein hektisches Wesen ist allerdings nur ein Symptom an der Oberfläche. Die eigentliche Krankheit sitzt tiefer. Der nervöse getriebene Kronos-Mensch findet keine echte Beziehung zu seinem eigenen Menschsein. Mit seiner sprunghaften Art gelingt es ihm nicht annähernd, in die Geheimnisse des Lebens vorzudringen und den Kern seines Wesens sowie den Sinn seines Daseins zu ergründen. Der Kronos-Mensch entwickelt kein tiefes Bewusstsein für das Leben, er surft nur auf dessen Oberfläche umher. Er produziert dabei gigantische Betriebsamkeit, um ja keinen Blick in die Tiefen seines Wesens werfen zu müssen, wo die Leere lauert, der Mangel an einem wirklichen Lebenssinn. Das muss überdeckt werden.

Wenn der Papa aus dem Kronos-Zeitalter am Abend zum Kühlschrank marschiert, um Schokolade zu holen, sind seine Gedanken schon beim Fernsehprogramm, wo er sich endlich entspannen will. Er registriert nicht, dass er die Schokolade in sich hineinstopft, weil der Büro-Tag ihn wieder einmal nervlich ausgelaugt und im Innersten frustriert hat. Er bemerkt sein inneres Bedürfnis nicht, sich seine unbefriedigenden Tage nachträglich zu versüßen. Ein solcher Mensch entwickelt kaum Bewusstsein für jene untergründigen Zusammenhänge, die sein Handeln dominieren.

Der erste Schritt nun auf dem Weg zu wirklicher Bewusstwerdung wäre: Zur Ruhe kommen und jene Situation, in der wir uns befinden, klar und vorsätzlich in unser Bewusstsein rufen. Wir prägen Achtsamkeit aus, wir entwickeln Aufmerksamkeit – und zwar in zwei Richtungen. Nach außen – was ist gerade die aktuelle Wirklichkeit, die uns umgibt? Wo befinden wir uns? Wie sieht unser Gegenüber aus? Und nach innen – wie stehen wir selbst in dieser Wirklichkeit? Wo sind wir gerade mit unseren Gedanken? Hören wir unserem Gegenüber wirklich zu? Nehmen wir ihn oder sie wirklich wahr? Oder träumen wir schon, falls Sie sehr hübsch ist, mit ihr ins Bett zu gehen? Hören wir unserem Sohn zu? Interessieren wir uns für ihn und das, was er zu berichten hat aus seinem Kindergartenalltag, der für ihn doch ebenso wichtig und bewegend ist, wie für uns unser Berufsalltag? Sind wir also wirklich bei ihm mit unserem Bewusstsein oder schenken wir ihm nur jene lächerliche Form der Aufmerksamkeit, die aus einem Pflichtgefühl heraus ein ganz klein wenig Interesse heuchelt, aber im

Grunde doch genervt ist und mit ihren Gedanken bei den abstürzenden Aktienkursen weilt?

Wenn wir auf diese Weise uns selbst beobachten in Situationen des Alltags, dann entwickeln wir nach und nach eine Fähigkeit, die man die Kraft zur Unterscheidung nennen könnte: Schritt für Schritt gelangen wir aus einer bloßen Gedankenwelt, die uns wegzieht, hinein in die aktuelle Wirklichkeit unseres Seins. Wir machen uns zu diesem Zweck zwei Dinge bewusst: Erstens jenen Gedankenmechanismus in unserem Kopf, der stets auf die Zukunft gerichtet ist, also den vor uns liegenden Tag im Büro, und uns wegzieht vom Frühstückstisch. Das ist unsere Gedankenwelt hinter der sich häufig Sorgen verbergen: Beispielsweise eine innere Angst vor dem Tag im Büro, weil wir fürchten, ein großer Auftrag könne verloren gehen. Neben dieser Gedankenwelt existiert die konkrete Frühstückssituation, in der wir uns gerade befinden. Das ist die Realität. Wir schaffen uns also ein Bewusstsein für die Wirklichkeit und für unsere Beziehung zu dieser Wirklichkeit. Wo bin ich, und wo sind meine Gedanken? Warum ist meine Aufmerksamkeit nicht hier – am Frühstückstisch?

Durch diese Form der Achtsamkeit oder Wachheit erzeugen wir in zweierlei Weise Bewusstsein: Erstens für die Wirklichkeit um uns herum und zweitens für die Wirklichkeit des eigenen Gefühls- und Gedankenlebens. Wir sitzen also nicht länger beim Frühstück wie die stumpfsinnigen Automaten, sondern wir werden uns stattdessen vollkommen dessen bewusst, dass wir beim Frühstück sitzen. Dass wir gerade das dritte Weißmehlbrötchen hinunterschlingen in unsäglicher Hast. Dass wir im letzten Monat drei Kilo zugenommen haben. Dass wir mit unserem Kind kaum reden – dass der Tag im Büro uns schon jetzt im Magen liegt, dass beides vielleicht etwas miteinander zu tun haben könnte und so weiter. Durch die Achtsamkeit beginnen wir nun die Dinge ganz bewusst zu registrieren und zu beobachten. So fangen wir an, unser Leben zu durchdringen mit dem Licht des Bewusstseins.

Der zweite Schritt besteht in der Gedankenkontrolle. Wir lassen unsere Gedanken nicht mehr unbeaufsichtigt herumspringen, so wie sie es gerade lustig finden. Wir treiben ihnen diese nervende Untugend aus. Wir halten sie vom Büro fern, von den Aktienkursen, von den Sorgen – weil wir all das im Moment sowieso nicht beeinflussen oder lösen können – und richten unsere Gedanken stattdessen bewusst auf unsere aktuelle Lebenssituation im Hier und Jetzt, der wir konsequent hinterher sinnen in ihren Zusammenhängen und kleinen Auffälligkeiten.

Wir machen es so ähnlich wie ein Bauer, der am Morgen und am Abend zum Himmel schaut. Dort beobachtet er die Wolken, studiert wie sie beschaffen sind, achtet auf die Färbung, freut sich über das leichte Morgenrot, registriert den Dunst am Horizont, bemerkt den kühlen Windhauch aus Westen, zieht eine tiefe Prise frischer Luft durch die Nase, um ihr hinterher zu schmecken – und weiß irgendwann, nachdem er über Jahre seine Beobachtungen regelmäßig gemacht hat, dass es schneien wird in der Nacht oder regnen. Durch seine aufmerksame Beobachtung der vielen Phänomene – des Windes, der Wolken, des Geschmackes der Luft, des Dunstes – hat sich dem Bauern das Zusammenspiel dieser vielen Faktoren irgendwann erschlossen: Indem er sie beobachtete und darüber nachsann, bildeten sich nach und nach die Gedanken heraus, die seinen geistigen Horizont aufklaren ließen, und ihm den inneren Zusammenhang des Wetters preisgaben.

Gewöhnlich ist eine solch überschauende Beobachtung dem modernen Menschen in seinem turbulenten Alltag kaum möglich. Eine solche Arbeit erfordert eine gewisse distanzierte Ruhe und Konzentration. Deswegen benötigen wir die Phasen der Kontemplation: Am Abend beispielsweise könnten wir uns endlich hinsetzen, um in stummer Weltenferne noch einmal vor unserem geistigen Auge die Geschehnisse des Tages heraufzubeschwören und sie aus einer distanzierten Ruhe heraus möglichst präzise zu betrachten. Geduldig verweilen wir bei ihnen, bis sie sich durch die ruhige Beobachtung und unser tiefes Nachsinnen unserem Inneren erschließen. Wie der Bauer auf die Wolken, so blicken wir auf unsere Lebenssituationen und auf unsere eigenen Verhaltens- und Reaktionsweisen in diesen Alltags-Situationen, um zu bewussten Erkenntnissen über unser Wesen zu gelangen. Wir schauen mit einem intensiven, aber gleichmütigen Interesse hin, das nichts beiseite schiebt und nichts vorschnell bewertet. Wir betreiben eine schlichte Nachbeobachtung unseres Tages und unserer eigenen Rolle, die wir darin spielen. Indem wir diese Art von Beobachtung über einen längeren Zeitraum ausprägen, lernen wir jene Winde kennen, die uns umtreiben, und die Wolkengebilde, die aufziehen an unserem inneren Himmel, um uns die klare Sicht zu verhageln. Es ist ein Bewusstwerdungsprozess, der sich von selbst einstellt mit der Zeit. Wir können ihn nicht forcieren, aber wir können uns in aller Ruhe und Gewissheit darauf verlassen, dass er schließlich eintreten wird. Erinnern wir uns an die Alphawellen: Unser Bewusstsein arbeitet am besten aus einer entspannten konzentrierten Ruhe heraus. Es wird dann, wenn es viel ruhiger geworden ist als gewöhnlich unterm Tage, auch viel tiefer eindringen in die verborgenen Beweggründe unseres Lebens.

Mit der Nachbeobachtung erzeugen wir eine neue Sensibilität unseres Bewusstseins. Beim nächsten Frühstück zum Beispiel werden wir etwas wacher sein und besser auf alles achten, was sich abspielt in uns und um uns herum. Unsere Achtsamkeit ist ein wenig ausgeprägter, unser Bewusstsein einen Tick schärfer geworden. Trainieren wir unser Bewusstsein nun weiter mittels der Nachbeobachtung, dann zeigt sich derselbe Effekt wie beim normalen sportlichen Training im Hinblick auf den Körper: Das Bewusstsein wird leistungsfähiger, seine Kapazität wächst. Es prägt einerseits einen immer höheren Grad an Wachheit aus im Alltag und andererseits durch die Kontemplation eine immer größere Tiefe der Erkenntnis. Mehr und mehr Gedanken werden sich herausschälen zu gewissen Situationen, die wir nun über Tage oder Wochen verfolgt haben. Damit bekommt unser Bewusstsein eine neue Qualität. Es dringt soweit unter die Oberfläche, dass es beginnt, die bislang unbewussten Mechanismen zu durchschauen, die in jenen Lebens-Situationen wirken. Wir fangen an, uns über Dinge klar zu werden, die zwar immer schon wie nächtliche Traumgebilde oder ferne Ahnungen in uns lebten, uns aber nie so konkret bewusst wurden, dass wir sie wirklich in ihren Zusammenhängen und Konsequenzen richtig durchschaut hätten.

Wir wussten also, dass uns die Weißmehlbrötchen vom Frühstück irgendwie im Magen lagen. Aber wir haben erst durch die gezielte Nachbeobachtung bewusst registriert, wie sehr sie unsere Energie eigentlich bremsten. Wir haben auch nicht bewusst registriert, dass es die Weißmehlbrötchen sind und die zwei Hörnchen am späten Vormittag, die uns wieder ein paar Kilo zunehmen ließen. Wir haben bislang auch nicht bemerkt, dass die Abneigung gegen den Tag im Büro, unser Bedürfnis erst erzeugt, möglichst viele Marmeladebrötchen in uns hineinzuschaufeln, weil wir uns auf diese Weise den frustrierenden Arbeitsalltag versüßen müssen. Auch haben wir nie bemerkt, dass unser Sohn beim Frühstück nur so maulfaul ist, weil er über die Jahre die Erfahrung gesammelt hat, dass wir ihm ja sowieso nicht anständig zuhören, weil unsere Gedanken stets woanders sind: bei für uns scheinbar wichtigeren Dingen als ihm. – Solche Zusammenhänge beginnt unser Bewusstsein mit der Zeit zu enttarnen, wenn wir systematisch genug Situationen aus unserem Alltag beobachten. Es leuchtet zunehmend jene Bereiche aus, die bislang in der Dunkelheit des Unbewussten verborgen blieben. Die Kontemplation führt uns mehr und mehr in ein bewusstes Sein. Sie erweitert unser Bewusstsein. Somit gelangen wir zu folgender Erkenntnis: „Deine Frühstücksgewohnheiten sind eine Katastrophe. Du bist ein von seinen Gedanken hin- und hergetriebenes Nervenbündel, das jeden Monat ein bisschen fetter wird und seinen eigenen Sohn verprellt.“

Mit dieser Erkenntnis landen wir beim vierten Schritt, der notwendig ist zur Produktion von Bewusstsein: Wir haben uns aufgerafft, den reißenden Strom unserer Impulse, die uns ständig weiter treiben wollen, willentlich zu unterbrechen. Wir haben somit zunächst die Kraft aufgebracht, das Pferd zu stoppen und uns am Abend hinzusetzen zur ruhigen Kontemplation. Das ist die erste große Leistung, einmal alles anzuhalten. Darüber hinaus haben wir während der Kontemplation unsere Alltagssituationen und unser Verhalten nachträglich noch einmal einer aufmerksamen und gleichmütigen Betrachtung unterzogen, bis wir gedankliche Erkenntnisse gewannen über wesentliche Zusammenhänge. Das ist der zweite wichtige Schritt in unserer Bewusstseinsarbeit. Außerdem (Schritt drei) haben wir während unseres Tages, beispielsweise beim Frühstück, die objektive Wirklichkeit, die uns umgibt, von unseren subjektiven Gefühls- und Gedankenwelten unterschieden, die uns stets aus dieser Wirklichkeit fortzerren wollen. Was geht in unserem Kopf vor, wohin driften wir aus welchem Beweggrund gedanklich ab? Und was ist das tatsächliche Hier und Jetzt, das uns umgibt?

Nun, nachdem wir uns auf diese Weise geübt haben, ist uns klar geworden, dass wir mit unserem Sohn wie mit allen anderen Menschen und Dingen nur in lebendigen Kontakt treten können in jenem Raum, den man den Raum des Bewusstseins nennen könnte. Dieser Raum tut sich immer nur in der Gegenwart auf, im Hier und Jetzt. Und diesen einzigartigen Raum müssen wir erst erzeugen, indem wir ihn frei machen von jenen Gedanken und Gefühlen, die uns daraus wegziehen wollen. Wir erzeugen diesen Raum des Bewusstseins, indem wir absolut präsent werden. Nur auf diese Weise können wir in echten Kontakt mit der uns umgebenden Welt und mit uns selbst treten. Zwei notwendige Bedingungen müssen dazu erfüllt sein: Wir benötigen eine hohe Achtsamkeit gegenüber unserem eigenen Bewusstsein, damit wir bemerken, wann es abschweift. Diese Achtsamkeit nach innen entspricht der Kontrolle über unser Bewusstsein. Zweitens steuern wir unser Bewusstsein, indem wir es gezielt ausrichten auf ein Objekt unserer Wahl, dem wir nun unsere ganze Wachheit und Aufmerksamkeit widmen – zum Beispiel unserem Sohn während des Frühstücks.

Auf diese Weise beginnt unser Ich den Kopf zu heben: Wir haben nun unsere Frühstücksgewohnheiten aus dem Dunkel des Unterbewusstseins ins Licht des Bewusstseins gehoben. Wir haben Bewusstsein für sie produziert. Durch diese gezielte Produktion von Bewusstsein wurde unser Ich geweckt. Und nun schüttelt es verblüfft den Kopf, weil es feststellen muss, dass unsere Frühstücksgewohnheiten eine ziemliche Katastrophe sind.

Diese Erkenntnis trägt in sich die Mahnung, das Frühstück in Zukunft anders zu gestalten. Unserem Familienvater wächst plötzlich eine neue Verantwortung zu. Bislang wusste er es ja nicht besser, Frühstück war eben Frühstück in seinen Augen. Aber aus der Tatsache, dass er es nun tatsächlich besser weiß, erwächst wie von selbst eine Aufforderung zum Eingreifen. Sein Frühstück – das ihm bislang etwas zutiefst Banales schien, etwas über das er sich nie Gedanken gemacht hat – wird für ihn plötzlich zu einer Gestaltungsaufgabe. Es wird zu einem Teil seines Lebens, in den er nunmehr – nachdem er ein Sehender geworden ist und nicht länger blind für die Zusammenhänge – mit einer bewussten Absicht eingreifen soll. Mit der Produktion von Bewusstsein ergeht die Aufforderung an unseren Familienvater, die Dinge zu steuern, sie zu ordnen und zu formen. Kraft seines Geistes soll er ihnen eine selbst gewählte und selbst verantwortete Struktur geben. Zum aktiven Gestalter soll er werden, zum bewussten Herrn über seine Gewohnheiten – und sein Leben. Auf Papa wartet jetzt eine Entscheidung.

Das ist der vierte Schritt der Bewusstseinbildung – und er stellt noch eine viel höhere Anforderung an uns, als die bisherigen drei Schritte: Wir haben das Pferd gezügelt. Wir haben zur Ruhe der Kontemplation gefunden. Wir haben in einem achtsamen Schauen nach innen und nach außen ein neues tieferes Bewusstsein für uns selbst und unsere Umwelt hervorgebracht – und nun müssen wir in einem vierten Schritt unseren Erkenntnissen Taten folgen lassen. Dabei stoßen wir auf eine riesige Hürde: die Macht der Gewohnheit, die Macht des Vertrauten, die Macht des Unterbewusstseins. Trotz aller Einsicht in die Notwendigkeit, so einfach kann unser Familienvater seine katastrophalen Frühstücksgewohnheiten gar nicht ändern. Er wird hart darum ringen müssen. Um erfolgreich zu sein, braucht er eins: ein starkes Ich. Dieses Ich, das den neuen Anforderungen, die seiner tieferen Bewusstheit entspringen, wirklich gewachsen ist, muss er erst noch entwickeln. Er benötigt ein Ich, das die innere Substanz aufbringt, das Leben wirklich gemäß der eigenen Einsichten zu formen.

Nicht Opfer der Umstände werden: Wie das Ich die Hoheit über sein Leben gewinnt

„Auf die Beschaffenheit
des Tages selbst einzuwirken,
das ist die höchste aller Künste.
Jeder Mensch hat die Aufgabe, das Leben
selbst in seinen Einzelheiten
der Betrachtung seiner höchsten
und kritischsten Stunde würdig zu gestalten."
Henry David Thoreau
(IN: HENRY DAVID THOREAU, WALDEN)

Immer wenn wir wirkliches Bewusstsein für etwas in uns erzeugen, dann geraten wir unweigerlich an einen Punkt, an dem wir mit der Notwendigkeit konfrontiert werden, eine ganz bewusste Entscheidung zu treffen – nicht nur im Hinblick auf die großen Problemfälle unseres Lebens, sondern vor allem im Hinblick auf die kleinen alltäglichen Dinge. Betrachten wir unseren Alltag einmal als das Hier und Jetzt der Gegenwart, dann ist dieses Hier und Jetzt die einzige Zeit, in der wir wirklich Entscheidungen treffen und Einfluss auf unser Leben nehmen können. Und die Summe unserer Handlungen im Hier und Jetzt wird unsere Zukunft bestimmen: Sitzen wir bis spät in die Nacht vorm Fernseher, sind wir eben am nächsten Tag müde und können uns schlecht konzentrieren. Essen wir im Hier und Jetzt zu viele Weißmehlbrötchen, werden wir in der Zukunft einen dicken Bauch vor uns hertragen. Vernachlässigen wir in den vielen Augenblicken des Hier und Jetzt den Kontakt mit unseren Kindern, so werden sie uns eines Tages entgleiten. Hetzen wir uns im Hier und Jetzt unseres Büroalltags ständig ab, werden wir in der Zukunft aller Voraussicht nach mit einem Herzinfarkt oder einem Burn-Out-Syndrom konfrontiert werden. Das Hier und Jetzt ergibt in der Summe all seiner Details unsere Zukunft. Angesichts dieser Aussicht sollten wir sehr auf dieses jeweilige Hier und Jetzt achten und ganz bewusst entscheiden, wie wir jeden Augenblick unseres Lebens gestalten.

Sein Bewusstsein tatsächlich zu kontrollieren, bedeutet nichts anderes, als ein Bewusstsein zu entwickeln für die zukünftigen Folgen unserer Handlungen. Und sein Bewusstsein zu steuern, heißt, sich im Hier und Jetzt für ein Verhalten zu entscheiden, das in der Zukunft möglichst positive Folgen für uns und andere hat. Lassen wir uns im Hier und Jetzt unseres Arbeitsalltags zur Hetze verleiten, so werden wir am Abend mit einem angekratzten Nervenkostüm nach Hause gehen. Wir werden uns nicht auf unsere Kinder konzentrieren können, wir werden unsere Fahrigkeit auf sie übertragen und vermutlich werden wir auch schlecht schlafen, weil wir lange brauchen, um zur Ruhe zu finden. Durch den Schlafmangel nehmen wir dann schon eine gewisse Nervosität in den nächsten Tag mit hinüber, was dazu führt, dass wir unsere Arbeit noch fahriger erledigen und unsere eigenen Kinder am Ende des Tages noch unachtsamer behandeln: Unsere Nervosität potenziert sich. Das Nervensystem wird über die Zeit dünner und dünner. Kleine Ursachen haben also große Wirkungen – auf uns selbst und auf die Menschen in unserem Umfeld.

Nur wenn wir uns im jeweiligen Hier und Jetzt ein Bewusstsein schaffen für diese langfristigen Auswirkungen unseres Handelns, wird uns klar werden, dass es unsere wichtigste und ureigenste Aufgabe ist, steuernd in unser Leben hineinzugreifen. Letztlich kann uns nur die Kraft unseres Bewusstseins davor schützen, dass uns unsere eigenen Impulse fortreißen und uns, indem sie uns nervlich, körperlich und geistig verschleißen, schweren Schaden zufügen. Wenn also der Stress auf uns überzugreifen droht im Büro, müssen wir uns – so schwer das auch fallen mag – schon aus Gründen des Selbstschutzes tatsächlich unsere Hore nehmen, um jene innere Ruhe und souveräne Wachheit herzustellen, aus der allein wir die geistige Hoheit über die Situation gewinnen können. Aus dieser Ruhe heraus, in der wir uns einen wachen Überblick verschaffen, treffen wir schließlich eine glasklare und vollverantwortliche Entscheidung darüber, wie wir mit dieser Situation umgehen.

Carlos Castaneda schreibt in einem seiner berühmten Bücher: „Wir haben zwei Arten, auf die Tatsache zu reagieren, dass wir lebendig sind. Zum einen können wir uns blind unterwerfen, indem wir den Forderungen des Lebens gehorchen, oder indem wir sie bekämpfen. Zum anderen können wir unsere Lebensumstände so gestalten, dass sie unserer eigenen Konfiguration entsprechen. Wir können unsere Situation so gestalten, dass sie unseren eigenen Bedingungen entspricht. Dazu gehört es, sich mit dem Unterschied zwischen dem Leben und dem Lebendigsein vertraut zu machen: Zwischen dem bloßen Leben als Resultat biologischer Kräfte, und dem bewussten Lebendigsein als Akt der Erkenntnis. ‚Wenn Zauberer davon sprechen, die eigene Lebenssituation zu gestalten', erklärte Don Juan, ‚so meinen sie die Gestaltung des Bewusstseins lebendig zu sein'" (IN: CARLOS CASTANEDA, DIE KUNST DES TRÄUMENS).

Der Weg zu der Gestaltung eines hoheitlich agierenden, lebendigen Bewusstseins ist der Weg des Menschen zu sich selbst. Er besteht aus drei wesentlichen Schritten: Zuerst muss der Mensch die Wachheit entwickeln, jede Situation im Hier und Jetzt seines Alltags möglichst klar und umfassend wahrzunehmen. Dann muss er sie aufgrund seiner eigenständigen Gedankenbildung in ihren Auswirkungen analysieren. Und am Ende muss er kraft seiner eigenen, aus tiefem Schauen geborenen (Welt)-Anschauung bewusst und in Ruhe entscheiden, wie er mit dieser Situation umgeht.

Diese wohlbedachte und hoheitliche Entscheidung aus der reinen Kraft des Geistes über alle Alltagsdinge ist das Kennzeichen eines erwachten Menschen. Durch sie übernimmt er die Verantwortung für sein Leben und wird zu dessen Gestalter. In der Entscheidung beantwortet er Lance Armstrongs alte Frage: Welcher Mensch will ich werden? Welches Leben will ich führen? In jeder kleinen Entscheidung, der eine umfassende Bewusstwerdung vorausgeht, erwacht das eigentliche ‚Ich' des Menschen. Und mit jeder dieser Entscheidungen formuliert es klarer seine ureigene Position zur Welt und beginnt aus der Souveränität dieser Position heraus zu handeln. Mit der Summe solcher Entscheidungen schließlich erschafft das Ich sich selbst und erfüllt so seinen Lebensauftrag. Es meißelt jenen souveränen, sein Leben steuernden Menschen aus sich heraus, der es seinem erwachten Bewusstsein nach sein will. Es wird ein Original, statt eine Kopie überlieferter Ansichten und unbewusster Gewohnheiten zu bleiben. Und es wird darüber hinaus mit dem Licht seiner Flamme den Weg für die anderen erleuchten.

Indem der erwachte Mensch die Dinge nicht mehr länger mechanisch tut, weil er sie immer so getan hat, oder weil sie alle anderen so tun, lebt er seinen Mitmenschen eine ganz neue Beziehung zum Leben vor. Anhand seines Vorbildes lernen sie das Leben als etwas zu begreifen, das in einem ungeheuren Ausmaß formbar ist. Sie merken, dass sie tausende von Entscheidungen treffen können – jeden Tag, und dass sich daraus tausende von Gestaltungsmöglichkeiten ergeben. In ihnen entwickelt sich ein Gefühl für ihre eigene Macht, die sie über ihr Leben besitzen. Mit diesem Gefühl wächst dem Ich Kraft zu. Es registriert, dass es die Dinge ändern kann. Es ist fasziniert davon, dass es Schritt für Schritt über sein altes Leben hinausgehen kann. Das Ich wächst plötzlich kraft seiner souveränen Entscheidungen in neue selbstbestimmte und selbstgestaltete Seinsweisen hinein, die ihm bislang fremd und unerreichbar waren. Es wird im eigentlichen

Sinne selbst aktiv. Es wird im eigentlichen Sinne lebendig. Es wird zum Schöpfer seines eigenen Seins.

Dieser Weg über unser altes unbewusstes Ich hinaus und hin zu uns selbst, ist der Weg, auf dem wir heil werden können. Er ist der uralte Heilsweg der Religionen. Der Benediktinermönch Anselm Grün schreibt: „Oft werden wir gelebt, anstatt selbst zu leben. Jesus stiftet uns zum eigenen Leben an. Er ermutigt uns, unseren ureigenen Weg zu gehen. Nur so werden wir lebendig, zu Zeugen des Lebens. Leider verstehen viele Christen Jesus nicht als Anführer zum Leben, sondern als Zuflucht vor dem Leben. Weil sie Angst vor Auseinandersetzungen haben, fliehen sie zu Jesus. Doch damit verfälschen sie Jesus und sein Anliegen. Jesus ist dort, wo Leben ist, nicht dort, wo man sich aus Angst vor dem Leben in fromme Regeln flüchtet. Jesus stiftet uns an, das eigene Leben zu wagen, ohne ständig auf die Meinungen der anderen zu achten" (IN: ANSELM GRÜN, BILDER VON JESUS).

Die bewusste Entscheidung, die langsam einsetzende Sehnsucht nach einer selbstbestimmten Seinsweise, das zunehmende Bestreben sein Leben wirklich hoheitlich zu führen – das ist nur die eine Seite der Medaille: Auf der anderen Seite lauern die langjährigen Gewohnheiten. Dort erheben sich die Widerstände. Dort haust auch die tiefsitzende Angst, die uns zurückschrecken lässt vor einer umfassenden Selbstbestimmung. Wenn alle in der Firma rotieren wie die Verrückten, wie sehr stempeln wir uns dann zum Außenseiter, wenn wir erst einmal in aller Ruhe nachdenken und dann ebenso ruhig und scheinbar unberührt handeln? Wir werden etwas absonderlich erscheinen in den Augen der anderen. Könnte uns solche Unberührtheit nicht auch negativ ausgelegt werden? – Wer selbstbestimmt handeln will, braucht ein Ich, das stark genug ist, den Konformitätsdruck gleichmütig an sich abprallen zu lassen und seinen eigenen Weg zu gehen. In der Regel sind wir dafür zunächst noch zu schwach.

Das heißt: Wir wissen zwar, welcher Mensch wir werden wollen. Wir wissen, wie wir unsere Frühstücksgewohnheiten ändern wollen. Wir wissen, wie wir mit dem Stress im Büro künftig umgehen wollen. Wir haben uns ein Bewusstsein für die Mangelhaftigkeit unseres bisherigen Tuns geschaffen und daraufhin die Entscheidung getroffen, die Dinge zu ändern. Aber deswegen besitzen wir noch lange nicht die Kraft, unserem Entschluss auch entsprechende Taten folgen zu lassen. Unsere guten Vorsätze lösen sich in Nichts auf wie die Schneehäufchen in der Frühlingssonne. Eh wir uns versehen, haben wir uns wieder von der Hektik im Büro infizieren lassen. Der Geist ist willig, das Fleisch bleibt schwach.

Ähnlich wie wir vorsätzlich ein größeres stärkeres Bewusstsein produziert haben, müssen wir nun ein größeres stärkeres unabhängigeres Ich hervorbringen, das nicht bei seinen gedanklichen Erkenntnissen und seinen guten Vorsätzen stecken bleibt, sondern in der Lage ist, genau das zu leben – gegen alle Widerstände, gegen die Aufgeregtheit des Zeitgeistes, gegen herrschende gesellschaftliche Übereinkünfte – was es als richtig erkannt hat. Denn ohne diese Tat bleibt unser Denken fruchtlos, und unser Ich nur ein Schatten seiner selbst. Was wir denken, müssen wir auch tun. Wir müssen leben, was wir denken, sonst bleibt unser Leben unerfüllt. Sein Denken, seine Erkenntnisse mit seinem Leben und Handeln in Übereinstimmung zu bringen, darin liegt die schwierige Aufgabe des Ich.

Wir kommen ja alle, so wie unser Familienvater oder unser dicker Faulpelz auf dem Sofa aus dem Kapitel über die Entropie, von Zeit zu Zeit im Leben zu gewissen Einsichten in die Schädlichkeit unseres Tuns. Meist geht diesen Einsichten ein gewisses Leiden voraus, das uns wachrüttelt und zum Nachdenken veranlasst. Unser Faulpelz auf dem Sofa beginnt beispielsweise sich zunehmend unwohl in seiner Haut zu fühlen. Hin und wieder sticht jämmerlich das Herz, die Speckringe um den Bauch sind längst auf den Durchmesser stolzer Fleischwürste angeschwollen und, unser Faulpelz spürt es ja, seine Energien schwinden Jahr um Jahr.

„So", wird er sich deshalb eines schönen Tages schwören, „kann das beim besten Willen nicht mehr weitergehen." Auf diese Einsicht folgt der typische Entschluss eines Ich, das unter seinen Gewohnheiten zu leiden beginnt: „Ab morgen", entscheidet kühn das Ich, „wird alles anders." Unser Familienvater schafft also die Weißmehlbrötchen ab, streicht die Marmelade, den Kaffee und die Aktienkurse, unterhält sich beim Frischkornmüsli munter mit seinem Sohn, übt den ganzen Tag über Achtsamkeit und zieht sich am Abend für eine Stunde zur Kontemplation zurück. Und unser dicker Faulpelz beschließt, ab morgen joggen zu gehen. Er schnürt die Turnschuhe, quält sich dreimal pro Woche für eine Dreiviertelstunde durch den Wald – und landet nach spätestens zwei Wochen wieder auf seinem Sofa. Aus einem Grund: Er wollte zu viel auf einmal. Er hat sich total überfordert. Er hat riesige Energien investiert und seine Kraft verschlissen. Am Ende fällt er zurück in die alte Gewohnheit. Und unser Faulpelz wird sich sagen: „Meine Versuche sind aussichtslos. Ich muss einsehen, dass ich zu schwach bin, um mich und meine Gewohnheiten zu ändern." Diese Einsicht führt ihn an den Rand der Depression. Er hat sein Ich nicht gestärkt. Im Gegenteil: Er ist frustrierter und mutloser als zuvor: Indem er – wie heutzutage üblich – viel zu viel und viel zu

Großes wollte in viel zu kurzer Zeit, hat er sich eine Niederlage zugefügt, die sein Selbstvertrauen aufzehrt.

Genauso wird es unserem Familienvater ergehen, wenn er kraft seiner neuen Einsichten zum großen entscheidenden Schlag gegen seine bisherigen Lebensgewohnheiten ausholt. Er wird scheitern: Mit dem Ergebnis, dass – was das Frühstück betrifft und auch seine sonstige Tagesgestaltung – am Ende alles beim Alten bleibt, und sein frustriertes Ich über lange Zeit nicht mehr die Kraft findet zu einem neuen Versuch.

Um unser Ich zu stärken, müssen wir diesem impulsiven Drang, viel zu viel auf einmal zu wollen, widerstehen. Nicht in solcher Impulsivität liegt die Stärke des Menschen, sondern in einer sanften Beharrlichkeit. Wir wählen folglich die Methode des steten Wassertropfens, der den Stein höhlt. Folgendes rufen wir uns dazu noch einmal ins Gedächtnis. Erstens: Gewohnheiten sind mächtig, wir benötigen riesige Reserven an Bewusstseinsenergie, um sie zu ändern. Zweitens: Wir fühlen uns zu unseren langjährigen Gewohnheiten hingezogen. Sie sind jene heimeligen, tief vertrauten Pfade, auf denen wir durch unser Leben wandeln. Sie vermitteln uns das Gefühl von Geborgenheit. – Nichts beispielsweise erscheint uns verlockender als der Duft von Kaffee und Marmeladebrötchen zum Frühstück, nichts vertrauter als die Aktienkurse im Radio und die anschließende Dudelmusik, nichts angenehmer, als beim Frühstück unseren Gedanken nachzuhängen, nichts anziehender als Sofa und Glotze am Feierabend. Dabei sparen wir Energie, dabei entspannen wir scheinbar, weil wir unsere Aufmerksamkeit nirgendwo absichtsvoll hinsteuern müssen. Wir lassen uns in den Schlaf lullen von unserem Unterbewusstsein, das alles für uns erledigt. Es färbt sogar unsere Wahrnehmung der Frühstücksszene entsprechend positiv ein. Sie gerät uns – obwohl wir ungesunde Sachen in uns hineinstopfen, unserem Sohn keine Aufmerksamkeit schenken, mit unseren Gedanken nicht vor Ort sind – zum Sinnbild der Gemütlichkeit. Jeder Gedanke – zum Beispiel jener, der Kaffee dufte wunderbar, die frischen Bäcker-Brötchen röchen herrlich – „muss, bevor er im Bewusstsein aufblitzt, das limbische System passieren, das Reich der Gefühle. Dort ist der Ursprung des kognitiven Aktes, dort wird er angefärbt, dort wird die Vernunft eingestimmt" (IN: GEO, 12/2004, DAS UNBEWUSSTE).

Das in seinen Auswirkungen katastrophale Frühstück wird dank der Einfärbung in unserem limbischen System zu einem mit rosaroten Gefühlen besetzten Positiverlebnis. Paradoxerweise sehnen wir uns deshalb nach unseren Gewohnheiten, selbst wenn wir unter ihnen leiden. Das Leiden veranlasst uns den Kampf gegen diese Gewohnheiten aufzunehmen, aber sobald wir uns ein Stückchen von ihnen gelöst haben, kehrt mit Macht die Sehnsucht nach ihnen zurück und sorgt dafür, dass wir zurücksinken auf unser Sofa. „Der Gipfel der Vollkommenheit und das Schwierigste von allem sei eben, so lehrte die Kirchenlehrerin Therese von Lisieux, die Meisterin des ‚kleinen Weges', nicht das Außergewöhnliche gut zu vollbringen, sondern das Gewöhnliche" (IN: DIE SCHULE DER MÖNCHE, PETER SEEWALD). Offenbar war der Gipfel des Bergs namens Ich schon immer schwer zu nehmen.

Beim Aufstieg müssen wir uns von Dingen trennen, an denen wir in einem nicht zu überschätzenden Ausmaß hängen, ja, die uns geradezu zum Sinnbild des Wohlbefindens geworden sind. Diese Trennung in einem einzigen heroischen Schritt herbeiführen zu wollen, würde uns eine ungeheure Überwindung kosten und vermutlich in eine unerträgliche Zwanghaftigkeit münden. Es würde uns vorkommen, als kastrierten wir unser eigenes Leben. Die Weißmehlbrötchen und den Kaffee stehen zu lassen – einen, zwei oder drei Tage lang mag uns das unter Qualen gelingen, aber am Ende werden wir mit hoher Wahrscheinlichkeit scheitern.

Die bessere – und weit angenehmere Alternative – wäre ein Weg der fast mikroskopisch kleinen, aber beständigen Schritte. Diese Vorgehensweise wird gewöhnlich unterschätzt, obwohl sie uns in kürzester Zeit erkraften lässt und zu erstaunlichen Ergebnissen führt. Was sollte also unser Faulpelz vorm Fernseher tun, der beschlossen hat zu joggen? Er sollte auf erprobte Trainingsprogramme zurückgreifen. Die raten dem Untrainierten dringend davon ab, sofort eine Dreiviertelstunde zu rennen. Sie fangen ganz klein an, sie verlangen nicht die große Überwindung, sie nehmen Rücksicht darauf, wie viel Energie uns jede Veränderung unserer Gewohnheiten kostet: Zwei Minuten gemächlich joggen, eine Minute gehen. Zwei Minuten joggen, eine Minute gehen, über einen Zeitraum von zunächst zehn oder 20 Minuten insgesamt. Das ist das Anfängerprogramm. Es wird ganz langsam, Schritt für Schritt, Minute für Minute ausgeweitet. Binnen weniger Monate führt es zu folgendem Resultat: Unser Faulpelz kann eine Dreiviertelstunde am Stück rennen. Er wird sich dabei nicht quälen müssen, sondern es macht ihm Spaß. Er fängt sogar an sich unwohl zu fühlen, wenn er nun auf der Couch liegt. In ihm regt sich plötzlich ein Bedürfnis nach seinem Waldlauf. Er möchte ihn nicht mehr missen.

Was hat unser Faulpelz getan, dass es soweit gekommen ist? Er hat mittels der mikroskopisch kleinen Schritte seine alte Gewohnheit, nämlich auf der Couch vor der Glotze zu liegen, entmachtet. Indem er anfangs alle zwei Tage ganz wenig joggen ging, hat er in einer Art Guerillataktik bewusste kleine Anschläge auf seine

Gewohnheit verübt. Und mit der Häufigkeit ihrer Wiederholung sind diese Anschläge nun ihrerseits eine Gewohnheit geworden: Folglich meldet ihm sein Unterbewusstsein nach einigen Monaten das Bedürfnis zu joggen. Und er benötigt immer weniger Energie, um die Turnschuhe zu schnüren. Sein Unterbewusstsein wird seine Gedanken neu einfärben. Sie sagen ihm nun nicht mehr: „Joggen ist eine Qual." Sie sagen: „Joggen ist toll." Sofern er gesund ist und seine Trainingsmethodik kontinuierlich ausbaut, kann unser ehemaliger Faulpelz, unser lächerlicher Zwei-Minuten-Jogger-eine-Minute-Geher, nach zwei Jahren einen Marathon laufen. Kleine Schritte führen also zu großen Resultaten – und zur Ablösung alter schlechter Gewohnheiten durch bessere neue Gewohnheiten. Vor allem erkennt das Ich plötzlich seine Gestaltungsmacht: „Ich kann es ja. Ich kann mein Leben ändern. Ich vermag mein Leben zu formen." Das Ich prägt Selbstvertrauen aus.

Hinter der Methode der kleinen Schritte verbergen sich uralte Einsichten in das Wesen des Menschen. Wir begegnen ihnen in Weisheitssprüchen der alten Chinesen: „Wenn du es eilig hast, gehe langsam", oder in Sprichwörtern unseres Kulturkreises: „Der erste Schritt kommt vor dem zweiten." Wir begegnen ihnen auch bei den alten Mönchen der Wüste. Dort, im dritten oder vierten Jahrhundert nach Christus, riet einer der Mönchsväter einem jungen Mann, der verzweifelt war über die Größe der Herausforderung, die vor ihm lag in Gestalt eines dornigen Ackers, den er zu bestellen hatte: „‚Mein Sohn, arbeite täglich nur so viel, als dein Körper, wenn du liegst, Raum einnimmt, und so wird deine Arbeit allmählich voranschreiten, und du wirst dabei nicht verzagt sein.' Als der Jüngling das gehört hatte, handelte er danach, und in kurzem war der Acker gereinigt und urbar gemacht. ‚Mach auch du, Bruder, es so, arbeite nach und nach, so wirst du den Mut nicht verlieren.'"

Mit der Methode der kleinen Schritte kommen wir nicht nur im Äußeren gut voran, sondern auch im Inneren. Egal ob wir sie auf konkrete in unserem Alltag anfallende Arbeiten anwenden oder auf die innerliche Arbeit an unserem Bewusstsein – wir können mit ihr Stück um Stück und Tag um Tag ein wenig von unserem Leben formen. Wir können uns selbst und unsere Lebensgewohnheiten Zug um Zug ändern. Vor allem aber bauen wir damit Schritt für Schritt die Stärke unseres Ich auf.

Nehmen wir unseren Familienvater beim Frühstück: Statt nun mittels einer grandiosen Kraftanstrengung alles auf einen Schlag ändern zu wollen, sollte er winzige Entscheidungen treffen. Der klare Vorsatz beispielsweise, jeden Tag nur drei Minuten ganz konzentriert mit seinem Sohn zu reden, wird eine tiefere Beziehung zwischen den Beiden fördern. Früher oder später wird dieser tägliche Austausch am Frühstückstisch zu einer schönen Gewohnheit werden, die Vater und Sohn nicht mehr missen wollen. Der kleine Drei-Minuten-Schritt kann Wunder wirken für die Vater-Sohn-Beziehung.

Auch jener kleine Zehn-Minuten-Schritt, in dem der Vater zunächst nichts anderes versucht, als am Abend in der Kontemplation ein wenig Ruhe zu finden, wird ihn schließlich dazu bringen, dass er diese kurze Zeit der Stille nicht mehr missen möchte. Hat er erst durch die Übung zur Ruhe gefunden, so wird er mit der Zeit ohne größere Anstrengung zur Nach-Beobachtung des Tages übergehen. Er kann sich Gedanken zu Begebenheiten aus seinem Alltag bilden und aufgrund dieser Gedanken zu der Entscheidung kommen, dass er hier und dort eine Kleinigkeit korrigieren sollte – entweder in der äußeren Gestaltung dieser Dinge oder an seiner inneren Haltung ihnen gegenüber. Es wird unserem Familienvater sicher nicht gelingen, allem gegenüber, was über den Tag passiert, achtsam zu sein. Wenn er sich das vornehmen würde, dann würde er vermutlich irre werden. Aber er kann seine Aufmerksamkeit auf verschiedene Details lenken, um sie zu beobachten, in ihren Auswirkungen zu verstehen und zu ändern.

Nicht umsonst hat der buddhistische Pfad der Achtsamkeit insgesamt acht Glieder, beispielsweise die rechte Anschauung, die rechte Rede, das rechte Handeln, die rechte Anstrengung. Wenn wir uns also in der Kontemplation Gedanken bilden zu Begebenheiten aus unserem Alltag, dann können wir unterschiedliche Schwerpunkte setzen. Nehmen wir die rechte Rede, so können wir uns fragen: Wie spreche ich mit meinem Sohn? Gebe ich ihm Antworten, mit denen er etwas anfangen kann oder verkünde ich ihm nur meine Meinung? Rede ich auf ihn ein oder kommuniziere ich wirklich mit ihm? Spreche ich für ihn oder spreche ich aus meinen spontanen Impulsen heraus? Überlege ich vorher, was ich ihm sagen und was ich damit bewirken will in ihm? Auf diese Weise, indem wir die Dinge zergliedern, indem wir darüber nachdenken wie wir reden, wie wir zuhören, wie wir beobachten, wie wir handeln (Schlingen wir das Marmeladebrötchen schon wieder hinunter? Schlingt unser Sohn schon genauso?), auf diese Weise schulen wir systematisch unser Bewusstsein, ohne dabei wahnsinnig zu werden vor lauter angestrengter künstlicher Achtsamkeit.

Die Achtsamkeit darf nicht zum Zwang geraten. Der größte Fehler wäre sie zu betreiben mit dem drängenden Wunsch nach schnellen Ergebnissen. Achtsamkeit ist anders: zeitlos, ruhig, vertrauend, entspannt und beständig. Wir schreiten einfach fort in unserer achtsamen Kontemplation. Ohne Großes zu erwarten oder zu wollen, gehen wir täglich einfach einen kleinen Schritt – wie unser Jogger oder unser Mönch auf dem Acker – und aus diesen kleinen Schritten generiert sich nach und nach ganz von selbst ein riesiger Effekt. Nur diesmal wächst nicht die Leistungsfähigkeit unseres Körpers, sondern es wächst die Leistungsfähigkeit unseres Bewusstseins und unsere Kontrolle darüber. Irgendwann ist es einfach achtsam geworden. Die umfassende Achtsamkeit ist zu einer Gewohnheit geworden. „Jeden Tag einen kleinen Teil im Acker unserer Seele umzugraben, das genügt. Dann wird eines Tages die ganze Seele urbar gemacht sein", schreibt Anselm Grün (IN: ANSELM GRÜN, DER WEG DURCH DIE WÜSTE).

Auf diese Weise, wenn wir klein anfangen, produzieren wir über die Monate und Jahre nicht nur ein immer wacheres Bewusstsein, sondern es gelingt uns gleichzeitig in unser Leben absichtsvoll hineinzugreifen und es durch die Ausprägung neuer Verhaltensweisen und Gewohnheiten mehr und mehr zu gestalten. Im Verlaufe dieses Prozesses wächst unser Ich soweit, dass es sein Bewusstsein weitgehend unter Kontrolle hat und eine gewisse Hoheit über sein Leben ausübt. Es sitzt nun am Steuer und kann sich seinen Weg in immer höherem Maße frei wählen. Es entwickelt sogar eine gewisse Freude an seinen neuen Fähigkeiten und fühlt sich in einer fast spielerischen Weise stark genug, sie weiter auszubauen. Zum Beispiel – falls der Kaffee und die Marmeladebrötchen einmal wieder allzu verführerisch duften – mit der Methode des Epiktet. „Merke", sprach der römische Philosoph, „bei allem, was dir begegnet, wende dich dir selbst zu und frage: Was habe ich demgegenüber für eine Fähigkeit? Siehst du zum Beispiel einen schönen Knaben oder ein schönes Mädchen, so wirst du demgegenüber die Fähigkeit der Selbstbeherrschung finden. Wird dir eine schwere Arbeit zugemutet, so wirst du die Ausdauer finden. Wirst du beleidigt, so hast du Gleichmut. Wenn du dich so gewöhnst, werden dich die Vorstellungen nicht mit fortreißen" (IN: EPIKTET, HANDBÜCHLEIN DER MORAL UND UNTERREDUNGEN).

Epiktets Ratschlag zur Stärkung des Ich ist von geradezu heimtückischer Schläue: Der große Weisheitslehrer macht sich unsere Gefühlsimpulse zunutze, um sie für die eigenen Zwecke zu instrumentalisieren. Er missbraucht sie als Lehrmittel zur Selbsterziehung, indem er sie als Herausforderung betrachtet, die uns Anlass gibt zu einem kleinen Wettkampf mit uns selbst. Gewinnen wir gegen die Verlockung der Marmeladebrötchen oder unterliegen wir dieser Verführung? Solche kleinen Wettbewerbe können sogar Spaß machen. Auch Rudolf Steiner riet zu diesem Verfahren, wenn wir unser Ich stärken wollen. Man solle doch, so empfahl er, sein Ich stärken durch den Verzicht auf kleine Wünsche, die nichts weiter einbringen als ein bisschen Lust, Behaglichkeit, Freude. Jede Unterdrückung eines solch kleinen Wunsches brächte „einen Zufluss an Willensstärke, an Stärkung des Ich“ (IN: RUDOLF STEINER, NERVOSITÄT UND ICHHEIT).

Die Verfahren von Steiner und Epiktet könnten nun wirken wie ein Aufruf zu gramvoller Askese, als sollten wir uns alles Schöne im Leben versagen. Derartige Mahnungen zu Verzicht und Selbstdisziplin hinterlassen beim heutigen Menschen einen ausgesprochen schalen Beigeschmack. Wir begreifen sie als eher sinnlose Selbstquälerei, denn Selbstverwirklichung bedeutet für uns das Gegenteil: Je mehr wir unsere Wünsche ausleben, desto näher meinen wir der Selbstverwirklichung und dem schönen Leben zu kommen. Das ist allerdings ein Trugschluss: Weckt zum Beispiel ein schönes Mädchen unsere Begierde, und wir folgen wunschgemäß dieser Begierde, dann erleben wir vielleicht ein Abenteuer, aber gefährden möglicherweise auch unsere Ehe oder zerstören deren Vertrauensbasis. Folgen wir der Gier nach Marmeladebrötchen, so werden wir dicker und reduzieren unsere Energie. Wenn wir so schwach sind, jedem angenehmen Reiz zu unterliegen, dann führt das automatisch zu Konflikten in unserem Leben.

Sobald ein solch angenehmer Reiz auftaucht, wird er zum Störfaktor in unserer Lebensplanung. Er wird tatsächlich zu einer Prüfung für uns. Selbst wenn der Reiz keine langen Beine hat, das Leben ist immer voller Versuchungen. Beim Auftauchen einer solch süßen Versuchung tun wir häufig nicht mehr das, was wir uns vorgenommen haben, zum Beispiel arbeiten oder joggen, sondern legen uns lieber auf unser Sofa und schauen Fernsehen, weil uns das verführerischer erscheint. Oder als Schüler machen wir keine Hausaufgaben, sondern spielen lieber mit unseren Freunden Fußball. Wir lassen uns ablenken durch die Versuchung. Wir tun die Dinge, nach denen uns gerade zumute ist. Damit kommen wir weg von der Steuerung unseres Lebens. Statt eine klare hoheitliche Entscheidung über das zu treffen, was wir jetzt tun werden, hangeln wir uns von einem Impuls zum nächsten. Wir rennen dem hinterher, was uns gerade in den Sinn kommt und ein wenig Freude und Wohlbefinden verspricht, und wir meiden alles, was einen klaren Entschluss erfordert: „Dieses tue ich jetzt aus den und den Gründen und dabei will ich mich nicht ablenken lassen von jenen Dingen, die mir leichter oder angenehmer erscheinen.“ Solange wir nicht zu solchen Entschlüssen kommen und uns fortwährend ablenken lassen – heute wird diese Untugend Spontanität genannt, können wir keine gezielte Handlungskraft in unserem Leben aufbauen. Und je mehr uns diese Handlungskraft fehlt, desto weiter entfernen wir uns von der Selbstverwirklichung, denn seine Träume im Leben verwirklicht nicht jener Spontane, der von einem zum anderen hüpft und sich stets ablenken und beeinflussen lässt, sondern jener, der ganz konzentriert an diesen Träumen arbeiten kann. Diese Arbeit erfordert es nun einmal, sich nicht ständig von Wünschen, Begierden, sonstigen angenehmen Reizen, die in einem auftauchen, ablenken zu lassen. Insofern mögen die Methoden von Epiktet oder Rudolf Steiner durch ihren Verzichtscharakter zwar vordergründig so erscheinen, als hinderten sie uns am wahren Leben, in Wirklichkeit aber tragen gerade sie erheblich zu unserer Selbstverwirklichung bei. Wir mögen durch sie auf kleinere Wünsche verzichten müssen, aber langfristig stärken sie unsere Fähigkeit, größere Ziele zu erreichen und unser Leben erfüllter zu gestalten.

Sie schenken uns – so merkwürdig das zunächst klingen mag – sogar größeren Frieden, eine bessere Gesundheit und intensiveren Genuss unserer Freizeit. Wir sollten uns nämlich folgenden Zusammenhang vor Augen führen. Wer den scheinbar angenehmen Impulsen in seinem Leben gegenüber keine Überlegenheit entwickelt, der ist nicht nur ein Opfer dieser angenehmen Gefühlsimpulse, von denen er verführt und dominiert wird, sondern er ist ein Opfer all seiner Impulse, Erregungszustände und Emotionen. Weil er die Fähigkeit der Überlegenheit über sie nicht ausgeprägt hat, ist er sowohl den verlockenden als auch den quälenden Gefühlen unterworfen.

Ein schwaches Ich wird nicht nur Opfer seiner kleinen menschlichen Schwächen wie der Begierde nach einem schönen Mädchen oder dem Drang zum Fernsehen, sondern – weil es seinen Gemütsbewegungen und Emotionen insgesamt unterworfen ist – wird es in gleichem Maße auch Opfer seiner anderen Erregungszustände: seiner Angst, seiner Wut, seiner Verzweiflung. Es verliert, wenn solche Kräfte angreifen, die Souveränität und wird von ihnen gebeutelt. Im Gegensatz zum starken Ich hat es sich nicht beigebracht, die notwendige Distanz zu solchen Gefühlsimpulsen aufzubauen. Gerät das schwache Ich also unter Druck, wird es Stressbedingungen unterworfen wie zum Beispiel im Büro, breitet sich in ihm die Angst aus, seine Aufgaben nicht gut oder schnell genug erfüllen zu können. Dann verliert es die souveräne Herrschaft über die Situation und folgt seinen Impulsen: Es wird hektisch. Es wird kurzatmig. Es wird nervös. Es wird verzweifelt versuchen, all die Anforderungen zu erfüllen und dabei, wenn der äußere Druck und die innere Angst hinreichend sind, über alle Grenzen gehen, die seinem Nervenkostüm oder seiner Gesundheit gut tun.

Ein stärkeres distanzierteres Ich, das gelernt hat, mit seinen Impulsen umzugehen, wäre in der Lage, der stressigen Situation mit größerer innerer Unabhängigkeit zu begegnen und einen souveränen Überblick herzustellen. Es kann zwischen sich und seinen Impulsen eine Distanz aufbauen. Es würde versuchen, Ruhe herzustellen und den Stress abtropfen zu lassen. Falls das starke Ich nun registrieren würde, dass ihm das nicht gelingt und seine Gesundheit und sein Nervenkostüm erheblichen Schaden nehmen, würde es schließlich erkennen, dass es sich aus der Situation herausnehmen muss, um sich zu regenerieren. Es würde beispielsweise sagen: „Der Stress nimmt überhand und beginnt mich aufzufressen. Ich muss nun erst einmal zu einer neuen Ruhe und Klarheit finden. Mein Nervensystem und meine Gesundheit brauchen Erholung. Meine vordringlichste Aufgabe ist es, ihnen diese Ruhepause zu verschaffen, denn nur so kann ich meine Arbeit angemessen erledigen, ohne Fehler zu machen. Ferner ist das mein unverbrüchliches Menschenrecht, denn ich trage auch mir selbst und meiner Gesundheit gegenüber eine Verantwortung. Deshalb werde ich mir nun ganz bewusst jene Freizeit nehmen, die dafür nun einmal notwendig ist."

So reagiert ein starkes Ich. Es schafft sich eine klare Position im Leben, aus der heraus es entscheidet und handelt. Und weil es seinen Impulsen wie beispielsweise der Angst vor dem Chef nicht unterworfen ist, wird es seine Position auch vertreten und durchsetzen können – im Gegensatz zu einem schwachen Ich, das einfach aufgezehrt wird und dem Druck von außen nichts entgegen zu setzen hat. Ein solch schwaches Ich wird nicht nur von seinen inneren Impulsen dominiert, sondern in gleichem Maße ist es auch jenem Druck unterlegen, der von außen und von anderen auf es ausgeübt wird und jene Impulse der Angst oder des Genügenmüssens in ihm erzeugt, denen es dann folgen muss aufgrund seiner Schwäche. Es will es allen recht machen, weil es keine starke Position hat. Dabei verliert es die Kraft der Selbstbewahrung und wird zum Opfer. „Solange der Mensch Gefangener seines Inneren ist, bleibt er auch Sklave seiner Außenwelt und leidet", hält Annie Pazzogna kurz und prägnant fest (IN: ANNIE PAZZOGNA, INIPI - DAS LIED DER ERDE).

Die Versklavung durch unsere Gefühlsbewegungen ist also letztlich die Konsequenz, wenn wir unser Ich nicht entwickeln zu einer gewissen Unabhängigkeit von unseren inneren Impulsen. Sowohl die scheinbar positiven wie auch die negativen Erregungszustände sollten soweit unter Kontrolle des Ich sein, dass es ganz bewusst zu entscheiden vermag, ob es ihnen folgt oder nicht. Wenn wir Verzicht auf manche Wünsche üben, bedeutet das nicht, dass wir versuchen unser Inneres abzutöten, um alle lebendigen Impulse in uns zum Erlöschen zu bringen, sondern es bedeutet lediglich, dass wir uns die Entscheidung darüber vorbehalten, ob wir diesen Impulsen folgen wollen oder nicht. Indem wir eine solche Steuerungshoheit erreichen, wird unser Blick klarer, unsere Position eindeutiger und das Leben vermag uns weniger zu drangsalieren. Unsere Gefühlskräfte reißen uns zwar nicht mehr mit sich fort – selbst eine himmelhoch jauchzende Verliebtheit nicht, aber wir töten diese Impulse deswegen keineswegs auf unmenschliche Weise ab. Die Verliebtheit existiert weiter, nur haben wir die Ich-Stärke entwickelt, für uns selbst entscheiden zu können, ob wir uns auf ihren Schwingen forttragen lassen – oder eben nicht. Wir herrschen, statt beherrscht zu werden von unseren Gefühlswelten. Wir führen, statt geführt zu werden.

Damit haben wir eine neue Verfügungsgewalt über unser Leben erreicht. Wir sind in eine neue Dimension der persönlichen Freiheit vorgedrungen. Wir werden nicht mehr als Marionetten an den unsichtbaren Fäden unserer Emotionen durchs Leben dirigiert, sondern wir halten diese Fäden nun selbst in der Hand. Dadurch fällt uns auch unabweislich die umfassende Verantwortung für unsere Taten zu. Unsere Verliebtheit können wir nun nicht mehr als jenes unausweichliche Schicksal hinstellen, an dem unsere Ehe scheitern musste, weil die Wellen der Emotion uns überrollt haben, ohne dass wir daran hätten etwas ändern können, sondern wir lassen nun – dank der Herrschaft über unsere Emotionen – unsere Ehe ganz bewusst scheitern, weil wir unserer Verliebtheit folgen wollen und eine neue Herzensdame auserkoren haben. Oder wir legen eben unsere Verliebtheit zu den Akten, weil uns unsere Ehe wertvoller erscheint. Sehenden Auges trifft unser erstarktes Ich, das seinen Emotionen und Gemütszuständen nicht mehr sklavisch unterworfen ist, seine Entscheidung. Wir werden zu Tätern. Alle Verantwortung, alle Schuld geht in radikaler Weise auf uns über. Das Schicksal taugt nicht länger als Ausrede.

Das ist der Grund, warum wir so gerne unseren Gefühlskräften unterworfen bleiben wollen. Auf der einen Seite tragen wir zwar eine große Sehnsucht nach Freiheit in uns, auf der anderen Seite lehnen wir genauso inbrünstig die Verantwortung für uns selbst und unser Handeln ab. „Trotz seiner spontanen Sehnsucht nach Freiheit, hat der Mensch gleichzeitig auch Angst vor dieser Freiheit“, schreibt Roberto Assagioli. „Eine Erklärung hierfür ist die Tatsache, dass die Freiheit auch Verpflichtungen mit sich bringt und Selbstbeherrschung, Mut und andere Qualitäten eines spirituellen Lebens erfordert“ (IN: ROBERTO ASSAGIOLI, PSYCHOSYNTHESE). Die Verpflichtung, die mit der Freiheit einhergeht, ist die Verantwortung für unsere Entscheidungen. Wirkliche Entscheidung bringt immer die Bürde wirklicher Verantwortung mit sich. Und Entscheidungen, so sorgsam sie auch getroffen werden mögen, können falsch sein. Sobald wir bewusst und hoheitlich entscheiden, tragen wir neben der Verantwortung für unsere Entscheidungen auch noch deren Risiko – was immer wir damit auslösen, wir haben es uns selbst zuzuschreiben. Wir sind schuld.

Das widerstrebt uns. Wir sähen es lieber, dass die Umstände schuld wären oder die anderen oder eben das Schicksal, aber keinesfalls wir selbst. Für den Stress im Büro beispielsweise machen wir die gesellschaftlichen Bedingungen verantwortlich, das Wirtschaftssystem, das Management, die missgünstigen Kollegen – wir machen alles lieber verantwortlich, als uns selbst. „Wann immer wir der Verantwortung für unser eigenes Verhalten ausweichen wollen, versuchen wir, diese Verantwortung einem anderen Individuum, einer Organisation oder sonst einem Wesen zuzuschieben. Auf diese Weise geben wir unsere Macht diesem Wesen, sei es das ‚Schicksal' oder die ‚Gesellschaft', oder die Regierung, die Firma oder der Chef... Um dem Schmerz der Verantwortung auszuweichen, flüchten Millionen, ja Milliarden Menschen täglich vor der Freiheit", urteilt Scott M. Peck (IN: SCOTT M. PECK, DER WUNDERBARE WEG).

In dieser Geisteshaltung liegt ein riesiges Problem. Wir drücken uns mit einer solchen Einstellung nämlich nicht nur vor der Verantwortung – was schon schlimm genug ist, sondern wir entbinden uns von unserer ganz persönlichen Aufgabe. Wir verweigern unser inneres Wachstum. Wir blockieren unsere Entwicklung. Der Stress im Büro beispielsweise ist nicht nur gut, um darüber zu jammern, sondern er plagt uns, weil er uns darauf hinweist, dass wir eine Aufgabe zu erledigen haben. Wir sollen unsere inneren Qualitäten so weit entwickeln, dass wir mit dem Stress souverän umgehen können. Und falls das in unserer Firma tatsächlich nicht möglich sein sollte, dann haben wir jene innere Stärke aufzubringen, uns entweder aus solchen Lebensumständen zu verabschieden oder eben mutig bessere Bedingungen für unser aktuelles Arbeitsleben einzufordern. Alles was uns plagt, was uns attackiert, was uns malträtiert, weist uns auf eine bestimmte innere Aufgabe hin, die uns zufällt, die wir erkennen sollen und für deren Erledigung wir letztlich zuständig sind. Indem wir das akzeptieren, übernehmen wir wirklich Verantwortung für unser Leben und beginnen darüber zu entscheiden.

Diese radikale Selbstverantwortung gepaart mit dem Mut hoheitlich und mit allen Konsequenzen zu entscheiden sind die Grundessenz jenes „bewussten Lebendigseins", von dem Carlos Castaneda spricht. Dieses Lebendigsein drückt sich aus in der bewussten Gestaltung unserer Lebenssituation. Wir bewahren uns selbst, wir hüten unser Selbst und beanspruchen die hoheitliche Verfügung über unser Leben – was nicht nur uns zugute kommt, sondern auch den anderen.

Statt weiterhin unser Umfeld mit den unbewältigten Impulsen eines schwachen Ich zu verseuchen, mit unserer Nervosität, unserer Angst oder Unsicherheit, infizieren wir es nunmehr mit einer ruhigen Selbstsicherheit, mit einer unaufgeregten Entscheidungs- und Handlungskraft. Solch überschauende Ruhe, das Kennzeichen eines starken Ich, breitet sich – wenn sie von vielen geübt wird – ebenso epidemisch aus, wie die allumfassende Hektik des Kronos-Zeitalters. Nervöse Schwäche erzeugt immer mehr nervöse Schwäche. Und ruhige Stärke erzeugt immer mehr ruhige Stärke. Nichts überträgt sich zuverlässiger und nichts prägt sich tiefer in den Menschen ein, als die Atmosphäre, die in einem Raum herrscht. Ob im Raum der Familie, im Raum der Arbeit, im großen Raum der Gesellschaft, wenn dort untergründige Angst herrscht, wenn dort ziellose Hektik regiert, wenn dort aus einem Mangel an Sinn die beständige Abgelenktheit und die immerwährende Jagd nach der Befriedigung nebensächlicher Bedürfnisse das Klima prägen, so werden alle davon ergriffen. Umgekehrt: Wo eine klare überschauende handlungskräftige und zielgewisse Ruhe herrscht, wird sie sich aussäen in die Herzen der Menschen.

Wenn unser Ich also selbst stark wird, dann werden wir anderen Stärke geben. Wer aber zulässt, dass er sich verschleißt oder verschlissen wird, der leidet nicht nur selbst, sondern er ruft durch die Schwäche seines Ich auch das Leiden anderer hervor. Ist jemand seiner Wut unterworfen, haben andere darunter zu leiden, wenn sie aus ihm herausbricht. Ist jemand seiner Angst unterworfen, infiziert er alle anderen im Büro mit seiner nervösen Unsicherheit. Lassen wir zu, dass wir zum derart getriebenen Opfer des Lebens werden, dann fügen wir dieses Schicksal auch den anderen um uns herum zu – insbesondere unseren Kindern, deren Seelen, den prägenden Kräften der Atmosphäre um sie herum, völlig schutzlos ausgeliefert sind.

Wenn wir eine solche Übertragung unserer Schwächen auf andere verhindern wollen, wenn uns wirklich daran gelegen ist, das Leben zu verbessern, dann besteht unsere entscheidende Aufgabe keineswegs darin, an den äußeren Umständen herumzukritisieren und uns an ihnen abzuarbeiten, sondern unsere wichtigste und vordringlichste Aufgabe besteht darin, durch wirkliche Arbeit an uns selbst unser Ich heranzubilden. „Bevor du dich daran machst, die Welt zu verbessern, geh' erst dreimal durch dein eigenes Haus", lautet der zugehörige Weisheitsspruch der alten Chinesen.

Von der Klarheit und der Kraft des menschlichen Ich ist alle Besserung der Welt um uns herum abhängig. Dieses einzelne Ich jedes Menschen ist die Quelle, aus der das Wasser des Lebens sprudelt. Es ist die Flamme, die den Weg für andere erleuchtet. Die reine und helle Klarheit dieses Ich auszuprägen, darin liegt der tiefste Segen, den wir der Welt und auch uns selbst zuteil werden lassen können.

Maurice Maeterlink hat das in seinem Gleichnis vom Leuchtturmwärter wunderbar erhellt. „Vermeiden wir", ermahnt uns Maeterlinck, „so zu handeln, wie jener Leuchtturmwärter, von dem die Legende berichtet, er habe das Öl der Lampen, die das Meer erleuchten sollten, an die Armen der umliegenden Hütten verteilt. Jede Seele ist in ihrem Inneren der Wächter eines mehr oder weniger notwendigen Leuchtturmes. Auch die anspruchsloseste Mutter, die sich von einer allzu engen Auffassung ihrer Mutterpflichten vergrämen, aufsaugen und erdrücken lässt, verschenkt ihr Öl an die Armen, und ihre Kinder werden ihr ganzes Leben darunter leiden, dass die Seele ihrer Mutter nicht so klar war, wie sie hätte sein können. Die immaterielle Kraft, die in unserem Herzen erstrahlt, muss vor allem um ihrer selbst willen leuchten. Nur so wird sie auch für andere leuchten können. Wie klein eure Lampe auch sein mag, verschenkt nie das Öl, das sie nährt, aber seid freizügig mit dem Licht der Flamme, die sie krönt" (IN: ROBERTO ASSAGIOLI, PSYCHOSYNTHESE).

Eine Antwort auf die geheimnisvollste aller Fragen: Wer bin „Ich“?

„Jesus sagte: Wenn jene, die euch (ver)führen,
zu euch sagen:
‚Siehe, das Königreich ist im Himmel‘,
(so) werden euch die Vögel
des Himmels zuvorkommen.
Sagen sie zu euch:
‚Es ist im Meer‘, (so) werden euch,
die Fische zuvorkommen.
Aber das Königreich ist innerhalb
und außerhalb von euch.
Wenn ihr euch erkennt,
dann werdet ihr erkannt werden;
und ihr werdet wissen,
dass ihr die Söhne des lebendigen Vaters seid.“
Thomasevangelium
(IN: BIBEL DER HÄRETIKER – DIE GNOSTISCHEN SCHRIFTEN AUS NAG HAMMADI)
„Und ihr werdet die Wahrheit erkennen,
und die Wahrheit wird euch frei machen.“
(JOHANNESEVANGELIUM 8,32)

Wir sollten nun die wesentliche Frage beantworten, die noch offen bleibt. Sie lautet: Wer bin ich? Was ist ein Ich? Wo kommt es her? Wo geht es hin? Ist es allen Menschen gemeinsam oder in jedem verschieden? Welche Qualitäten hat eigentlich ein Ich? Und warum muss es über seine Impulse und Erregungszustände hinausgelangen? Auf der Suche nach diesem Ich lassen wir den Alltag mit unseren Frühstücksgewohnheiten und unserem Stress im Büro hinter uns, um einige Forschungsreisen anzutreten. Die eine führt in die australische Wüste, das Outback, und die anderen zu den Wüstenvätern des Christentums und den Yogis im alten Indien. Die These, der wir auf diesen Reisen nachgehen wollen, ist folgende: An solch feindlichen Orten, an denen der Mensch alle äußeren Unbilden zu ertragen hat und all seinem inneren Aufruhr entgegentreten muss, an solchen Orten, an denen er weder vor sich selbst noch vor den oft schlimmen äußeren Bedingungen flüchten kann, müsste sich sein Ich in seiner reinsten und ungeschminktesten Form heraus kristallisieren.

Im Backofen des australischen Outback leben beispielsweise zahlreiche Giftschlangen, eine stolze Reihe von Spinnenarten und ferner entsetzliche Fliegenschwärme, die zum Angriff ansetzen auf jedes bemitleidenswerte Menschen-Ich, das sich dort aufhält. Die Begegnung eines heutigen Menschen mit einem solchen Schwarm von Buschfliegen sieht folgendermaßen aus: „Gleich mit den ersten Strahlen des Sonnenlichts tauchen sie in Horden auf. Der Himmel ist von riesigen schwarzen Wolken überzogen, in denen sie sich millionenfach zu tummeln scheinen. In Aussehen und Geräusch erinnern diese Fliegenschwärme fast an die Windhose eines Tornados in Kansas. Es ist unmöglich, die Fliegen nicht zu schlucken oder einzuatmen. Sie krabbelten mir in die Ohren, in die Nase und in meine zugekniffenen Augen; sie schafften es sogar, an meinen Zähnen vorbei bis in meinen Hals zu gelangen. Sie hatten einen eklig süßen Geschmack, von dem ich mich mit Husten und Würgen zu befreien versuchte. Überall klebten sie an meinem Körper, und es sah aus, als trüge ich eine Art lebendiger schwarzer Rüstung. Diese Fliegen stachen nicht, aber ich litt so sehr, dass ich das gar nicht bemerkte. Sie waren so groß, so schnell und traten vor allem in unglaublichen Massen auf – es war einfach unerträglich. Am schlimmsten litten meine Augen." Von diesem Erlebnis berichtet die amerikanische Schriftstellerin Marlo Morgan in ihrem Bestseller „Traumfänger". Sie urteilt: „Es war die zermürbendste Plage, die ich jemals erlebt hatte. Ich konnte gut verstehen, dass Leute, auf denen Millionen Insektenbeine krabbelten, wahnsinnig wurden. Ich war selbst kurz davor" (IN: MARLO MORGAN, TRAUMFÄNGER).

Wir können uns vorstellen, wie Marlo Morgan sich gewehrt hat, wie sie nach den Fliegen schlug und mit allen Mitteln versuchte, sie zu vertreiben. Jeder Mensch wird das mit einem Schaudern nachempfinden können. Eine andere, als diese vollkommen natürliche Reaktion scheint uns undenkbar. Allerdings hat die Verfahrensweise einen Nachteil: Sie bringt keinerlei Erfolg. Die Fliegen verschwinden nicht, nur weil wir uns wehren. Wir werden nur wahnsinnig dabei.

Wenn wir Marlo Morgans Problem etwas gründlicher betrachten, dann sind die Fliegen lediglich der äußere Auslöser. Wahnsinnig macht sie ihr innerer Aufruhr, der auf den äußeren Reiz folgt: die Angst, die Panik, der Widerwille, der Ekel. Diese inneren Impulse kochen hoch aufgrund der Fliegenattacke. Und sie identifiziert sich mit diesen inneren Bewegungen. Das bedeutet: Ihr Ich ist diese Angst, dieser Ekel, dieser Widerwille. Marlo Morgan möchte die Fliegen endlich loswerden, um diese negativen Gefühle loszuwerden. Der Fliegenschwarm, der sie plagt, ist – wenn wir es so betrachten – nicht jener echte Fliegenschwarm auf ihrer Haut, sondern es ist der Fliegenschwarm ihrer negativen Gefühle, und ihr gleichzeitiges Verlangen, ihre schlimme Situation gegen eine angenehmere einzutauschen. Ihre inneren Impulse machen sie letztlich verrückt. Ihr eigenes Ich treibt sie zum Wahnsinn.

Aufgrund ihrer Ich-Identifikation bleiben Marlo Morgan nur zwei Möglichkeiten: Entweder sie folgt ihrer Angst und Panik, sie lebt diese Gefühle aus, indem sie schreit und um sich schlägt, aber damit löst sie ihr Problem nicht: Die Fliegen bleiben. Und die Panik bleibt auch. Oder sie kämpft gegen die Angst und die Panik an, um sie unter Kontrolle zu halten. Mit Epiktets Rezept könnte sie sich Mut zusprechen und sagen: „Die Fliegen lehren mich stärker zu werden. Sie lehren mich Geduld. Sie lehren mich das gleichmütige Ertragen widriger Umstände." Damit würde sie sich vermutlich ein wenig von ihrem inneren Aufruhr distanzieren können, und ihr Ich würde soweit erstarken, dass es mit der aktuellen Situation einigermaßen zurecht käme, ohne in Panik zu verfallen. Aber dennoch überwindet sie die Angst mit dieser Methode nicht wirklich, sondern unterdrückt sie nur. Die Angst haust weiter in ihr als die eigentlich dominierende Macht, auch wenn sie es unter großem Aufwand an Bewusstseinsenergie schafft, die Angst einigermaßen in Schach zu halten.

Darin liegt das Problem bei allen Methoden zur Stärkung des Ich: Sie ermöglichen uns, eine gewisse Herrschaft über unsere inneren Erregungszustände herzustellen, aber sie führen uns nicht in eine wirkliche Freiheit davon. Sie erlösen uns nicht von unseren Gemütskräften. Wir lernen zwar eine gewisse Distanz zu ihnen aufzubauen, aber wir werden doch immer wieder von diesen Kräften, die in uns selbst hausen, die ein Teil von uns sind und unsere Persönlichkeit ausmachen, attackiert. Ob wir ihnen folgen oder uns gegen sie zur Wehr setzen, in beiden Fällen wird unser Handeln von diesen Kräften bestimmt. Sie lösen es aus, und uns bleibt nur die Reaktion darauf: Wir sind also Gefangene eines Reiz-Reaktions-Schemas, über das wir nicht hinaus gelangen. Wir haben keine dritte Möglichkeit, keine wirkliche Freiheit der Wahl.

Ob es will oder nicht, unser Ich wird in einen Kampf gezwungen, den es gegen sich selbst führen muss. Beständig ist es mit seinem inneren Aufruhr befasst. Dadurch kann es keinen klaren übergeordneten Blick ausprägen. Es bleibt blind für die wahren Zusammenhänge.

An einem sehr einfachen Beispiel lässt sich das erläutern: Unser Rasenmäher geht kaputt. Wir sind erstens technisch wenig beschlagen, zweitens ärgern wir uns maßlos über den Defekt zur Unzeit. Wir fluchen, wir sind genervt, wir sind ungeduldig und werfen pflichtgemäß einen angewiderten Blick unter die Haube des Mähers. Selbstverständlich bleibt unsere Suche nach der Ursache des Defekts erfolglos. Anschließend donnern wir das Scheißding wutentbrannt ins Eck, um es am nächsten Tag unserem Nachbarn vorbeizubringen, der als ein Mann mit goldenen Händen gilt. Dieser Nachbar wirft einen sehr langen, sehr geduldigen und vor allem seelenruhigen Blick unter die Haube, um die technischen Zusammenhänge wirklich Kabel für Kabel, Teil für Teil nachzuvollziehen. Schließlich entdeckt er ein einfaches Kabel, das aus seiner Halterung gerutscht ist und fixiert es mit wenigen Handgriffen. Wir hätten diesen Rasenmäher genauso gut reparieren können. Wir hätten das Kabel ebenso entdeckt, wenn wir nur unseren Mäher geduldig und ohne die Scheuklappen unserer Erregung inspiziert hätten. Aber unser Ärger, unsere Wut, unsere Ungeduld haben uns den klaren Blick auf die Zusammenhänge geraubt.

So ist es stets, wenn unser Bewusstsein von seinen Emotionen überschwemmt wird und mit ihnen zu kämpfen hat: Wir können dann das, was wirklich ist, nicht richtig erkennen. Unsere Wahrnehmung wird durch die innere Erregung eingetrübt. Sie lässt uns blind werden: nicht nur gegenüber unserem Rasenmäher oder gegenüber Fliegenschwärmen, sondern genauso gegenüber unseren Mitmenschen, unserer Umwelt, insbesondere aber im Hinblick auf unser eigenes Innenleben. „Solange der Mensch nur gegen seine Leidenschaften ankämpft, kann er nicht klar den Sinn seines Kämpfens erkennen, denn er gleicht einem Menschen, der im Dunkel der Nacht kämpft“, lehrte Evagrius Ponticus, einer der alten christlichen Wüstenväter (IN: ANSELM GRÜN, DER WEG DURCH DIE WÜSTE).

Aber haben wir eine andere Wahl? Entweder wir folgen doch unseren Gefühlen wie unserer Wut über den kaputten Rasenmäher, unserer Angst vor den Fliegen oder unserer Gier nach Marmeladebrötchen, oder eben wir müssen uns zusammenreißen und gegen diese inneren Mächte ankämpfen. Wir bleiben Gefangene zwischen diesen beiden Polen. Unser Weg scheint damit in der Ausweglosigkeit zu münden. Unser eigenes Ich hindert uns daran, die Herrschaft über unser Bewusstsein zu erlangen. Zu sehr identifiziert es sich mit den Erregungszuständen auf den Zwiebelschalen seines Wesens. Den angenehmen Erregungszuständen, beispielsweise einer Verliebtheit, jagt es hinterher, weil es sie unbedingt haben oder fortsetzen oder wieder haben will. Vor den unangenehmen Zuständen flieht es nach Möglichkeit oder bekämpft sie, um sie auszulöschen. Es will sie nicht haben: Wir wollen nicht wütend sein. Wir wollen nicht ängstlich sein. Wir hassen es, wenn kalte Wut uns innerlich auffrisst. Wir hassen unsere feige Angst. Wir empfinden sie als ebenso unangenehm wie Marlo Morgan die Buschfliegen. Unser Ich will solche Gefühle erst gar nicht haben oder möglichst schnell wieder loswerden – es weigert sich, seine eigene Angst wirklich anzuerkennen oder seine Wut. Es wünscht jene Gefühle nicht, die es hat, sondern angenehmere. Es wünscht auch nicht jene Gegenwart, der es sich im Moment stellen muss, sondern es wünscht sich einen anderen Moment, eine andere Gegenwart. Es will insgesamt nicht haben, was es im Augenblick hat – beispielsweise einen Schwarm Buschfliegen auf der Haut oder einen kaputten Rasenmäher, der ihm Ärger verursacht – sondern etwas Besseres.

Solange das Ich sich auf diese Weise mit seinen Gemütskräften identifiziert, steckt es in der Falle: Denn es verweigert sich seiner eigenen Wirklichkeit. Es kämpft gegen sie an. Es läuft vor ihr davon. Es weigert sich, das vorbehaltlos anzunehmen und zu betrachten, was wirklich stattfindet im Hier und Jetzt seines Seins. Stattdessen legt es fest, was sein sollte: Es will lieber Feierabend statt den Stress im Büro. Es will nicht wirklich klären, was der Stress mit ihm macht und wie er ihm im Inneren zusetzt, es will ihn nicht wirklich einmal aushalten und einmal genau untersuchen, warum es sich nun wieder so gestresst, so aufgeregt, so abgezappelt fühlt. Sondern es will diese negativen Gefühle einfach loswerden. Es flüchtet vor ihnen, indem es sich aus seiner aktuellen Wirklichkeit (Büro) wegwünscht in den Feierabend. Aufgrund dieser inneren Reaktion findet ein solches, von seinen Gefühlen gesteuertes Ich nie einen tieferen und verständigeren Zugang zur eigenen Realität. Es dringt nicht richtig in seine eigene Gegenwart vor. – Und weil es nie in ihr ankommt und sich ihr nicht wirklich stellt, kann es auch niemals aus ihr lernen und mit ihr klar kommen. Ein seinen Gefühlen verhaftetes Ich dringt nicht vor zur Wirklichkeit des Seins.

Dazu müsste es die Methode der Aborigines anwenden. Sie gingen folgendermaßen mit den Buschfliegen um: „Sobald sie einen Schwarm hören oder sehen, bleiben sie auf der Stelle stehen, schließen die Augen und verharren mit herabhängenden Armen in absoluter Bewegungslosigkeit“ (IN: MARLO MORGAN, TRAUMFÄNGER). Man könnte meinen, während überall auf ihnen die Fliegen herumkrabbeln, begeben sich die Aborigines in eine vollkommene Ruhe der Kontemplation. Ihr Ich folgt seinen Gefühlsimpulsen nicht – sie schlagen nicht um sich, sie versuchen nicht wegzulaufen, sie wirken auch nicht, als würden sie gegen ihren inneren Aufruhr ankämpfen, sondern ihr Ich überschaut, obwohl sie auf solch quälende Weise darin verwickelt sind, aus einem ruhigen, gleichmütigen, scheinbar unbeteiligten Bewusstsein heraus die gesamte Szene. So als ginge sie das gar nichts an.

Für uns moderne Menschen aus einer westlichen Zivilisation, die schon ein defekter Rasenmäher zum Wahnsinn treiben kann, ist ein derart kontrolliertes Verhalten unvorstellbar. Vollkommen unnatürlich wirkt es auf uns, ja sogar bedrohlich. Nehmen wir einmal an, wir würden uns nicht mehr mit unseren Gefühlsaufwallungen identifizieren: nicht mehr unseren schönen Gefühlen oder Gedanken hinterher jagen und auch nicht mehr gegen negative Gefühle und Gedanken rebellieren, sondern wir stünden einfach da, als ginge uns das Ganze nichts an und blieben völlig unberührt von den Fliegenschwärmen unserer Emotionen. Dann wäre unser Ich seinem subjektiven Empfinden nach tot. Oder zumindest in einem ungeheuren Ausmaß gleichgültig. Wir würden uns fühlen wie abgestorben.

Seine Gefühle, seine Freuden, seine Kämpfe und auch seine Angst, diese Bewegungen auf den Zwiebelschalen seines Bewusstseins sind für den modernen Menschen westlicher Prägung sein Leben. Sie sind sein Ich. Dieses Ich kann man als ein psychologisches Ich bezeichnen, das sich mit seinen Gedanken und Gefühlen gleichsetzt. Aber indem es sich mit ihnen gleichsetzt, bleibt es ihnen auch nahezu vollkommen ausgeliefert – das ist der Nachteil. Seine Gefühle und die Gedanken, die aus diesen Gefühlen emporquellen, führen dieses psychologische Ich am Nasenring durch die Arena des Lebens. Es wird von ihnen fortgerissen, verführt, geplagt. Dabei ist es immer in Bewegung: Ständig handelnd, ständig nach etwas Besserem strebend, ständig sich verschleißend findet es nie Ruhe. Unentwegt jagt es dem Glück hinterher, indem es immerfort versucht dem Unglück zu entfliehen. In dieser immerwährenden Bewegung ist unser Ich gefangen. Damit fehlt ihm die klare ruhige Schau auf sich selbst. Im Ergebnis gelangt es nur zu höchst unzureichenden Erkenntnissen über sich selbst und seine Situation. Sobald seine inneren Erregungszustände eine gewisse Stärke und Nachhaltigkeit annehmen, ist es ihnen so hilflos ausgeliefert wie Marlo Morgan dem Schwarm der Buschfliegen.

Nach deren Attacke nimmt der Älteste der Aborigines die Schriftstellerin beiseite, um ihr ein paar Lehren zu erteilen: „„Alles, was die göttliche Einheit erschaffen hat, erfüllt seinen Zweck. Alles hat seinen Sinn, alles passt zueinander, es gibt keine Missbildungen, Versehen oder Zufälle. Es gibt nur Dinge, die die Menschen nicht verstehen können. Du denkst, dass die Buschfliegen schlecht sind, eine Plage, und darum sind sie es für dich auch. Aber sie sind es nur, weil dir das notwendige Verständnis und die Weisheit fehlten. In Wahrheit sind sie wichtige und nützliche Kreaturen. Sie krabbeln in unsere Ohren und reinigen sie von dem Wachs und dem Sand, der sich während unseres Schlafes dort ansammelt. Hast du nicht gemerkt, wie gut wir hören? Sie krabbeln sogar in unsere Nasen und reinigen sie.' Er deutete auf meine Nase und sagte: ,Du hast sehr kleine Nasenlöcher und nicht so eine große Koalanase wie wir. Es wird in den nächsten Tagen noch viel heißer werden, und du wirst unter der Hitze sehr leiden, wenn du keine saubere Nase hast. Bei extremer Hitze darfst du deinen Mund nicht öffnen, damit keine heiße Luft in deinen Körper dringt. Von allen Leuten hier brauchst gerade du eine saubere Nase. Die Fliegen krabbeln über deinen Körper und halten sich dort fest, dabei entfernen sie abgestorbene Hautteile und alle Ausdünstungen.' Er streckte die Hand nach mir aus. ,Sieh doch nur, wie weich und glatt unsere Haut ist, und dann schau dir deine an. Noch nie haben wir einen Menschen gesehen, dessen Hautfarbe sich durchs Wandern einfach verändert. Als du kamst, hattest du eine Farbe, dann bist du rot geworden, und jetzt trocknet deine Haut aus und fällt von dir ab. Du wirst von Tag zu Tag kleiner. Noch nie haben wir einen Menschen gesehen, der seine Haut wie eine Schlange einfach in den Sand wirft. Du brauchst die Fliegen, damit sie deine Haut säubern, und eines Tages werden wir an einen Ort kommen, an dem sie ihre Larven gelegt haben, und so eine neue Mahlzeit geschenkt bekommen.' Er seufzte tief und blickte mir fest in die Augen: ,Die Menschen können nicht überleben, wenn sie alles, was ihnen unangenehm ist, auslöschen, statt es zu verstehen'" (IN: MARLO MORGAN, TRAUMFÄNGER).

Der Älteste der Aborigines gibt uns nicht nur ein Musterbeispiel an ruhiger Beobachtungskraft und tiefer Gedankenbildung anhand seiner ganz eigenen, ganz konkreten und vorurteilslosen Weltanschauung, sondern er erteilt uns auch eine Lektion: Statt auslöschen zu wollen, was uns unangenehm ist, sollen wir versuchen, es zu verstehen. Statt die Fliegen zu bekämpfen, sollen wir über ihren Sinn und Zweck nachsinnen. Aber dazu müssten wir erst einmal über unsere Gefühlsaufwallungen der Angst, des Ekels, über unseren Widerwillen und unseren Wunsch nach Flucht hinwegschreiten können. Wir müssten unser eigenes, von diesen Impulsen dominiertes Ich hinter uns lassen. Wir müssten also das hinter uns lassen, was wir glauben zu sein: nämlich dieses immerfort von seinen Gefühlen, Impulsen, Gedanken bewegte und gesteuerte Ich. Um dem Rat des Aborigine folgen zu können, müssten wir quasi über uns hinaus gelangen und jenseits unserer selbst einen sicheren ruhigen selbstgewissen und unbewegten Rückzugsort für unser Bewusstsein finden, von dem aus wir auf diese ganze Fliegenplage schauen könnten, als wären wir gar nicht dabei.

Wer bin ich über diese Emotion, über dieses immerwährende Kribbeln und Krabbeln, über die ständigen Bewegungen in meinem Inneren hinaus? Gibt es einen Teil in mir, der davon unberührt bleibt und sich darüber erheben kann? Erst die Beantwortung dieser Fragen könnte unserem psychologischen Ich zu einem Standpunkt verhelfen, von dem aus es gewissermaßen jenseits seiner Gefühle des Ekels oder der Angst stünde und sie somit unbewegt betrachten könnte. Aber zu den Antworten auf genau diese Fragen kann unser Ich gerade deshalb nicht vordringen, weil es eben in seine Gefühle, seine Gedanken und seine Kämpfe verwickelt ist und sie nicht loslassen kann: Es hat Angst, über diese Bewegungen auf den Zwiebelschalen seines Bewusstseins hinauszugehen.

Einfach loszulassen und sich dem Fliegenschwarm zu überantworten, hieße ja nichts anderes, als so vollkommen zu vertrauen in das Schicksal, dass man auch den möglichen Tod in Kauf nimmt. Es hieße, nicht zu handeln, sich entgegen der Bewegung der eigenen Gefühle vollkommen auszuliefern und zu sehen, was passiert. Davor hat unser Ich die meiste Angst. Es fürchtet, falls es über die natürlichen Bewegungen auf den Zwiebelschalen seines Bewusstseins hinaus ginge, würde es ausgelöscht. Es hat Angst, wenn es sich jenseits seiner Gefühle und Gedanken stellt, sein Leben zu verlieren. Und vor allem glaubt es nicht daran, dass derjenige, der sein Leben so vertrauend hingibt, es gewinnen wird. Sondern dass derjenige untergeht in der Finsternis des Nichts. Das ist das Problem.

Der heutige Mensch glaubt nicht, dass hinter seinem psychologischen, von Gefühlen und Gedanken bewegten und sich mit dieser Bewegung identifizierenden Ich noch etwas auf ihn wartet: Für ihn lauert dort lediglich das bewegungslose Schweigen des Todes oder zumindest die vollkommene fatalistische Abstumpfung. Er will nicht von seinen Gedanken und Emotionen und von der durch sie bedingten immerwährenden Bewegung lassen, weil er meint, diese Gedanken und Emotionen seien alles, was er besäße. Sie seien sein Leben, sein Ich. Und jenseits davon gäbe es – nichts.

Dies ist die Sichtweise der modernen Welt. Sie schränkt mit dieser rein psychologischen Sichtweise das Ich ungeheuer ein: Denn es kann auf dieser psychologischen Ebene des Seins, seine existentiellen Probleme niemals zufriedenstellend lösen. Es wird dem Fliegenschwarm seiner Gefühle immer mehr oder weniger hilflos ausgeliefert bleiben. Solange es sich innerhalb seiner Ich-Identifikation bewegt, kann sein Kampf niemals enden. Weder wird es Frieden finden, noch wird es zu tieferen Erkenntnissen über das eigene Sein gelangen. Es bleibt Gefangener seiner eigenen Trugbilder über sich und die Welt, ein Opfer jener universalen Göttin der Illusion, die von den Hindus Maya genannt wird, und die jedes psychologische Ich so in ihren Bann schlägt, dass es die Fata Morgana seiner eigenen Gefühls- und Gedankenwelten mit der Wirklichkeit verwechselt. Statt – wie die Aborigines – den Fliegenschwarm zu identifizieren als kostenloses Körperpflege-Kommando aus der Beauty-Abteilung des Outback, begegnet es nur der Fata Morgana seiner Angst.

Wollen wir Mayas Bann entkommen, um tatsächlich in die Wirklichkeit unseres Seins vorzudringen, dann bleibt uns nichts anderes übrig, als jene scheinbar ich-lose, alles vorurteilslos akzeptierende und alles vorbehaltlos hinnehmende Position der Aborigines einzunehmen. Wir dürfen uns nicht weiter mit unseren Gedanken und Gefühlen identifizieren. Wir müssen das üben, was die transpersonale Psychologie Dis-Identifikation nennt: ein vorbehaltloses Schauen auf uns selbst, das nicht Einfluss nimmt – so als seien wir nur der Zeuge der Bewegungen unseres eigenen Innenlebens. Selbst wenn uns diese unbewegte Haltung wie der Tod bei lebendigem Leibe erscheinen mag, wie die vollkommene Gleichgültigkeit – aber einen anderen Ausweg haben wir nicht. Uns bleibt lediglich die Hoffnung, uns dabei nicht in Nichts aufzulösen. Und uns bleibt das Beispiel der Aborigines, denen diese Haltung zu tiefen Erkenntnissen über die Fliegenschwärme verhalf.

Machen wir uns also zu unbewegten Zeugen unserer Selbst, wie es auch die alten Wüstenmönche taten oder die indischen Yogis! Sie ließen sich in der Einsamkeit nieder, um jenen Fliegenschwarm aus Gedanken, Gefühlen, Erregungszuständen, plötzlichen Anwandlungen und Wünschen zu studieren, der durch unsere Innenwelt summt und brummt und uns gelegentlich in unerträglicher Weise malträtiert. Die Yogis nannten diese Beobachtungsmethode Meditation, die Mönche Kontemplation oder Gebet. „Wache darüber, dass du dich während deines Gebetes an keine Vorstellungen hängst, sondern in tiefer Stille verharrst", rät der Wüstenvater Evagrius Ponticus.

Die Mönche praktizierten somit ein ganz ähnliches Verfahren wie die Aborigines gegenüber den schrecklichen Buschfliegen: Sie nahmen vorbehaltlos hin, was ist. Sie wehrten sich nicht dagegen und versuchten nicht ihre Lage zu verbessern. Spürten sie ein nervöses Kribbeln in sich, so kämpften sie nicht dagegen an, und spürten sie ein schönes Krabbeln in sich, so rannten sie ihm nicht hinterher. Sie luden alles zu sich ein, was da krabbelte und herumkroch auf dem empfindsamen und reizbaren Häutchen ihrer Seele, und sie bemühten sich dabei, in tiefer Stille zu verharren. Sie saßen einfach still, griffen nicht in ihre Gefühle- und Gemütsbewegungen ein, sondern betrachteten sie vorurteilslos, aufmerksam und ohne Schlüsse zu ziehen, wie kleine Kinder es tun, wenn sie in die Betrachtung von ein paar Nacktschnecken auf der Treppe vor ihrer Haustür vertieft sind.

Nehmen wir auf diese Weise beispielsweise einmal unseren Zorn oder unsere Begierde unter die Lupe, dann könnten wir mit der Zeit ähnlich interessante Dinge über ihn herausfinden, wie die Aborigines über die Fliegenschwärme. Eventuell würden wir bei genauem Hinschauen bemerken, „dass der Zorn in uns auftaucht, wenn wir uns zu sehr angepasst und anderen Menschen zuviel Macht über uns gegeben haben". Oder wir würden erkennen, „dass etwa sexuelle Phantasien immer dann auftauchen, wenn wir mit uns unzufrieden sind, wenn wir von außen bestimmt werden und wenn wir zu wenig mit unseren Sinnen leben" (IN: ANSELM GRÜN, DER WEG DURCH DIE WÜSTE).

Wir gewinnen also, je weiter wir uns von unserem Ich wegbewegen, je weniger wir seinen Bewegungen folgen, je stiller wir es betrachten lernen, je mehr unsere Identifizierung mit ihm schwindet und je größer unsere Distanz zu diesem Ich wird, desto mehr Erkenntnisse darüber: Aber wir gewinnen diese Erkenntnisse nicht mit unseren alltäglichen Methoden, wir grübeln nicht nach, sondern wir verharren in einer tiefen jenseitigen Stille, aus der wir einfach auf uns selbst schauen. Irgendwann schälen sich dann ohne unser Zutun oder Eingreifen neue Erkenntnisse heraus. Sie brechen aus der Dunkelheit des Nichtwissens hervor, so zuverlässig wie im Frühling kleine Pflänzchen aus der Erde. Auf diese Weise lernen wir uns selbst kennen und verstehen. Wir driften also – wenn wir so einen Standpunkt scheinbar jenseits unserer selbst und jenseits der Zeit einnehmen – gar nicht ab ins Nichts. Wir gehen nicht verloren. Keineswegs fallen wir dem Tod oder der Erstarrung anheim, sondern wir entwickeln einen klaren Blick, ein vollkommeneres überschauenderes Bewusstsein, in dem die Illusion der Göttin Maya sich aufzulösen beginnt. Aus der ich-fernen Position des schweigenden Zeugen erhellt sich langsam das Dunkel und wir kämpfen nicht länger in tiefer Nacht. Das ist das eine – das kleine Wunder, das Abfallprodukt eines viel größeren Wunders.

Denn indem nun die Mönche oder die Yogis sich darin übten, auf sich selbst zu schauen wie von außerhalb, indem sie sich nicht länger identifizierten mit ihren inneren Bewegungen, ihren Gefühlen, ihren Gedanken, ihrem Körper, sondern diese Dinge vorbehaltlos betrachteten wie fremde Objekte, indem sie ihr bewegtes arbeitendes Bewusstsein quasi nur noch wie eine Erscheinung betrachteten, sich selbst aber außerhalb stellten, indem sie sich in der unendlichen, unbewegten, zeitlosen Dimension des vollkommenen Schweigens verankerten, indem sie also eine Position einnahmen, die soweit jenseits des normalen psychologischen Ich liegt, dass wir sie fast mit dem Tod gleichsetzen mögen, machten sie eine gigantische Entdeckung.

Erstens: Sie gewannen aus dieser scheinbar unbelebten, regungslosen Position heraus Erkenntnisse über sich selbst. Ihnen offenbarten sich nach und nach jene innersten Motivationen und Beweggründe ihres psychologischen Ich, in die sie vorher mit der Kraft ihres Verstandes nicht hatten eindringen können. Es gelang ihnen mit ihrer Methode der Kontemplation, in die unbewussten Tiefen ihres Wesens vorzudringen und sich zu erkennen. Aus jener scheinbar toten und unbewegten Dimension also flossen ihnen intuitiv umfassende Erkenntnisse zu, die vorher für sie nicht zugänglich waren. Demzufolge konnte jene Dimension nicht tot sein. Offenbar herrschte in ihr lebendiger Geist. Denn dieser Geist ließ ihnen auf eine schweigende wortlose Art Wissen zuteil werden.

Zweitens: Wenn es ihnen möglich war, sich selbst quasi von außerhalb zu betrachten, aus dieser geistigen Dimension heraus, die jenseits ihres psychologischen, verstandes- und gefühlsbasierten Ich lag, dann mussten sie diese Dimension in sich tragen als Teil ihres Bewusstseins, denn anders wäre es ihnen nicht möglich sich dorthin zurückzuziehen. Sie selbst mussten also ein Teil dieser Dimension sein, ein Teil von diesem zeitlosen überschauenden Geist.

Drittens: Wenn sie in der Lage waren ihr eigenes psychologisches Ich mit all seinen Bewegungen so umfassend und neutral zu betrachten von einem Standpunkt, der offenbar außerhalb lag, dann waren sie ganz offensichtlich in ihrem Wesenskern gar nicht dieses Ich, sondern jener, der auf dieses Ich blickt. Denn jeder Sehende kann zwar Objekte außerhalb von sich selbst wahrnehmen, aber niemals sich selbst. Der Sehende schaut aus sich hinaus, er schaut immer von sich weg und kann dabei sich selbst nicht sehen. Die Mönche und die Yogis aber konnten ihr psychologisches Ich in all seinen Gefühls- und Gedankenbewegungen sehen und studieren. Also konnten sie in ihrem tiefsten Wesen nicht jenes Ich sein, das sie sehen und studieren konnten. Dieses Ich musste, so nah es sich auch anfühlt, trotzdem noch etwas Äußerliches sein. Sie waren jener, der auf dieses Ich blicken konnte, um es zu studieren.

Viertens: Wenn ihr Bewusstsein Erkenntnisse gewinnen konnte, indem es über sein normales Ich-Bewusstsein hinausging und in diese schweigende unbewegte Dimension eintrat, dann war auch ihr Bewusstsein nicht an dieses psychologische sterbliche Ich gebunden, sondern etwas Größeres. Und weil die Erkenntnisse viel weiter reichten, als jene, die sie mit ihrem psychologischen Ich gewinnen konnten, ging dieses Bewusstsein nicht nur in seiner Ausdehnung über ihr Ich hinaus, sondern es war unendlich viel wissender als ihr Ich.

Damit waren die Mönche oder die Yogis über ihr psychologisches Ich hinausgelangt. Jene unbewegte zeitlose schweigende Dimension, aus der heraus sie auf sich selbst schauten, war also nicht tot, sondern sie war lebendiger allwissender unsterblicher Geist. Und sie selbst waren im Innersten ihres Wesens Teil von diesem im vollkommenen Schweigen sich mitteilenden Geist. Ihr Bewusstsein war Teil seines Bewusstseins, und sein Bewusstsein war im Leben selbst enthalten. Denn es existierte scheinbar jenseits von ihnen und war doch in ihnen, sonst hätten sie es ja nicht erreichen können. Es ging durch sie hindurch und über sie hinaus. Dieses unfassbare und doch existente Bewusstsein durchdrang demzufolge wie eine unsichtbare Substanz die ganze Welt und jedes Wesen in ihr. „Aber das Königreich ist innerhalb von euch und außerhalb von euch", spricht Jesus im Thomasevangelium (IN: BIBEL DER HÄRETIKER, DAS THOMASEVANGELIUM).

Der Hinduismus drückt diese Erkenntnis in dem berühmten Satz „Tat tvam asi" aus, was soviel bedeutet wie: „All das bist du." In Indiens heiligster Schrift, der Bhagavadgita, die auch als das „Evangelium des Hinduismus" bezeichnet wird, spricht der Krieger Arjuna, als er den unendlichen, sich in allen manifestierenden Gott in Gestalt seines Wagenlenkers Krishna erkennt: „Du bist die uralte Seele und die erste und ursprüngliche Gottheit, die erhabene Ruhestätte des Alls. Du bist der Erkennende und alles, was erkannt werden soll. Du bist der höchste Zustand des Seins" (IN: SRI AUROBINDO, BHAGAVADGITA).

Dieses Bewusstsein – das erkannten die Mönche in der Wüste genauso wie die meditierenden Yogis im alten Indien – war überall und es war unsterblich. Es war das Leben selbst. Das ist die Entdeckung der letzten Wahrheit, die Schau Gottes in einem selbst und in allem, was ist. Es ist der Schritt des nunmehr spirituellen statt psychologischen Ich über die irdischen Gesetze seiner Vergänglichkeit hinaus in die Freiheit des Himmels. „Und ihr werdet die Wahrheit erkennen, und die Wahrheit wird euch frei machen" (JOHANNESEVANGELIUM 8,32).

Voraussetzung für diese Schau Gottes ist das Überschreiten unserer Gefühlsimpulse und Erregungszustände, das den reinen meditativen oder kontemplativen Blick in den tiefsten Grund unseres Wesens erst möglich macht. Anselm Grün schreibt: „Für Clemens von Alexandrien (um 150 bis 215 n. Chr.) ist die Reinigung von den Leidenschaften die Bedingung für die Kontemplation. Clemens spricht als erster christlicher Theologe von der „apatheia", von der Leidenschaftslosigkeit als Bedingung für die Kontemplation, für die „theoria", wie er die reine

Gottesschau nennt. Er spricht von einer „kataleptike theoria", von einer Schau, die die Wirklichkeit, so wie sie ist, erfasst. Wer die Apatheia erlangt, der kann die Menschen objektiv sehen, ohne seine Schattenseiten hineinzuprojizieren. Er kann eine Situation richtig einschätzen, ohne sich emotional in sie hineinverwickeln zu lassen. Diese klare Schau der Wirklichkeit der Welt und der Wirklichkeit Gottes ist nur denen möglich, die reinen Herzens sind" (IN: ANSELM GRÜN, DAMIT DEIN LEBEN FREIHEIT ATMET).

Durch ihre Erkenntnis der letzten Wirklichkeit verschob sich die Identifikation der Mönche und der Yogis: Sie identifizierten sich nunmehr verständlicherweise mit jenem grundlegenden, unvergänglichen, des göttlichen Friedens und der göttlichen Einsicht teilhaftigen Aspekt ihres Selbst. Sie erlangten ein spirituelles statt ein psychologisches Ich. Sie wurden, wenn man es in der Sprache der Bibel ausdrücken will, geboren aus Wasser und Geist. Allerdings ging mit diesem Schritt keineswegs – wie wir versucht sein mögen anzunehmen – der völlige Tod ihrer Gefühle oder ihres normalen psychologischen Ich einher, sondern es stand ihnen nach wie vor zur Verfügung: Denn nichts geht beim Sprung auf eine höhere Stufe des Bewusstseins verloren, schreibt der Psychologe Ken Wilber, sondern alles Vorausgehende bleibe erhalten und werde integriert. Anselm Grün bestätigt das: „Die Freiheit von den ungeordneten Leidenschaften führt nicht zur Gefühllosigkeit, sondern zu einem Zustand innerer Klarheit" (IN: ANSELM GRÜN, DAMIT DEIN LEBEN FREIHEIT ATMET).

Alles „normal Menschliche" bleibt uns also beim Sprung auf die spirituelle Ebene erhalten. Um diese Dimension unseres Ich zu erreichen, müssen wir allerdings unsere Psyche bis in die Tiefen des Unterbewusstseins durchdringen und die dort waltenden Kräfte aushalten, anschauen, identifizieren, um ihnen damit die Macht über uns zu rauben. Nur so können wir in den Bewusstseinsraum vordringen, der hinter diesen psychischen Kräften sich auftut, und den sie verhüllen wie ein Schleier. Wir müssen uns ganz und gar selbst (er)kennen in unserer Wesensnatur, wenn wir darüber hinausgelangen wollen auf eine höhere Stufe des Bewusstseins. „Ich glaube, für alle menschliche Entwicklung gilt, dass man irgendeine Stufe nur ganz transzendieren kann, wenn man sie zuvor ganz eingenommen und angenommen hat," urteilt Ken Wilber (IN: KEN WILBER; EROS, KOSMOS, LOGOS).

Ob es sich also um die Überwindung der Angst bei unserem kleinen Turmspringer handelt, den Kampf unseres Faulenzers gegen die Entropie oder jenen unseres Familienvaters gegen die Marmeladebrötchen, das Ringen unseres Sportlers um vollkommene Konzentration, den Versuch unseres Pädagogen seinen Schüler durch einen selbstlosen Blick der Liebe in seinem Sein zu begreifen oder um die Zurückweisung jeglicher Manipulation – all die kleinen Schritte sind notwendig auf dem Weg des Menschen durch sein Leben. Mit ihrer Hilfe gelingt es unserem psychologischen Ich seine Individualität und psychische Unabhängigkeit zu erringen. Durch diesen Wachstums- und Entwicklungsprozess sammelt es jene Stärke, jenes Selbstvertrauen, jenes Wissen und jene innere Unabhängigkeit, die ihm am Ende auch den Mut verleihen, jene letzte und größte Grenze zu sprengen, die zwischen dem psychologischen und dem spirituellen Ich liegt.

Auf das Überschreiten dieser Grenze hin ist unser Leben angelegt. Besonders ab der Lebensmitte wird das deutlich: Ab diesem Zeitpunkt müssen wir immer mehr zurücklassen, immer überlegener gegenüber unserer Natur agieren, die uns eine Menge negativer Gefühlserlebnisse beschert. Unsere Eltern sterben. Unser Körper beginnt schwächer zu werden und ermöglicht uns nicht mehr die umfassende Befriedigung unserer Wünsche. Mit der Zeit verlieren wir erste Freunde durch den Tod. Das Leben wird zu einem deprimierenden Verlust- und Abbauprozess, wenn es uns nicht gelingt, uns aus der Identifikation mit dem psychologischen Ich zu (er)lösen und in eine höhere geistig-spirituelle Erkenntnis hineinzuwachsen.

„Auf was hin wachsen wir", fragt Scott M. Peck. „Wo ist der Endpunkt der Evolution?" Er kommt zu folgender Antwort: „So gern wir uns auch darum herumschleichen würden wie die Katze um den heißen Brei, jeder von uns, der einen liebenden Gott postuliert und wirklich darüber nachdenkt, kommt schließlich zu einem einzigen, erschreckenden Gedanken: Gott will, dass wir Er (oder Sie oder Es) werden. Wir wachsen auf die Gottheit hin" (IN: SCOTT M. PECK, DER WUNDERBARE WEG).

Dorthin gelangten die Mönche und die Yogis. Sie entdeckten die eigentliche Quelle und Mitte ihres Seins. Diese Rückverbindung (religio = Rückverbindung zum Ursprung) bedeutete Frieden statt Verwicklung. Erkenntnis statt Irrtum. Einssein statt Trennung. Vor allem aber bedeutete sie das Ende des Todes: Während das psychologische Ich mit Sterblichkeit und Tod zu ringen hat, gewinnt das spirituelle Ich Einsicht in seine eigene Todlosigkeit: Es ist imstande jenes Geheimnis des „Ich bin" – „Ich bin das (unsterbliche, göttliche) Leben" zu enträtseln.

Die Bibel erzählt, Gott habe „aus einem Menschen das ganze Menschengeschlecht gemacht" (APOSTELGESCHICHTE 17,26). Er habe den Menschen nach seinem Bilde geschaffen – „nach dem Bild Gottes schuf er ihn; als Mann und Frau schuf er sie" (1. MOSES, 1,27). Diesen Satz darf man nicht missverstehen. Gott hat dem Menschen keineswegs einen Körper gegeben, wie er ihn selbst hat – was ja auch schwerlich möglich wäre, denn wer kann schon gleichzeitig Mann und Frau sein. Gott ist weder eine langbeinige Blondine, noch jener alte bärtige Mann, den Michelangelo auf seinem berühmten Bild in der sixtinischen Kapelle gemalt hat. Gott hat nicht seine eigene äußere Gestalt spiegelbildlich auf den Menschen übertragen, sondern ihm seinen eigenen Geist eingehaucht, jenes unsterbliche „Ich bin". Er hat dem Menschen sein eigenes Sein und Bewusstsein – „er ist nicht ferne von einem jeden unter uns, denn in ihm leben und weben und sind wir" – geschenkt (Apostelgeschichte, 17, 27-28).

Mit diesem über die ganze Welt ausgegossenen Bewusstsein durchdringt Gott alle Menschen (insofern ist er auch die langbeinige Blondine und der alte bärtige Mann) und blickt durch ihre Augen auf die Welt als „ein weltweites Gottwesen, das mit unzählbaren Augen sieht, aus unzähligen Mündern spricht..." (in: Sri Aurobindo, Bhagavadgita). Wir alle sind also nicht weniger als das unsterbliche Auge Gottes. – Nur ist es, wie gesagt, etwas problematisch, den Sehenden zu sehen, wenn man selbst der Sehende ist. Da geht es den meisten von uns nicht viel besser als der australischen Buschfliege: Die summt auch nur herum und weiß nichts von sich selbst.

Literatur

Abend, Matt Galan (2002). Leben Sie statt zu funktionieren. München: mvg.

Achenbach, Gerd B. (2001). Lebenskönnerschaft. Freiburg: Herder.

Arias, Juan (2001). Bekenntnisse eines Suchenden. Juan Arias im Gespräch mit Paulo Coelho. Zürich: Diogenes.

Armstrong, Lance mit Jenkins, Sally (2000). Tour des Lebens. Bergisch-Gladbach: Lübbe.

Assagioli, Roberto (1992). Psychosynthese und transpersonale Entwicklung. Paderborn: Junfermann.

Aurobindo, Sri (1988). Bhagavadgita. Gladenbach: Hinder + Deelmann.

Bach, Edward (1988). Heile dich selbst mit den Bach Blüten. München: Knaur.

Baggini, Julian (2005). Der Sinn des Lebens. Philosophie im Alltag. München: Piper.

Bruckner, Pascal (1999). Ich leide, also bin ich. Die Krankheit der Moderne. Berlin: Aufbau.

Burnham, Sophy (2003). Der Weg des Gebets. München: Goldmann.

Carnegie, Dale (2003). Besser miteinander reden. Frankfurt am Main: Fischer.

Csikszentmihalyi, Mihaly (2004). Flow. Das Geheimnis des Glücks. Stuttgart: Klett-Cotta.

Coelho, Paulo (1996). Der Alchimist. Zürich: Diogenes.

Emerson, Ralph Waldo (1983). Essays. Zürich: Diogenes.

Epiktet (1984). Handbüchlein der Moral und Unterredungen. Stuttgart: Kröner.

Gibran, Khalil (1991). Der Prophet. Olten: Walter.

Griffiths, Bede (1990). Rückkehr zur Mitte. Das Gemeinsame östlicher und westlicher Spiritualität. Düsseldorf: Econ.

Grün, Anselm (2003). Bleib deinen Träumen auf der Spur. Freiburg: Herder.

Grün, Anselm (2000). Der Himmel beginnt in dir. Das Wissen der Wüstenväter für heute. Freiburg: Herder.

Grün, Anselm (2001). Der Weg durch die Wüste. Münsterschwarzach: Vier Türme.

Grün, Anselm (2003). Im Zeitmaß der Mönche. Vom Umgang mit einem wertvollen Gut. Freiburg: Herder.

Gruen, Arno (1992). Der Verrat am Selbst. München: dtv.

Hanh, Thich Nhat (1999). Das Herz von Buddhas Lehre. Leiden verwandeln – die Praxis des glücklichen Lebens. Freiburg: Herder.

Hanh, Thich Nhat (2002). Dialog der Liebe. Jesus und Buddha als Brüder. Freiburg: Herder.

Kalweit, Holger (2004). Die Welt der Schamanen. Traumzeit und innerer Traum. Darmstadt: Schirner.

Klein, Naomi (2005). No Logo! Der Kampf der Global Players um Marktmacht. München: Goldmann.

Klein, Stefan (2002). Die Glücks-Formel. Reinbek: Rowohlt.

Koch-Weser, Sylvia / von Lüpke, Geseko (2000). Vision Quest. Visionssuche: allein in der Wildnis auf dem Weg zu sich selbst. München: Hugendubel.

Laotse (1996). Tao te king. Texte und Kommentar. München: Diederichs.

Leider, Richard J. / Shapiro, David A. (2004). Lass endlich los und lebe. Augsburg: Weltbild.

Lorenz, Konrad (2005). Die acht Todsünden der zivilisierten Menschheit. München: Piper.

Lüdemann, Gerd und Janßen, Martina (1997). Bibel der Häretiker. Die gnostischen Schriften aus Nag Hammadi. Suttgart: Radius.

Maslow, Abraham H. (2002). Motivation und Persönlichkeit. Reinbek: Rowohlt.

Mello, Anthony de (2000). Der springende Punkt. Wach werden und glücklich sein. Freiburg: Herder.

Merton, Thomas (1991). Weisheit der Stille. München: Goldmann.

Merton, Thomas (1990). Der Berg der sieben Stufen. Die Autobiographie eines engagierten Christen. Zürich: Benzinger.

Morgan, Marlo (1998). Traumfänger. München: Goldmann.

Münchhausen, Mario von (2004). Die vier Säulen der Lebensbalance. Berlin: Ullstein.

Murakami, Haruki (2000). Mister Aufziehvogel. Köln: DuMont.

O'Neil, George und Gisela (2002). Der Lebenslauf. Lesen in der eigenen Biographie. Stuttgart: Freies Geistesleben.

Pazzogna, Annie (1998). Inipi. Das Lied der Erde. Uhlstädt-Kirchhasel: Arun.

Peck, Scott M. (2004). Der wunderbare Weg. Eine neue spirituelle Psychologie. München: Goldmann.

Pirsig, Robert M. (1976). Zen und die Kunst ein Motorrad zu warten. Frankfurt am Main: Fischer.

Powys, John Cowper (2002). Die Kunst des Glücklichseins. Frankfurt am Main: Zweitausendeins.

Reheis, Fritz (2003). Entschleunigung. Abschied vom Turbokapitalismus. München: Riemann.

Riemann, Fritz (1961). Grundformen der Angst. München: Ernst Reinhardt.

Samel, Gerti (2005). Verwirkliche deinen Traum!. Lebensvisionen erkennen und umsetzen. Reinbek: Rowohlt.

Schweitzer, Albert (1987). Die Weltanschauung der indischen Denker. München: Beck.

Seiwert, Lothar J. (2001). Wenn Du es eilig hast, gehe langsam. Das neue Zeitmanagement in einer beschleunigten Welt. Frankfurt: Campus.

Seneca (1978). Vom glückseligen Leben. Stuttgart: Kröner.

Steiner, Rudolf (1994). Nervosität und Ichheit. Dornach (Schweiz): Rudolf Steiner Verlag.

Sun Bear & Wabun Wind (1997). Das Medizinrad. Eine Astrologie der Erde. München: Goldmann.

Thoreau, Henry David (2003). Walden. Ein Leben mit der Natur. München: dtv.

Wilber, Ken (2001). Eros Kosmos Logos. Eine Jahrtausend-Vision. Frankfurt am Main: Fischer.

Wilber, Ken (1991). Wege zum Selbst. München: Goldmann.